Caroline Messingfeld
Netzgeflüster

D1668912

Das Buch:

Wenn Liebe so einfach wäre … Auf der Suche nach dem Traumprinzen muss man viele Frösche küssen. Kann man sein Glück im Netz finden? Oder soll man lieber im echten Leben auf die Suche gehen? Wer wird im Sea of Love anbeißen? Ein gefährlicher Hai? Ein toller Hecht? Oder erwischt man nur kleine Fische? Petri Heil! Lena macht die Probe aufs Exempel …

Die Autorin:

Caroline Messingfeld lebt in einem gemütlichen Landhaus mit einem weitläufigen Cottage-Garten in der Nähe von Bad Nauheim in Hessen. Nach dem Abitur absolvierte sie eine kaufmännische Ausbildung und mehrere Studiengänge. Danach entschied sie sich für eine krisensichere Laufbahn im Öffentlichen Dienst. Neben ihrer wissenschaftlichen Arbeit schreibt sie in ihrer Freizeit heitere Liebesromane.

https://carolinemessingfeld.jimdo.com

Netzgeflüster

Caroline Messingfeld

Roman

books
house

Netzgeflüster
Caroline Messingfeld

Copyright © 2018 at bookshouse Ltd.,
Ellados 3, 8549 Polemi, Cyprus
Umschlaggestaltung: © at bookshouse Ltd.
Coverfotos: www.shutterstock.com
Satz: at bookshouse Ltd.
Druck und Bindung: bookwire GmbH
Printed in Germany

ISBNs: 978-9963-53-901-7 (Paperback)
978-9963-53-902-4 (E-Book .pdf)
978-9963-53-903-1 (E-Book .epub)
978-9963-53-904-8 (E-Book Kindle)

www.bookshouse.de

Diesen Roman widme ich meinen besten Freundinnen.
Sie wissen, warum.

März 2020

Lachen ist die beste Medizin!

Herzliche Grüße von

Caroline Messingfeld

Personen

(in alphabetischer Reihenfolge)

Lena Bergmann ist bis in die Zahnwurzeln motiviert.

Prof. Dr. Werner Müller ist ein Gentleman der alten Schule.

Alexander Pfeiffer bricht die Herzen der stolzesten Frauen.

Phillip Schröder kann nicht nur mit Zahlen gut umgehen.

Isabelle Winter zeigt sich von ihrer großzügigen Seite.

Aylin Yildiz ist nie um einen kessen Spruch verlegen.

1. *Kapitel*

*L*esen macht Spaß. Textet mich ruhig zu. Aber bitte nicht nur mit Rechnungen. Wie wäre es mit einem handgeschriebenen Liebesbrief? Für Retro-Charme bin ich grad empfänglich. SMS, Mail und Whats-App hatte ich schon.«

Feixend marschiere ich an meinem Briefkasten vorbei und fische mit spitzen Fingern ein dickes Kuvert heraus. Es ist Anfang März, und draußen ist es ziemlich frisch. Vielleicht wird mir wärmer ums Herz, wenn ich meine Post geöffnet habe. Wer will etwas von mir? Für einen gewöhnlichen Brief ist der Umschlag zu voluminös. Also kann ich nicht von den geldgierigen Wegelagerern, die regelmäßig hübsche Porträts von mir anfertigen, zur Kasse gebeten worden sein. Außerdem bevorzugt die Trachtengruppe eine andere Farbe. Ein zarter Pastellton ist nicht angemessen für die harten Kerle von der Polizei, die auf Logik statt auf Romantik setzen. Irritiert betrachte ich die Sendung von allen Seiten und werfe einen prüfenden Blick auf den Absender. Isabelle ist eine gute Freundin aus meiner Schulzeit, die ich nach ihrem Umzug nach München aus den Augen verloren habe. Angesichts der piekfeinen Adresse bleibt mir die Spucke weg. München-Bogenhausen klingt nach hochherrschaftlichen Villen und teuren Einfamilienhäusern entlang des Englischen Gartens. Wie ist sie an einen Wohnsitz im teuersten Stadtviertel gekommen? Hat sie den Lotto-Jackpot geknackt? Oder hat sie ein Vermögen von einer entfernten Verwandten geerbt? Was will sie von mir?

Meine Neugierde ist geweckt. Resolut klemme ich mir die Post unter den Arm und stürme die Treppen bis in den zweiten Stock hinauf. Mit zitternden Händen schließe ich die Wohnungstür auf, husche hinein und kicke sie hinter mir zu. Diese schlechte Angewohnheit aus meiner verflossenen Studienzeit habe ich mir nicht abgewöhnen können, auch wenn ich nicht mehr in einer chaotischen Wohngemeinschaft in Marburg, sondern in einer gepflegten Wohnung in Bad Nauheim wohne. Zielsicher steuere ich meine Einbauküche an, schnappe mir eine Schere aus der Besteckschublade und schlitze den Briefumschlag auf. Eine steife Karte, ein vergilbtes Foto und ein handgeschriebener Brief flattern zu Boden. Aller guten Dinge sind drei, aber ich verstehe nur Bahnhof, während ich mich nach meiner geheimnisvollen Post bücke. Merkwürdig. Was hat das zu bedeuten? Ich stelle meine Handtasche auf dem Küchentisch ab und lasse mich auf einen Stuhl fallen. Als ich den Brief glatt streiche und die ersten Zeilen des Briefes lese, bleibt mir die Spucke weg. »Das kann nicht wahr sein.«

»Liebes Lenchen, du warst meine beste Freundin, seitdem wir in der ersten Klasse die Schulbank gedrückt haben. Kannst du dich noch daran erinnern, wie du mich vor den bösen Jungs auf dem Nachhauseweg beschützt hast, die an meinen Locken ziehen und mir ihr Kaugummi in die Haare schmieren wollten? Auch später hast du mich nie im Stich gelassen. Deshalb möchte ich dich unbedingt an meiner Seite wissen, wenn ich dem Mann meiner Träume im August das Jawort geben werde …«

Die Buchstaben tanzen vor meinen Augen, als ich weiterlese und die sensationellen Neuigkeiten verarbeite. Isabelle ist in festen Händen und mit den Vorbereitungen auf eine Traumhochzeit beschäftigt. Eigentlich habe ich nichts gegen die Reihenfolge *verliebt, verlobt, verheiratet* einzuwenden, auch wenn ich sie für eine Erfindung von Kitschroman-Schriftstellerinnen halte. Mir ist der dreifache Axel in der Liebe noch nie gelungen. Alle Männer, die ich mir zum Paarlaufen ausgewählt habe, sind nicht in der Lage, eine tadellose sportliche Leistung zu bringen und längere Zeit mit einer Partnerin über das Eis zu gleiten. Irgendwann geht ihnen die Puste aus. Sie setzen zum Wurf an, wirbeln mich durch die Luft und fangen mich nicht wieder auf, sondern lassen mich unsanft zu Boden knallen. Nach einigen bösen Stürzen und mühsam verheilten Blessuren bin ich vorsichtig geworden und probiere mein Glück lieber als Solokünstlerin. Es ist nicht schön, aber auf alle Fälle sicherer als sich mit Leib und Seele einem egoistischen, wankelmütigen Mann anzuvertrauen.

Aber die überstürzte Hochzeit von Isabelle ist noch nicht mal das Schlimmste. Gegen eine Reise nach Österreich habe ich nichts einzuwenden. Das Ziel ist zwar nicht der Traum meiner schlaflosen Nächte, aber gesunde Landluft hat durchaus etwas für sich. Nach der Trauung könnte ich einen Abstecher nach München unternehmen. Dort bin ich ewig nicht mehr gewesen. Aber leider gibt es ein klitzekleines Haar in der Suppe. Isabelle hat eine sentimentale Anwandlung erlitten, sich an unsere langjährige Freundschaft erinnert und mich um meine tatkräftige Unterstützung gebeten. Ich soll die Brautjungfer auf dem gesellschaftlichen Event des Jahres spielen. Ausgerechnet ich. Schlimmer geht es nimmer.

Ich betrachte das vergilbte Foto, auf dem zwei brave Schulmädchen in die Kamera lachen. Bereits in der ersten Klasse hat man deutlich erkennen können, wer die Schöne und wer das Biest werden soll. Isabelle ist ein anmutiges, zierliches Geschöpf mit seidigen Korkenzieherlöckchen, das in einem zarten Spitzenkleidchen wie eine Sarah Kay-Figur wirkt. Mein selbstbewusster Blick unter dem dunklen Pagenkopf lässt mich als eine moderne Version von Bonnie Parker erscheinen. Bloß der Revolver in meiner Hand und Clyde Barrow an meiner Seite fehlen. Aber wenn ich mich richtig erinnere, habe ich mich selbst mit meinen kleinen

Fäusten verteidigen können. Meine Trefferquote ist für ein Mädchen beachtlich. Manche Nervensäge ist mit einem Schneidezahn weniger zu Hause angekommen. Meinen Berufswunsch habe ich nie verleugnen können, auch wenn ich später lieber das entsprechende Werkzeug in der Praxis eingesetzt habe, um Männern einen Zahn zu ziehen.

Bis zum Abitur sind unsere Rollen klar verteilt. Isabelle fliegen die Männerherzen zu, während ich vergebens auf Besserung hoffe. Auch der Eintritt ins Berufsleben bringt keine entscheidende Veränderung. Zwar schlage ich die Männer nicht mehr in die Flucht, aber an meinem Arbeitsplatz laufen mir einfach keine Traumprinzen über den Weg. Nach meiner Ausbildung zur Zahntechnikerin habe ich Zahnmedizin in Marburg studiert. Nach meinem Examen bin ich in meine Heimat zurückgekehrt, um praktische Erfahrungen in einer modernen Praxis in Bad Nauheim zu sammeln. Wenn ich ängstlichen Rentnern ihre dritten Zähne einsetze und ihnen mit sanfter Stimme Mut zuspreche, schlägt mein Herz keinen Schlag schneller. Statt romantischer Liebesgeschichten lese ich in meiner Freizeit dicke medizinische Wälzer, und ich träume nicht mehr von atemberaubenden Dates, sondern nur noch von komplizierten Wurzelbehandlungen. Meine Lieblingslektüre sind nicht mehr heitere Liebesromane, sondern staubtrockene medizinische Fachbücher. Die Leichtigkeit des Seins ist mir abhandengekommen. Irgendwie habe ich das ungute Gefühl, kein steiler Zahn mehr zu sein.

In dieser Nacht schlafe ich schlecht. In meiner Fantasie sehe ich meine elfengleiche beste Freundin in einem Traum aus weißer Seide zu einem blumengeschmückten Altar schweben. Sie wandelt auf den Spuren von Kate Middleton, die sich Prinz William geangelt hat. Ihre Robe ist klassisch geschnitten und strahlt pures Understatement aus. Fürsorglich bücke ich mich, um die fast drei Meter lange, mit feinen Blüten bestickte Schleppe aus feinster Chantilly-Spitze zu richten, die den roten Teppich bedeckt, mit dem die barocke Kirche ausgelegt worden ist. Mein Kleid ist eine exakte Kopie des Gewandes, mit dem Pippa Middleton auf der königlichen Hochzeit in Großbritannien für Aufregung gesorgt hat. Leider steht es mir nicht so gut wie ihr. Es klebt wie eine zweite Haut an meinem Körper, und ich kann kaum atmen. Als ich die letzte Falte der widerspenstigen Schleppe geordnet habe, höre ich ein merkwürdiges Geräusch. Der hauchdünne Stoff scheint an einer pikanten Stelle gerissen zu sein. Ein leises Raunen geht durch die Kirche und steigert sich zu einem lauten Crescendo: »O mein Gott, sie trägt einen karierten Baumwollschlüpfer.«

Entsetzt lasse ich die Schleppe fallen und bedecke mein Hinterteil mit meinen zitternden Händen. Die Braut wendet mir ihr verschleiertes Antlitz unter der mit funkelnden Diamanten geschmückten Tiara zu. »Warum hast du nicht besser aufgepasst?« Ich höre einen leisen Vorwurf in ihrer Stimme.

»Ich hatte keine Ahnung. Es tut mir so leid …«, stammele ich verzweifelt, während die geladenen Gäste in höhnisches Lachen ausbrechen. »Tanga oder String sind rausgeschmissenes Geld. Reizwäsche lohnt sich nicht mehr in ihrem Alter. Die Dicke packt niemand mehr an.«

Schweißgebadet wache ich auf. Nie mehr werde ich in der Praxis einen heimlichen Blick in die »*Glamour*« werfen, um das aufregende Leben der Reichen und Schönen zu verfolgen. Meine Träume sind schon mal besser gewesen. Schlecht gelaunt stelle ich den Wecker aus, schwinge mich aus dem Bett und marschiere ins Badezimmer. Leider erfüllt sich meine Hoffnung nicht, dass eine lauwarme Dusche meine Lebensgeister weckt. Missmutig schleppe ich mich zur Arbeit. Normalerweise fühle ich mich sehr wohl an meinem Arbeitsplatz. In der Praxis ist es nicht nur klinisch rein. In der Rezeption stehen immer mehrere Vasen mit frischen Blumen, die einen angenehmen Duft verbreiten. Aus den Lautsprechern in den Wartezimmern und Behandlungsräumen tönt gedämpfte, entspannende Musik. Blank & Jones erfreuen sich großer Beliebtheit. Böse Zungen behaupten, dass wir unsere Patienten in trügerischer Sicherheit wiegen, aber tatsächlich sind sie bei uns in den besten Händen. Unser ganzes Team ist motiviert bis in die Zahnwurzeln. Meine Chefin Frau Dr. Gläser ist eine erfahrene Zahnärztin von 50 Jahren. Sie gilt als streng, aber gerecht, und für unsere Zahnmedizinischen Fachangestellten und Labor-Fachkräfte würde ich die Hände ins Feuer legen. Wir arbeiten gern zusammen und unterstützen uns gegenseitig – und ein gutes Betriebsklima ist in der heutigen Zeit nicht selbstverständlich.

Aber heute kann ich meine schlechte Laune nicht verbergen.

Meine bildschöne türkische Assistentin Aylin zieht ihre perfekt gezupften Augenbrauen fast bis zum Haaransatz. »Was ziehst du denn für ein Gesicht?«

»Frag nicht. Lies selbst«, sage ich kurz angebunden und halte ihr die feine steife Karte unter die Nase.

Aylin lässt sich nicht lange bitten. Der Blick aus ihren dunkelbraunen Augen fliegt über den Text. »Professor Doktor heiratet eine Bürgerliche – puh. Das klingt für meinen Geschmack nach *My fair Lady*.«

»Ich muss dich enttäuschen. Wir sind nicht am Broadway. Im wahren Leben geht *Eliza Doolittle* leer aus.«

»Also hat *Professor Doktor Higgins* Angst vor einem gesellschaftlichen Skandal?«, folgert Aylin logisch. »Eine strohdumme Frau blamiert ihn vor seinen gelehrten Freunden. Deshalb darf sie nur das Betthäschen spielen, aber nicht auf offiziellen Anlässen erscheinen?«

»Genauso sieht es aus. *Eliza Doolittle* ist nicht gesellschaftsfähig.«

»Schade«, seufzt Aylin. »Ich liebe Märchen. Vor allem die Geschichten aus 1001 Nacht.«

»Ich halte mich an die Realität«, kontere ich. »Niemand heiratet unter seinen Möglichkeiten.«

»Okay. Dann legt dieser Traumprinz Wert auf eine umfassende Bildung?«

»Genau. Männer schätzen Frauen, mit denen sie über jedes Thema reden können.«

»Wenn du es sagst.« Aylin bleibt locker. »Folglich hat die glückliche Braut mehrere Asse im Ärmel?«

»Richtig. Isabelle ist nicht nur schön, sondern auch schlau. Sie hat ihre kaufmännische Ausbildung und das Studium der Bibliothekswissenschaften mit glänzenden Noten absolviert. Nach ihrem Examen ist sie direkt in den Öffentlichen Dienst übernommen worden.«

»Wer ist Isabelle?«, erkundigt sich Aylin. »Steht sie dir nahe?«

»Ja. Sie ist meine beste Freundin seit der ersten Klasse.«

»Ach, deshalb gehst du so hoch wie eine Rakete.«

Die Hitze steigt mir in die Wangen. »Tu ich gar nicht.«

»Lass stecken. Du musst deine Freundin nicht verteidigen. Was ich sage, ist nicht böse gemeint. Sie ist also genauso alt wie du?«

»Richtig. Dreißig.« Ich muss schlucken. Es ist kaum zu glauben, aber ich habe die magische Grenze im Leben einer Frau bereits hinter mir gelassen, bin aber meilenweit von einem vernünftigen Lebensgefährten entfernt.

Aylin, die gerade ihren 23. Geburtstag gefeiert hat, braucht diesen Stichtag nicht zu fürchten und ahnt nichts von meinen bitteren Überlegungen. »Wie alt ist der Traumprinz?«, erkundigt sie sich gespannt. »Sein Vorname klingt so altmodisch. Er gehört zu einer anderen Generation.«

»Werner ist sechzig.«

»Um Gottes willen, das arme Mädchen. Der Typ steht schon mit einem Bein im Grab.« Aylin ist voller Mitgefühl und rauft sich ihre hüftlangen dunkelbraunen Locken. »Es ist immer das Gleiche. Alte kranke reiche Männer kaufen sich eine schöne junge Frau, die ihnen die letzten Lebensjahre versüßen soll.«

»Zumindest wird Isabelle nicht als Alten- oder Krankenpflegerin arbeiten müssen. In diesen Kreisen kann man sich Personal für alle niedrigen Arbeiten leisten. Sie muss höchstens den Rollstuhl durch den Park der Villa schieben.«

»Wahrscheinlich kauft er sich das schickste Modell, wenn es so weit ist. Turbo spezial. Gib Gas, ich will Spaß.« Aylin kichert. »Wie hat sie ihren Traumprinzen überhaupt kennengelernt? Spielt sie Golf oder Tennis? Oder ist sie ihm in der Pinakothek auf die Zehen getreten?«

»Nein, es war purer Zufall. Sie haben sich im Urlaub kennengelernt. Isabelle wollte ihre Skikünste zu neuem Leben erwecken. Leider hat sie das Gleichgewicht verloren und ist wie ein zusammengerollter Igel einen steilen Abhang hinuntergekullert, bis sie direkt vor den Füßen des großen Gelehrten gelandet ist. Werner hat sich als Gentleman der alten Schule gezeigt und ihr wieder auf die Beine geholfen. Dabei haben sie sich zu lange in die Augen geguckt – und es hat Klick gemacht.«

»Liebe auf den ersten Blick? Wie romantisch.« Aylin gibt mir die Karte zurück. »Auf jeden Fall hat sie das große Los gezogen. Ich würde auch für mein Leben gern meine freie Zeit auf Benefizgalas und Charityveranstaltungen verbringen, vornehmen Small Talk halten und rund um die Uhr Champagner schlürfen.«

»Das wäre nichts für dich. Schließlich kannst du nicht schweigen«, sage ich streng. »Du fühlst den Leuten zu gern auf den Zahn.«

»Ach, da sagst du was«, erinnert sich Aylin mit einem Anflug von schlechtem Gewissen. »In der Eins wartet eine Patientin. Keine akuten Beschwerden, bloß die halbjährliche Kontrolluntersuchung.«

»Dann wollen wir mal loslegen, bevor sie es sich anders überlegt.« Ich stopfe die Karte zurück in meine Handtasche. »Leider bleibt uns auch nichts anderes übrig als fleißig zu sein. Ein Traumprinz passt mit seinem verdammten Gaul einfach nicht durch die Tür unserer Praxis.«

In der Mittagspause nimmt Aylin das leidige Thema wieder auf. Zu zweit sitzen wir in einem vietnamesischen Restaurant und haben gerade unsere Bestellung aufgegeben. »Also, ich finde eine romantische Hochzeit in Weiß klasse. Warum freust du dich denn nicht über diese Einladung?«

»Weil ich eine Rolle spielen soll, die mir nicht gefällt: Brautjungfer.«

»Aber das ist doch toll. Da kommst du auf jedes Foto.«

Auf diesen Kommentar habe ich gewartet. »Eben. Hast du schon mal eine Gazelle neben einer Elefantenkuh gesehen?«

»Ach, daher weht der Wind.« Aylin kneift die Augen zusammen und unterzieht mich einer kritischen Musterung. »So dick bist du doch gar nicht.«

»Vielen Dank für deine aufbauenden Worte. Aber neben Size Zero sieht man selbst mit Größe achtunddreißig wie ein gestrandeter Wal aus – und da passe ich schon lange nicht mehr rein.«

»Dann müssen wir drastische Maßnahmen ergreifen.« Aylin schiebt ihr Mineralwasser in meine Richtung und greift nach meinem Mango-Lassi. »Ab sofort habe ich das Kommando. Heute Mittag lasse ich mir die knusprigen Nudeln mit gegrillter Ente schmecken. Dafür bekommst du einen köstlichen Salat. Wir werden gemeinsam Kalorien zählen. Wir haben Anfang März. Die Hochzeit findet im August statt. Das schaffen wir.«

»Eine strenge Diät allein hilft mir nicht weiter. Ich sehe nicht mehr knackig aus, sondern nur noch … tüchtig.«

»Du badest gerade in Selbstmitleid, Lena. Gibt es Minderwertigkeitskomplexe im Sonderangebot?« Aylin will sich vor Lachen ausschütten. »An deinem Body können wir arbeiten. Das ist ganz einfach. Du musst bloß in ein Fitness-Center eintreten.«

Diese Antwort habe ich befürchtet. »Vielen Dank für den heißen Tipp. So schlau bin ich schon gewesen. Sportstudios gibt es wie Sand am Meer. Welches soll ich nehmen?«

Während dieser tiefschürfenden Überlegungen serviert die Kellnerin unsere Bestellung. Der köstliche Duft meines Lieblingsgerichts steigt mir in die Nase, und mir läuft das Wasser im Mund zusammen. Aber bevor ich meine Stäbchen in die Hand nehmen und nach dem ersten Bissen angeln kann, nimmt Aylin mir meinen Teller weg. »Sorry, Lena. Salat macht auch satt. Kau halt langsam.«

»Hahaha.«

Argwöhnisch betrachte ich meinen Teller. Der fruchtige Mango-Salat mit Karotten, Kohlrabi und vietnamesischen Kräutern sieht nicht schlecht aus. Trotzdem werde ich das Gefühl nicht los, dass diese Mahlzeit etwas für den hohlen Zahn ist. Hoffentlich knurrt mein Magen nicht lauter als der Bohrer, wenn ich wieder in der Praxis bin.

»In der letzten Ausgabe des *LIFESTYLE*-Magazins war ein Artikel über ein angesagtes Studio in Frankfurt«, erinnert sich Aylin, während sie fröhlich vor sich hin mampft. »Die Fotos sind der Hammer. Die Ausstattung ist vom Allerfeinsten. Es hat sogar einen Pool.«

»Liest du etwa dieses Hochglanzmagazin?«

Vor Entsetzen fallen mir fast die Stäbchen aus der Hand, aber Aylin lässt sich nicht aus der Ruhe bringen. »Wenn es in unserer Praxis ausliegt, ja. Außerdem gefällt mir die Marketingstrategie: Alles, was Spaß macht.«

»Spaß haben kann man auch, ohne protzen zu müssen. So'n Nobelschuppen kommt für mich einfach nicht infrage«, protestiere ich mit letzter Kraft, während ich den kalorienarmen Salat mit Todesverachtung dezimiere. »Wenn ich Luxusweibchen sehe, die mit Louis-Vuitton-Taschen zum Sport gehen, bekomme ich einen Kreischanfall.«

»Das versteh ich. Dann streichen wir diesen exklusiven Klub. Aber es gibt vernünftige Alternativen.« Aylin lässt ihr Besteck auf den Teller sinken und wühlt in ihrer Handtasche, zieht einen Kugelschreiber hervor, kritzelt eine Adresse auf ihre Serviette und drückt sie mir in die Hand. »Probiere doch mal das Studio *Body & Soul* aus. Das genießt einen tadellosen Ruf, hab ich mir sagen lassen.«

»Aua. Das klingt verdächtig nach Juvenal. Mens sana in corpore sano. Bisher hab ich mich nicht krank gefühlt.«

»Packst du wieder deine klassische Bildung aus? Moderne Fremdsprachen sind mir lieber.″ Aylin lässt sich nicht aus der Ruhe bringen. »Komm schon, Lena. Es macht riesigen Spaß, sich selbst etwas Gutes zu tun.«

»Das ist mir zu schwammig. Ich brauche klare Angaben. Wie sieht der Parkplatz von dem Schuppen aus? Muss ich täglich Papas Maserati oder Muttis Porsche sehen? Oder sind Autos in meiner Gehaltsklasse dabei?«

»Hast du Berührungsängste?« Aylin kann es nicht fassen. »Stell dich nicht so an. So arm bist du nicht. Du fährst einen guten Mittelklasse-Wagen.«

»Ja, ein Geschenk meiner Eltern zum Staatsexamen.«

»Genau. Dein Auto ist bezahlt, nicht geleast. Dieses Gejammer hast du nicht nötig.«

»Doch.« Die Antwort ist nur bedingt korrekt. Als ange-stellte Zahnärztin nage ich nicht gerade am Hungertuch, aber zu den Topverdienern in meiner Heimatstadt darf ich mich trotzdem nicht zählen. Wenn ich mich eines schönen Tages selbstständig mache und eine eigene Praxis mit angeschlossenem Labor führe, sieht die Situation anders aus. Allerdings muss ich dann auch einen hohen Kredit bedienen und werde meine Kohle nicht für unnötige Extravaganzen auf den Kopf hauen. Sonst ist mein Traum schneller vorbei, als ich denken kann. »Meine Eltern haben mich vernünftig erzogen. Natürlich verdiene ich gutes Geld, aber ich definiere mich nicht über Statussymbole. Ich schätze Luxus, aber ich brauche ihn nicht zwingend für mein Wohlbefinden. Das ist der feine Unterschied.«

»Du magst keine Schickimicki-Typen?«

Aylin hat es auf den Punkt gebracht, und ich lächele ihr zu. »Exakt. Ich möchte meine Zeit nicht mit Menschen verschwenden, die nur den Preis, aber nicht den Wert einer Sache kennen.«

»Verstehe. Trotzdem kannst du ruhig in das Studio gehen. Der Beitrag ist moderat, und die Klientel ist vernünftig. Vielleicht lernst du dort auch einen tollen Typ kennen.«

Der Salat schmeckt mir nicht mehr. Angeekelt schiebe ich meinen Teller von mir. »Ich will Sport treiben, nicht Männer anbaggern oder angebaggert werden.«

»Willst du niemals eine Schnullerfee werden?«

»Davon bekommen die Kleinkinder schiefe Zähne. Das solltest du wissen, Aylin. Geldgeilen Kieferorthopäden arbeite ich nicht in die Hände.«

»Also, ich möchte mal heiraten und Kinder haben.« Aylin zieht einen Schmollmund. »Ich weiß bloß noch nicht, wen.«

»Dann haben wir ja was gemeinsam.« Ich zwinkere ihr zu. »Aber jetzt will ich nichts mehr von einer Hochzeit hören, sondern nur noch von …«

»Neuen modischen Trends? Du brauchst unbedingt stylische Outfits. Wollen wir zusammen shoppen gehen? Ich kenn viele angesagte Boutiquen in der Nähe.«

Das unterschreibe ich sofort. Aylin sieht immer zum Anbeißen aus. Sie hat einen guten Geschmack – und eine tadellose Figur. »Ich geb dir Bescheid, wenn es so weit ist.«

»Au fein.« Aylin deutet meine Antwort in ihrem Sinne. Sie denkt immer positiv. Diese Eigenschaft liebe ich an ihr. »Ohne Fleiß kein Preis. Du schaffst das.«

2. Kapitel

*D*ie aufmunternden Worte von Aylin tun mir gut. Nach Feierabend sitze ich in meinem Auto, wühle in meiner Handtasche und betrachte nachdenklich die Serviette in meiner Hand. Soll ich mir *Body & Soul* wirklich ansehen? Oder lieber auf direktem Weg nach Hause fahren? Ach was, gucken kostet nichts – und so'n bisschen neugierig bin ich. Dann kann ich wenigstens mitreden und komme mir nicht wie eine Hinterwäldlerin vor, wenn Aylin wieder große Reden schwingt. Entschlossen gebe ich die Adresse in das Navigationsgerät meines Autos ein und brause in Richtung City. Aylin hat nicht gelogen. Es ist verkehrsgünstig, aber ruhig gelegen und punktet durch einen kostenlosen großen Parkplatz. Auf den ersten Blick macht das Studio einen vernünftigen Eindruck. Durch die offene Bauweise mit vielen bodentiefen Fenstern wirkt es hell und freundlich. Als ich das Foyer betrete und zum Check-in schlendere, schaue ich mich gründlich um. Das Publikum gefällt mir. Es gibt keine Spur von überkandidelten Barbiepüppchen mit künstlichen Fingernägeln, aber auch keine solariengebräunten Schwachköpfe, deren Gehirnmasse nicht mit ihrem Bizeps mithalten kann.

Ein Personal Trainer steht unschlüssig in der Nähe des Tresens herum. Als er mich sieht, zeigt er eine perfekte Showeinlage. Sein Zahnpastalächeln ist fast zu schön, um wahr zu sein. »Herzlich willkommen. Ich bin Kai. Was kann ich für dich tun?«

»Hi. Ich bin Lena.«

An das automatische Duzen unter ambitionierten Freizeitsportlern werde ich mich gewöhnen müssen. Auch an das schreckliche Bleaching des Personal Trainers, das für meinen Geschmack viel zu hell ist und total künstlich aussieht.

»Ich möchte meine Fitness verbessern.«

Eine charmante Untertreibung. Wo nichts ist, kann man auch nichts verbessern. Aber es klingt besser als die traurige Wahrheit, dass ich in den vergangenen Jahren keinen Sport getrieben habe und zur sportlichen Niete geworden bin.

»Das ist eine gute Idee. Wir freuen uns auf dich.«

Klar. Er ist begeistert von mir, weil ich einen Vertrag abschließen und monatliche Beiträge zahlen werde. Wahrscheinlich bekommt er eine Erfolgs-Provision. In seinen Augen blinkt das magische Dollarzeichen.

Energisch hakt er mich unter und gönnt mir eine private Führung durch die heiligen Hallen. »Hast du dir schon Gedanken über das Training gemacht? Was gefällt dir besonders?«

Gutes Essen. Mehrere Gänge. Am liebsten italienische Küche. Pasta, Pesce und Dolci. Gegen ein Glas Wein und ein Likörgläschen Limoncello habe ich auch nichts einzuwenden. Zum Glück weiß ich, wann ich besser schweigen soll. Das ist die falsche Antwort. Der Gesundheitsapostel kippt aus seinen Turnschuhen, wenn ich meiner spontanen Eingebung folge und ihm meine besonderen Vorlieben mitteile.

Kai bemerkt meine Verlegenheit und unterbreitet mir einen Vorschlag. »Wie wäre es mit Krafttraining? Wir könnten dir einige Übungen zusammenstellen.«

Will er mich um jeden Preis unglücklich machen? Ich werfe einen entgeisterten Blick auf die professionellen Geräte, an denen sich durchtrainierte Typen mit stählernen Muskeln austoben. Ein Waschbrett-Bauch ist sexy. Aber nur bei Männern. Muskelbepackte Frauen finde ich unästhetisch. Energisch schüttele ich den Kopf. »Auf gar keinen Fall. Ich will keine Muskelmasse aufbauen. Nur so'n bisschen abnehmen.«

»Okay. Aber trotzdem werde ich dir drei, vier Übungen empfehlen, die du nach dem Warm-up machen kannst. Was schwebt dir als Einstieg vor? Bevorzugst du den Crosstrainer oder das Laufband?«

Weder noch. Der Crosstrainer erinnert mich an Nordic Walking auf dem Trockenen, das Laufband bietet andere Tücken. Soll ich bei höherem Tempo ins Stolpern geraten, coram publico auf die Nase fallen und vom laufenden Band gerollt werden?

»Hm.« Meine Begeisterung ist mir offensichtlich ins Gesicht geschrieben.

Kai lässt aber nicht locker. »Was hast du dir denn vorgestellt?«

»Rad fahren«, presse ich widerwillig hervor. Da kann ich wenigstens auf meinem wohlgerundeten Popo sitzen bleiben.

»Fein. Zwanzig Minuten müssten für den Anfang reichen. Was willst du denn noch machen?« Er parkt mich in einer Sitzecke im Foyer, gönnt mir ein Glas Mineralwasser und schiebt mir ein komplettes Kursprogramm unter die Nase. »Wir haben viele tolle Kurse. Bestimmt ist was für dich dabei? Wie sieht es mit Yoga aus?«

Ja. Das klingt friedlich. Gegen ein stabiles seelisches Gleichgewicht habe ich nichts einzuwenden. Vielleicht werde ich während der meditativen Übungen auf meiner Matte einschlafen, aber das Risiko gehe ich ein. »Gut. Pilates nehme ich auch.« Den Rest kann er mir einpacken. Ich werde den Kursplan auf Halde legen und nicht mehr anschauen. Für heute reicht es mir. Ich will nur noch nach Hause. Hektisch blättere ich in den Vertragsunterlagen. »Wo muss ich unterschreiben?«

Am nächsten Morgen wartet Aylin an der Rezeption und plinkert mich unter ihren lackschwarzen samtenen Wimpern an. »Na?«

»Du hast gewonnen. Ich habe mich angemeldet.«

»Au fein«, jubelt sie. »Wann fängst du an?«

»Heute Abend, wenn ich die Praxistür hinter mir abgeschlossen habe.«

»Klasse. Du hast den richtigen Biss. Ich habe dir auch was mitgebracht.«

Eine Portion Manti oder Lahmacun zum Mittagessen wäre nicht schlecht. Alle Frauen in Aylins Familie können hervorragend kochen und bedenken unsere Praxis mit regelmäßigen Spenden. Gutes Essen kann ich nicht umkommen lassen. Meine überflüssigen Pfunde sprechen für sich.

Mit wichtiger Miene drückt mir Aylin ein bedrucktes Blatt Papier in die Hand. »Lies mal.«

»Was ist das?«, frage ich misstrauisch.

»Dein neuer Diätplan. Ich habe mal im Netz geforscht. *Träum dich dünn*« wird unser Erfolgsrezept.«

Wenn ich noch nicht mal mehr in meinen Träumen satt werden darf, sehen wir harten Zeiten in der Praxis entgegen. »Von Netzgeflüster halte ich nichts. Willst du mich auf Nulldiät setzen? Dann fällt mir unter Umständen die Spritze aus der Hand.«

»Das Geschrei unserer Patienten möchte ich nicht hören, wenn du einen Zahn ohne Betäubung ziehst«, feixt Aylin. »Nein, das ist ganz einfach. Du wirst satt, versprochen. Lies dir die Anweisungen in aller Ruhe durch. Die Lebensmittel hast du garantiert im Haus. Du musst nur deine Lebensgewohnheiten ändern.«

Nachdem ich den letzten Patienten höflich, aber bestimmt aus der Praxis geschubst habe, putze ich mir die Zähne und düse zum Fitnessstudio. Gegen 19 Uhr ist es gerammelt voll. Unter den vielen enthusiastischen Freizeitsportlern fühle ich mich etwas fehl am Platz. Trotzdem schlage ich meinem inneren Schweinehund ein Schnippchen und schwinge mich auf das erste Fahrrad, das meinen Weg kreuzt.

Neugierige Blicke streifen mich. Ich bin nicht überrascht. Schließlich sitzt mein Sportdress wie eine zweite Haut und gibt mehr von mir preis, als ich beabsichtigt habe. Ich bleibe nicht lange allein. Bald will mir ein Best-Ager seine glänzende körperliche Verfassung demonstrieren. Er besetzt den Tretesel neben mir und tritt so schnell in die Pedale, als ob er sich zur nächsten Tour de France anmelden möchte.

»Neu hier?«, schnauft er mir mit hochrotem Kopf entgegen. Er ist ein aufgewecktes Kerlchen, das muss ich ihm lassen.

Ich mustere ihn von oben bis unten. Leider entspricht er überhaupt nicht meinem Beuteschema. Mit seinem runden Schädel, dem massigen Körper und der dicken Knollennase sieht er aus wie ein zu groß geratener Schlumpf. Sein leuchtend blauer Sportanzug und die weißen Turnschuhe passen wie die Faust aufs Auge. »Ja.«

»Früher war ich Profisportler. In meinen jungen Jahren habe ich viele Medaillen im Gewichtheben abgeräumt«, informiert mich mein drahtiger Sportgefährte über seine bewegte Vergangenheit. »Du würdest staunen, was ich heute noch alles stemmen kann.«

»Ach?«

Für die Feinheiten der deutschen Sprache ist der Prahlhans nicht empfänglich. Er ist von seiner erotischen Ausstrahlung überzeugt, grinst über das ganze Gesicht und präsentiert mir seinen Bizeps. Ich weiß nicht, wo ich hinschauen soll. Seine schadhaften gelblichen Zähne erinnern mich fatal an Erdnussflips. »Fühl mal. Ich bin perfekt in Form. In jeder Beziehung.«

Ist das eine plumpe Anmache? Schaut dieser sabbernde Fitnesspapst niemals in den Spiegel? Oder hat er ihn abgehängt, damit er sich nicht über seinen eigenen Anblick erschrecken muss? So verzweifelt kann ich gar nicht sein, dass ich mit einem im Leben zu kurz gekommenen alten Mann in die Kiste hüpfe. Wenn er seine Hüllen fallen lässt und mir seinen (Alb)-Traumbody präsentiert, werde ich den schlimmsten Schock meines Lebens erleiden und womöglich bis an mein seliges Ende nie mehr mit einem Mann ins Bett gehen wollen. Nein, meine Entscheidung steht fest. Er soll sich woanders eine willige Schlumpfine suchen, die ihm die Bewunderung zollt, die er für sein seelisches Gleichgewicht braucht.

»Wer 'ne schwere Hantel und große Reden schwingen kann, muss nicht unbedingt Eier in der Hose haben.« Lässig klettere ich von meinem Fahrrad und durchbohre ihn mit einem eisigen Blick. »Du kennst doch den Spruch: Hunde, die bellen, beißen nicht. Tob dich ruhig an deinen Geräten aus. Oder geh einfach zum Reha-Sport. Da findest du genügend Mädels in deiner Altersklasse. In der Zwischenzeit geh ich lieber mit den anderen Kleinen im Kinderparadies spielen.«

Eine Viertelstunde später beginnt der Yoga-Kurs. Hier sind wir Frauen wenigstens unter uns. Der Kursraum ist in orientalisch anmutenden Farben gehalten. Eine grazile Frau entzündet gerade mehrere Duftkerzen, die zusammen mit einer meditativen Musik eine behagliche Stimmung verbreiten. Ich atme auf und mache es mir auf meiner Matte bequem. Vor der Totenstellung ist mir nicht bange, und den Krieger werde ich auch noch auf die Reihe bekommen. Mit den Tieren kenne ich mich nicht so gut aus, aber immerhin sind mir die Kobra und der herabschauende Hund vertraut. Bei meiner ausgeprägten Tierliebe wird mir nichts Schlimmes passieren.

Leider erhält meine zuversichtliche Stimmung einen empfindlichen Dämpfer, als ich den merkwürdigen Anweisungen der Trainerin kaum folgen kann und verzweifelt zu meinen Schicksalsgefährtinnen hinüberschiele, um nicht den Anschluss zu verpassen und völlig auf der Strecke zu bleiben. Letzte in der Klasse zu sein, ist nicht sehr angenehm. Die neue Trainerin verhält sich auch genauso wie meine ehemalige Sportlehrerin, die alle schwachen Schüler immer zu ihrem Glück gezwungen hat. Ehe ich weiß, wie mir geschieht, baut sie sich neben mir auf und zwingt mir unerwünschte Weisheiten auf. »Das Bein musst du strecken. So macht man das. Das tut gut, nicht wahr?«

Darüber kann man geteilter Meinung sein. Ich bin freiwillig hier und sehe nicht ein, warum ich aktiv an dieser Form von Körperverletzung mitarbeiten soll. »Ich bin kein Schlangenmensch. Mein Kreuzband brauch ich noch.«

Wie ein nasser Sack lasse ich mich auf die Matte fallen und sortiere meine Knochen, während die Trainerin stoisch lächelt und zur nächsten Unglücklichen schwebt. Eine Wolke Ylang-Ylang steigt mir in die Nase, und mir wird flau im Magen. Es ist bullenheiß, und mein Sportdress ist klatschnass. Aber die Fenster darf ich nicht öffnen, weil ich mich ja nicht erkälten soll. Gegen den qualvollen Tod durch Ersticken hat die Geschäftsführung anscheinend nichts einzuwenden.

Ein leises Ding-Dong holt mich in die Gegenwart zurück. Unsere Yoga-Expertin hat ihre Runde beendet und läutet mit ihrer tibetischen Klangschale die nächste Einheit ein.

Ihre helle Stimme zwitschert wie ein munteres Vögelchen. »Wir begeben uns jetzt in die Bhadrasana. Das ist eine wunderschöne Asana. Mit ihrer Hilfe wirst du in deiner Mitte ankommen. Sie beruhigt deine Gedanken und gibt dir Raum für neue Ideen, Gefühle und Erlebnisse.«

Diesmal kann ich der Trainerin beipflichten. In meinem Kopf kreisen ketzerische Gedanken. Angeblich sollen die Anhängerinnen von Yoga ein hervorragendes

Körpergefühl besitzen, was sich positiv auf ihr Sexualleben auswirkt. Es muss sich um ein gezielt gestreutes Gerücht handeln. Wenn ich diesen Sport längere Zeit betreibe, werde ich bleibende gesundheitliche Schäden davontragen, die jede erotische Aktivität für längere Zeit ausschließen oder für immer unmöglich machen. Mein Liebesleben liegt bereits brach. Eine weitere Durststrecke kann ich mir in meinem fortgeschrittenen Alter nicht leisten. Also muss ich mir etwas Neues suchen. In diesem Leben werden Yoga und ich keine Freunde mehr.

»Erzähl schon.« Aylin kann ihre Neugierde nicht verbergen, als ich am nächsten Morgen in unserer Praxis erscheine. »Wie war dein erstes Mal?«

»Zum Abgewöhnen«, sage ich und schlüpfe in meinen Ärztekittel. »Massive sexuelle Belästigung durch einen eitlen lüsternen Greis, gefolgt von mittelschwerer Körperverletzung durch widernatürliche Verrenkungen. Wenn mir das bei einem Date passiert wäre, hätte sich der Typ auf der Intensivstation künstlich beatmen lassen können.«

»Oh, oh.« Aylin wiegt bedauernd ihren schönen Kopf. »Das klingt gar nicht gut.«

»Stimmt. Aber Aufgeben kommt nicht infrage. Schlimmer kann es nicht mehr werden. Meine Devise ist: Jetzt erst recht.« Temperamentvoll knalle ich die Tür des Garderobenschranks zu. »Wenigstens bin ich gestern Abend satt geworden. Ein gebratenes Steak ist ein Highlight. Dein Diätplan hat meinen Tag gerettet.«

»Du wirst sehen, deine Pfunde purzeln schneller, als du gucken kannst.« Aylin hat wieder Oberwasser. »Am besten gehst du strategisch vor und legst eine Excel-Datei auf deinem Laptop an. Dann wiegst du dich jeden Tag und trägst dein aktuelles Gewicht ein. Im Laufe der Zeit kannst du eine Grafik erstellen und deine persönliche Erfolgskurve sehen.«

»Mein Ausgangsgewicht möchte ich eigentlich gar nicht wissen. Aber ich werde in den sauren Apfel beißen. Von nun an kann es nur bergab gehen.«

»Falsch.« Aylin lacht. »Du kannst dir deine Erfolge alternativ als Butterpäckchen vorstellen. Im Laufe der nächsten Wochen wird der Turm immer höher.«

»Das ist eine schöne Idee. Ich freu mich schon auf Dezember.«

»Wieso?«

»Dann werde ich mich an dem Berg bedienen und zuckersüße Kekse backen. Mandelplätzchen, Vanillekipferl und Zimtsterne sind garantiert der Renner.«

Gut gelaunt mache ich mich auf den Weg zu meinem ersten Patienten. Mein zweites Standbein als Zuckerbäckerin gefällt mir. Auf diese Weise kann ich für tiefe Löcher in den Zähnen unserer Patienten sorgen und das Geschäft in unserer Praxis ankurbeln. Unsere Chefin wird mir sehr dankbar sein. Vielleicht bekomme ich eine Prämie für besondere Verdienste.

3. Kapitel

Nach dem schlechten Start im Fitnessstudio geht es langsam, aber stetig bergauf. Der beleidigte Casanova macht einen weiten Bogen um mich. Den gleichen Sicherheitsabstand halte ich zur entrückten Yoga-Trainerin, die ihre Schülerinnen für ihren alternativen Lebensstil begeistern will und fleißig die Reklametrommel für ihren Tagesworkshop »Schamanisches Reisen« rührt. Selbst ernannten Heilerinnen traue ich grundsätzlich nicht über den Weg, aber ich will ihr nicht das Geschäft vermasseln und halte lieber meinen Mund. Wenn wir uns nicht in die Quere kommen, passt es hervorragend. Lieber beweise ich meine Bodenständigkeit, arbeite an einer guten Haltung im »Rücken-Fit«-Kurs und quäle mich auf dem Fahrrad oder dem Laufband.

Geschlossene Räume bieten mir einerseits Schutz vor unerwünschten Blicken. Andererseits möchte ich auf frische Luft nicht verzichten. Im April habe ich meinen inneren Schweinehund so weit überwunden, dass ich mich auch in die freie Natur wage. Genau gesagt: in den historischen Kurpark von Bad Nauheim. Statt mit meinen Eltern gemütlich zum Brunchen in ein beliebtes Restaurant zu gehen, habe ich mich entschlossen, meinen aufrechten Gang über eine längere Strecke zu trainieren. Dauerlauf habe ich schon in der Schule aus tiefster Seele gehasst. Die euphemistische Bezeichnung Jogging klingt in meinen Ohren nicht besser. Nach dem Abitur war ich felsenfest davon überzeugt, nie wieder in der freien Natur herumschnaufen zu müssen. Ich habe mich geirrt. Nicht zum ersten Mal in meinem Leben. Leider habe ich keine andere Wahl, als in den sauren Apfel zu beißen und die Schnürbänder meiner Turnschuhe noch einmal kräftig zu schnüren, bevor ich mich langsam in Bewegung setze. Das Erfolgserlebnis ist atemberaubend. Auf der kurzen Strecke vom Parkplatz zum zentral gelegenen Kurpark habe ich leichtes Seitenstechen. Als ich die romantische Brücke am Teich erreiche, keuche ich wie eine ausrangierte Lokomotive. Mir bricht der kalte Schweiß aus. Wie soll ich bloß die restlichen Kilometer überstehen, ohne ein Beatmungsgerät in Anspruch nehmen zu müssen?

Bums! Bei der letzten Kurve habe ich nicht mehr auf meine Mitmenschen geachtet und stoße frontal mit einem entgegenkommenden Jogger zusammen. »Autsch!«

»Ist das eine neue Methode, Kontakte zu knüpfen?«

Ich blinzele benommen und reibe mir meinen schmerzenden Kopf. Zwei spöttische Augen funkeln mich aus einer Höhe von ungefähr 1,90 Meter an. Mein attraktives Gegenüber sieht genauso aus wie meine Lieblingsschokolade: quadratisch, praktisch, gut.

Das Blut schießt mir in die Wangen. Hilfe! Leide ich unter Halluzinationen? Sind diese Gedanken die ersten Entzugserscheinungen, weil ich sämtliche Süßigkeiten von meinem Einkaufszettel gestrichen habe?

»Tut mir leid, ich war in Gedanken …«, murmele ich schuldbewusst.

»Raus mit der Sprache. Worüber hast du dir den Kopf zerbrochen? Bist du heute auf die Waage gestiegen? Hast du gesündigt? Hast du die Kalorien der letzten Tage gezählt?«

Diese bitterbösen Bemerkungen haben gesessen. Mein Appetit auf Süßigkeiten ist mir mit einem Schlag vergangen. Auch das Interesse an diesem Exemplar der männlichen Spezies.

Empört blitze ich mein Gegenüber an. »Was fällt dir ein? Du bist wohl bei der Hasenjagd zu Ostern übrig geblieben?«

»Touché. Auf den Mund gefallen bist du nicht.« Er lacht aus voller Kehle und tänzelt geschmeidig wie ein Boxer um mich herum, während ich vor Wut nach Luft schnappe. »Ich bin Alex. Wie heißt du?«

»Lena.«

»Das passt ja. Bist du öfter hier?«

»Ab und zu.«

Gelogen ist das nicht. Mit meinen Eltern bin ich regelmäßig durch den Park getrabt, um einen köstlichen Brunch in unserem Lieblingsrestaurant zu genießen. Eine Runde Joggen um den See ist eine neue Variante. Aber das muss ich diesem neugierigen Mister Universum nicht unbedingt auf die Nase binden, der mich nicht in Ruhe lassen will.

»Dann sehen wir uns nächsten Sonntag wieder?«

»Kein Kommentar. Die Antwort würde dich nur verunsichern.«

»Hahaha. Nee, sag mal. Gleiche Zeit, gleicher Ort, gleiche Stelle?«

»Wenn du auf eine Kopfnuss scharf bist.«

»Einen Totalschaden werde ich wohl nicht davontragen.« Er grinst mich frech an. »Der eingebaute Airbag müsste reichen.«

Am liebsten möchte ich ihm eine passende Antwort geben und ihn über das niedrige Geländer der Brücke schubsen. Dieser selbstgefällige Macho braucht dringend eine kleine Abkühlung. Aber für solche radikalen Maßnahmen sind leider zu viele Augenzeugen vor Ort. Trotzig werfe ich meinen Pferdeschwanz in den Nacken, mobilisiere meine letzten Kräfte und gebe noch mal Gas, um mich aus der Affäre zu ziehen. Als der nervige Typ außer Sichtweite ist, breche ich fast vor Schwäche zusammen und schleppe mich mit allerletzter Kraft zu meinem Auto. Eins ist so sicher wie die Implantate, die ich meinen Patienten einsetze: Heute reicht meine Energie nur noch zu einem heißen Wannenbad, sonst kann ich morgen in der Praxis nicht mehr stehen, sondern nur noch die Abrechnungen an meinem Schreibtisch erledigen.

Leider gibt es keinen weiteren Lichtblick in meinem Leben. Mein Zusammenstoß mit dem gut gebauten, aber arroganten Sportler bleibt die einzige folgenschwere Begegnung mit dem anderen Geschlecht. Im Fitnessstudio erkunde ich Sauna und Dampfbad. Sicherheitshalber entscheide ich mich für den separaten Damen-Bereich, um keine aufgeschlossene, sexuell bedürftige Athleten zu treffen, die unser Trainingscamp mit einem kostenlosen Escortservice verwechseln. Wenn ich im Dampfbad schwitze, bin ich dankbar, dass die aufsteigenden Nebelschwaden meine Figur vor den neugierigen Blicken der anderen Frauen verhüllen. Natürlich bin ich auch nicht scharf darauf, das geballte nackte Elend meiner Geschlechtsgenossinnen zu sehen. Meine sexuellen Neigungen haben sich nicht geändert. Ich stehe nur auf Männer. Switchen will ich um keinen Preis. Also lebe ich weiter enthaltsam. Der einzige Trost ist der tägliche Gang auf die Waage. Aylin hat ins Schwarze getroffen: Meine überflüssigen Kilos purzeln tatsächlich. Glücklich sortiere ich die ersten Klamotten aus meinem Kleiderschrank aus und vertiefe mich vor dem Schlafen gehen in die geistig anregende Lektüre der Zeitschrift *Glamour*. Meine Traumgröße ist in greifbare Nähe gerückt, und ich muss dringend meine Wissenslücken schließen, was angesagte modische Trends betrifft. In nicht allzu ferner Zukunft werde ich eine ausgedehnte Shoppingtour starten. Eigentlich bevorzuge ich lässig-sportliche Garderobe. Trotzdem gefällt mir der Gedanke, meinen praktischen Look aus Jeans, Shirt und Sneakers gegen figurbetonte Kleidchen und hohe Stöckelschuhe in

leuchtenden Farben zu tauschen. Das Leben ist bunt –
und alles ist möglich!

An einem Mittwoch startet Aylin einen überraschenden
Angriff. Mit eisernem Griff umklammert sie meine
Hand und entführt mich nach der Sprechstunde in die
Innenstadt.

Mir schwant nichts Gutes, als sie mich in einen noblen
Friseursalon auf der Shoppingmeile meiner Heimatstadt
schleppt und auf einen freien Platz drückt. »Was hast du
vor?«

»Nichts Schlimmes.« Ihre glitzernden Augen strafen
ihre harmlosen Worte Lügen. »Du brauchst Farbe in
deinem Leben. Shirin wird dich zum Strahlen bringen.«

»Gleich sehe ich rot.«

»Das gefällt mir auch«, stimmt Aylin mir begeistert
zu. »Was hältst du von einer Tönung in Kastanie oder
Mahagoni?«

»Bist du beschwipst? Ist in deiner Mundspülung zu
viel Alkohol? Wie kommst du auf diese absurde Idee?«

»Du musst von diesem Straßenköterblond weg.« Aylin
verdreht die Augen. »Willst du ewig als Vogelscheuche
herumlaufen?«

»Ich werde dich bei Frau Doktor Gläser verpetzen. Das
ist Mobbing. Diese Bemerkung kostet dich das Weihnachts-
geld.« Die Stylistin hat sich bisher aus der Unterhaltung
herausgehalten. Sie ist sehr hübsch, schlank und zierlich,
strahlt aber eine gewisse Autorität aus. Entschlossen
löst sie meinen praktischen Pferdeschwanz und kämmt
sorgfältig meine schulterlangen Haare durch. Ihre Stimme
ist freundlich, aber bestimmt. »Hallo, ich bin Shirin.«

»Angenehm«, presse ich hervor. Am liebsten möchte
ich mir diese Floskeln klemmen und aus dem Salon
türmen, aber ich bin nicht mehr sechs Jahre alt und weiß,
was sich gehört. Zumindest theoretisch. »Ich bin Lena.«

»Ich weiß. Sie sind eine tüchtige Zahnärztin. Wenn ich mal Zahnschmerzen habe, komme ich sofort in Ihre Praxis.«

Sie lächelt wie eine Sphinx, und ich fühle mich unbehaglich. Was weiß diese fremde Frau noch von mir? Hat Aylin aus der Praxis geplaudert?

»Was kann ich heute für Sie tun?«

»Nichts«, möchte ich am liebsten sagen, aber das ist die falsche Antwort. Shirin ist eine selbstständige Kauffrau und muss hart für ihren Lebensunterhalt arbeiten. Genauso wie ich, auch wenn ich keinen Kamm, sondern eine Spritze in die Hand nehme. Deshalb suche ich nach einer salomonischen Lösung, mit der wir leben können. »Spitzen schneiden.«

Das klingt ganz vernünftig, aber Shirin scheint nicht zufrieden zu sein. »Was halten Sie von einer Typveränderung?«

Genauso muss sich Samson gefühlt haben, als er in die Hände von Delilah gefallen ist. Shirin will mir doch wohl nicht meine geliebte Mähne abschneiden, die ich seit einigen Jahren gezüchtet hatte? Leichte Panik macht sich in mir breit. Entsetzt starre ich in den Spiegel. »Ein Kurzhaarschnitt steht mir nicht. Dann sehe ich aus wie ein kleiner Junge. Ich will auf keinen Fall einen raspelkurzen platinblonden Pixie Cut wie Katie Perry.«

»Keine Angst. Ich dachte eher an einen Long Bob. Das ist eine unkomplizierte Frisur – und momentan der absolute Renner.«

Lässig und pflegeleicht? Okay, das klingt wie Musik in meinen Ohren. Allzu viel Lebenszeit möchte ich nicht auf mein Styling verschwenden.

Die schlaue Shirin merkt, dass mein Widerstand schwindet, und setzt noch eins drauf. »Wir stufen Ihre Haare im unteren Drittel leicht durch, dann fallen sie weicher in Ihr Gesicht.« Sie greift zu einer Farbkarte und zeigt mit einem sorgfältig manikürten Fingernagel auf eine Haarsträhne. »Ich empfehle Ihnen eine Tönung in Gold- oder Honigblond. Das sieht sehr edel aus, harmoniert mit leicht gebräunter Haut und schmeichelt Ihrem Teint.«

»Kein Rot?«

Unsere Blicke begegnen sich im Spiegel. »Keine Angst, wir lassen Sie nicht als lebendige Fackel aus dem Laden gehen. Schließlich sollen Sie sich in Ihrer Haut wohlfühlen.«

»Einverstanden.« Beruhigt lehne ich mich zurück. »Dann zeigen Sie, was Sie können.«

Anderthalb Stunden später starre ich fassungslos in den Spiegel, während Aylin begeistert in die Hände klatscht. »Wow! Ich bin geflasht. Deine beste Freundin wird dich nicht mehr wiedererkennen, wenn du auf der Traumhochzeit aufkreuzt. Du siehst aus wie ein Filmstar, Lena. Irgendwie erinnerst du mich an *Toni Garrn*. Du bist genauso groß und sexy wie sie. Bis zum Sommer hast du ihre Figur, wetten?«

Allmählich glaube ich es auch. Mein Selbstbewusst- sein steigt um hundert Prozent. Vielleicht werde ich doch nicht die Rolle des Mauerblümchens auf der Hochzeit des Jahres spielen müssen. Dankbar drücke ich die Hand meiner strahlenden Assistentin. »Du bekommst eine Sondergratifikation, Aylin. Aus meiner eigenen Schatulle. Das verspreche ich dir.«

Aylin nutzt meine Begeisterung für ihre Zwecke. »Dann habe ich freie Hand? Das ist super. Deine Augen- brauen erinnern mich zwar an *Cara Delevingne*, aber sie sollten etwas in Form gezupft werden. Und deine Hände haben eine French Maniküre verdient.«

»Hoffentlich verschlucken sich die Patienten nicht vor Schreck, wenn Germany's Next Top Model morgen in den Behandlungsraum kommt und Abdrücke von ihren Beißerchen nehmen will. Wenn mir die Aufnahmen nicht gefallen, werde ich sie mit einem neuen Spruch beglücken.

Mal sehen, was sie für ein Gesicht ziehen, wenn ich ihnen tief in die Augen schaue, eine bedeutungsvolle Pause einlege und mit strenger Stimme verkünde: Ich habe heute kein Foto für dich«, rutscht es mir heraus. »Also gut, Aylin, du hast mich überredet. Ich mache alles mit, wenn ich 'ne örtliche Betäubung bekomme. Sonst halte ich die entsetzlichen Schmerzen nicht aus.«

»In Ordnung, Lena. Ich springe gleich in den nächsten Supermarkt und hole uns drei Dosen Prosecco. One for all, all for one. Wir sind mindestens so gut wie die drei Musketiere, nicht wahr?«

»Noch besser. Schließlich sind wir Frauen.«

Abends mixe ich mir einen Energydrink und mustere mich glücklich im Spiegel. Aylin hat nicht zu viel versprochen. Shirin versteht ihr Handwerk. Meine Haare glänzen in einem schönen Farbton und sehen rundum gesund aus. Mein neuer Look ist perfekt. Von nun an kann ich mich überall sehen lassen.

Gut gelaunt setze ich mich an meinen Schreibtisch. Es ist höchste Zeit, Isabelle einen langen, liebevollen Brief zu schreiben. Ich habe allen Grund, ihr von ganzem Herzen dankbar zu sein. Ihre Einladung hat viele positive Veränderungen bewirkt und mein langweiliges Dasein in eine neue Richtung gelenkt. Ich freue mich auf die Zukunft. Mein Leben ist wieder bunt und aufregend geworden. Wer weiß, was der liebe Gott noch so alles mit mir vorhat? Vielleicht wird das einstige Aschenputtel als wunderschöne Cinderella über die Tanzfläche wirbeln, einen Stöckelschuh verlieren und lange nach Mitternacht ins Bettchen sinken? Vielleicht wird es für Aufruhr sorgen und reihenweise Männerherzen brechen? Vielleicht wird es sogar die ganz große Liebe finden? Auf jeden Fall werde ich diesen besonderen Tag genießen. Jede Stunde, jede Minute, jede Sekunde lang.

In dieser Nacht schlafe ich gut. Im Traum steige ich aus einer Stretchlimousine und schwebe die Freitreppe zum Schloss hinauf. Als ich den Ballsaal betrete, setzt die Musik aus. Die männlichen Gäste bekommen Schnappatmung, während die weiblichen Gäste rot vor Wut werden und flüstern: »Wer ist das? Sie muss aus Hollywood kommen. Dieses wundervolle Kleid hat *Emma Stone* auf der Oscar Verleihung getragen. Könnt ihr euch noch an das exklusive Modell von *Givenchy Haute Couture* erinnern?«

Mit einem strahlenden Lächeln bahne ich mir einen Weg durch die gaffende Menge, schüttele selbstbewusst meine schimmernden Locken, die zu einer komplizierten Frisur gesteckt sind, und werfe einen schelmischen Blick über meinen Fächer. »Wer ist der Erste, bitte?«

Während die weiblichen Gäste empört nach Luft schnappen, vergessen die anwesenden Gentlemen ihre gute Erziehung, lassen ihre Partnerinnen im Stich und bauen sich wie stolze Gockel vor mir auf. Anmutig schreite ich von einem zum anderen, begutachte sie mit einem Kennerblick und nicke einem gut gebauten Herrn gnädig zu, der eine starke Ähnlichkeit mit dem Schauspieler *Ryan Gosling* aufweist. »Heute ist Ihr Glückstag.«

Mit einem stolzen Lächeln bietet er mir seinen Arm und gibt dem Orchester mit der freien linken Hand ein Zeichen. Die Musik setzt ein. Wiener Walzer.

»Ich habe Sie noch nie hier gesehen. Sie stellen alle anderen Damen in den Schatten. Verraten Sie mir mehr von sich?«

»Meine goldenen Schuhe stammen aus der neuen Kollektion von *Laurence Dacade,* und meinen kostbaren Schmuck habe ich einem Frühstück bei *Tiffany's* zu verdanken«, hauche ich mit einer zuckersüßen Stimme und lasse mich bereitwillig über die Tanzfläche wirbeln. »Meine traumhafte Frisur und mein perfektes Make-up verdanke ich meiner persönlichen Stylistin Shirin.

Aber meinen Namen werde ich Ihnen nicht verraten. In diesem Punkt können Sie sich ruhig die Zähne ausbeißen. Schließlich muss ich gutes Geld verdienen, um mir diese Extravaganzen leisten zu können.«

4. Kapitel

Mit einem lauten Lachen wache ich auf. Wahrscheinlich habe ich in den vergangenen Tagen zu viel in der Zeitschrift »Glamour« geblättert. Dieses Blättchen entwickelt sich noch zu meiner Lieblingslektüre. Die eleganten Roben der Oscar-Preisträgerinnen sind in meinem Gedächtnis kleben geblieben wie schwarze Lakritze in den Zähnen meiner Patienten. Vor allem »La-La-Land« hat es mir angetan. Vielleicht sollte ich mal wieder in unserem Kino vorbeischauen, wenn Emma Stone und Ryan Gosling durch meine Träume geistern und mit mir eine kesse Sohle aufs Parkett legen wollen. Natürlich nicht allein, sondern mit einer lieben Freundin. Mit Aylin kann dieses Musical nur ein Happening werden.

Mit einem strahlenden Lächeln fahre ich zur Praxis. Meine gute Laune ist durch nichts zu erschüttern. Selbst als meine strenge Chefin Frau Dr. Gläser sich wegen einer Magen-Darm-Grippe krankmeldet und mir am Telefon ans Herz legt, meinen freien Abend zu opfern und unser Praxiskonzept auf einer Informationsveranstaltung in einem elitären Golfklub in meiner Heimatstadt vorzustellen. Eigentlich sind mir diese Termine verhasst, aber heute mache ich eine Ausnahme und zeige mich von meiner allerbesten Seite. »Ja klar, das mache ich gern. Sie können sich auf mich verlassen. Gute Besserung!«

Gut gelaunt drücke ich das Gespräch weg und bitte meine Assistentin um Hilfe, die vor ihrem Personal Computer sitzt und in den Bildschirm starrt. »Aylin, kannst du mir bitte die Präsentation für den heutigen Abend ausdrucken? Du weißt doch bestimmt, wo sie gespeichert ist.«

Aylin kann man nicht erschüttern. »Na klar. Mir entgeht nichts. Aber warum freust du dich so über diesen Auftrag? Hast du heute Abend nichts Besseres vor?«

»Nein. Ich stehe gern im Mittelpunkt. Wahrscheinlich werden alle Gäste begeistert an meinen Lippen hängen.«

»Sicher. Weil du sie nicht mehr zu Wort kommen lassen wirst. Wenn du einmal redest, können alle anderen einpacken.«

Aylin lässt ihren PC im Stich, baut sich vor mir auf und stemmt die Hände in die Hüften. »Was ist los? Hast du den Eurojackpot geknackt?«

»Wäre ich dann noch hier?

»Weiß ich nicht. Vielleicht willst du ja die Praxis übernehmen.«

»Genau. Ich zähle gerade meine Moneten. Meinst du, dass ich mit fünfzig Euro hinkomme? Mehr habe ich heute nicht dabei.«

»So billig sind wir nicht zu haben.«

»Schade.«

»Nee, im Ernst, warum bist du so gut gelaunt? Hast du zehn Kilo in einer Nacht verloren?«

»Blödsinn. Ich freu mich bloß auf meine Reise. Die Party wird bestimmt wundervoll. Es ist schon Ewigkeiten her, dass ich über die Tanzfläche gewirbelt bin.«

»Verstehe.«

Aylin geht zu ihrem PC zurück, schnappt sich ihre Maus und hangelt sich mit gerunzelter Stirn durch die Programme. »Bingo.«

Während der Drucker leise summt und die einzelnen Folien ausspuckt, wendet sie mir wieder ihre volle Aufmerksamkeit zu. »Sag mal, Lena, wann bist du das letzte Mal ausgegangen?«

»Weiß ich gerade gar nicht …«

»Dann wird es höchste Zeit!« Aylin sammelt die Blätter ein, heftet sie ordentlich zusammen und drückt sie mir in die Hände. »Tanzen macht glücklich, geht unter die Haut und bewegt das Herz. Das habe ich neulich in der *Glamour* gelesen.«

»Du klingst wie die Reklame für eine Tanzschule.«

»Dann lass dich überzeugen. Wir tanzen in den Mai. Samstagnacht ist eine große Party in Frankfurt. Da fahren wir hin.«

»Da fährst du hin«, korrigiere ich automatisch. »In dieser Stadt habe ich nichts verloren. Viel Spaß.«

»Nein. Wir. 23 Uhr geht es los.«

»Aber das ist ja mitten in der Nacht«, protestiere ich.

Aylin kennt kein Erbarmen. »Sei kein Frosch. Deinen Schönheitsschlaf kannst du am Sonntag nachholen.«

»Das geht nicht. Ich kann nicht mitkommen. Schließlich habe ich überhaupt nichts anzuziehen.«

Empört baut sich Aylin vor mir auf und stützt die Hände in die Hüften. »Stell dich nicht so an. Die Geschäfte sind bis 20 Uhr geöffnet. Wir können morgen Abend ein hübsches Kleidchen für dich kaufen. Dann kannst du dich vor Verehrern nicht mehr retten.«

»Auf Männer lege ich keinen gesteigerten Wert …«

»Aber auf ein süßes Outfit? Dann siehst du zauberhaft aus!«

»Hm …« Die Aussicht auf eine neue Garderobe ist verlockend. Aylin kennt alle Tricks. »Okay. Wir können ja mal gucken …«

»Also geritzt. Hach, ich freu mich!«

»Wenn es unbedingt sein muss …« Ich seufze ergeben. »Aber ich fahre mit meinem eigenen Wagen. Dann kann ich bestimmen, wann es wieder nach Hause geht.«

»Hab nichts dagegen einzuwenden. Dann kann ich Sprit sparen. Holst du mich gegen 22 Uhr von zu Hause ab?«

»Klar. Wenn ich als Anstandswauwau mitkomme, können deine Eltern nichts gegen Night-Clubbing sagen.«

»Mach dir mal keine Gedanken. Meine Eltern sind sehr modern eingestellt. Schließlich haben sie mir sogar erlaubt, in eine eigene Wohnung zu ziehen, als ich meine Abschlussprüfung mit guten Noten bestanden und einen festen Arbeitsvertrag erhalten habe.«

»Wahrscheinlich sind sie froh, dich los zu sein. Du hast ein loses Mundwerk.«

»Das liegt in meinen Genen. Alle Frauen in meiner Familie bestimmen, wo's langgeht. Niemand lässt sich die Butter vom Brot nehmen«, fährt Aylin unbeirrt fort. »Meine Cousine studiert sogar Rechtswissenschaften.«

»Das klingt interessant. Wäre dieses Studium nichts für dich? Eine tüchtige Anwältin könnte ich gut gebrauchen, wenn ich mal wegen eines medizinischen Kunstfehlers verklagt werde.«

Aylin rollt mit den Augen. »Willst du mich unbedingt loswerden?«

»Nein. Auf dich möchte ich niemals verzichten, Aylin«, beeile ich mich zu sagen. »Schließlich haben wir zur gleichen Zeit in dieser Praxis angefangen. Geteiltes Leid ist halbes Leid. Deshalb verstehen wir uns so gut.«

»Eine Hand wäscht die andere. Dann werde ich dich mit meiner Cousine bekannt machen, wenn du mal in der Klemme sitzt.«

»Ich kann's kaum erwarten.« Ich werfe einen Blick auf die Armbanduhr. »In einer halben Stunde kommt der nächste Patient. Wenn du nichts dagegen hast, ziehe ich mich mal kurz zurück und überfliege meinen Text. Theoretisch weiß ich ja, um was es geht, aber ich möchte wissen, was auf den Folien steht.«

»Natürlich nicht. Bereite dich gut vor. Du sollst uns heute Abend ja nicht blamieren. Ich hänge an meinem Job.«

»Stell dir vor: Ich auch.« Ich werfe ihr eine Kusshand zu und verschwinde in unserem Büro. »Bis gleich, Schatz.«

Gefühlte zwanzig Plomben später tausche ich meinen weißen Kittel gegen einen dezenten Hosenanzug, den ich mit einer hübschen Bluse kombiniere. Kleider machen zwar keine Leute, aber in diesem repräsentativen Outfit fühle ich mich meiner verantwortungsvollen Aufgabe im vornehmen Golfklub gewachsen. Tatsächlich bin ich gegen 20 Uhr mit mir sehr zufrieden. Vor allem die letzten Worte meines Vortrags haben einen bleibenden Eindruck hinterlassen.

»Gesundheit ist nicht alles, aber ohne Gesundheit ist alles nichts«, sinniert der weißhaarige Manager im dunklen Maßanzug und sieht mich versonnen an. »Das haben Sie schön gesagt. Von wem stammt dieses Zitat?«

»Es ist von *Arthur Schopenhauer*.«

Das habe ich zumindest in den Notizen meiner Chefin gelesen. Für eine Überprüfung ist keine Zeit mehr gewesen. Überrascht schaut mein Gesprächspartner mich an. »War *Arthur Schopenhauer* nicht ein erklärter Frauenfeind?«

»Ja. Allerdings hatte er nicht das Vergnügen, mich persönlich kennenzulernen.«

»Das haben Sie charmant ausgedrückt.« Mein Gegenüber zwinkert mir zu. »Ich kann mir gut vorstellen, dass Sie ihn schnell vom Gegenteil überzeugt hätten. Sie haben die besseren Argumente. Wollen wir mit einem Glas Sekt auf Ihren Erfolg anstoßen?«

Eigentlich möchte ich höflich ablehnen, weil ich noch fahren muss. Auf meinen Führerschein kann und will ich nicht verzichten. Mein Gegenüber scheint mir meine Gedankengänge von der Nasenspitze ablesen zu können und beeilt sich, meine Bedenken zu zerstreuen. »Alkoholfrei. Natürlich.«

»Gern«, sage ich dankbar und nehme die Sektflöte entgegen. »Vielen Dank.«

»Auf Ihr Wohl.«

Das dezente Klirren klingt angenehm in meinen Ohren. Auch der Sekt mundet mir vorzüglich. Ich bin stolz auf mich, dass ich diese unangenehme Aufgabe gut bewältigt habe. Meine Chefin Frau Dr. Gläser wird stolz auf mich sein.

»Ihre Praxis macht einen hervorragenden Eindruck auf mich.«

Das liegt bestimmt an den schicken Flyern, die ich mit zu der Veranstaltung geschleppt und an zentralen Stellen im Klubhaus deponiert habe. Für unsere Kunden ist mir kein Weg zu weit. »Danke schön. Wir tun, was wir können, um unsere Patienten zufriedenzustellen.«

»Das glaube ich Ihnen aufs Wort. Ich kann mir gut vorstellen, dass man bei Ihnen in den besten Händen ist.«

Mein professionelles Lächeln friert auf meinem Gesicht ein. Huch. Flirtet dieser fremde Mann etwa mit mir? Jetzt heißt es, diplomatisch zu reagieren. »Wir würden uns sehr freuen, Sie demnächst in unserer Praxis begrüßen zu dürfen.«

»Ich nehme Sie beim Wort. Kann ich direkt einen Termin ausmachen?«

»Leider ist das heute nicht möglich. Aber unsere Mitarbeiterinnen freuen sich morgen früh über Ihren Anruf.«

Er bleibt freundlich. »Das werde ich bestimmt tun. Vielen Dank, Frau Doktor Bergmann.«

»Nichts zu danken. Gern geschehen.«

»Hat es Ihnen in unserem Klub gefallen? Werden wir Sie demnächst als Mitglied begrüßen dürfen?«

Auf dem vornehmen Grün gebe ich garantiert keine gute Figur ab. Meine Nerven sind diesem elitären Sport nicht gewachsen. Wenn mir ein Schlag nicht gelingt, kann ich nicht ausschließen, dass ich wutentbrannt mit dem Eisen um mich werfe. Bisher gilt Golf nicht als lebensgefährliche Sportart, aber wenn ich aktiv bin, können bleibende Schäden für alle anderen Mitglieder nicht ausgeschlossen werden. »Leider spiele ich gar kein Golf.«

»Das lässt sich leicht ändern. Vielleicht haben Sie Interesse, einen Schnuppertag zu absolvieren? Der Einstieg in unsere Platzreifekurse ist jederzeit möglich.«

»Das klingt sehr interessant. Ich werde darüber nachdenken.«

Puh. Das ist dank meines ausgeprägten Fingerspitzengefühls noch einmal gut gegangen. Mein Gesprächspartner bleibt mir wohlgesinnt und füllt noch einmal meine Sektflöte. Diese gefährliche Klippe habe ich nach allen Regeln der Kunst umschifft. Heißt es nicht, dass Männer mit dritten Zähnen am schnellsten anbeißen? Mein Gesprächspartner macht einen angenehmen und kultivierten Eindruck, aber trotzdem möchte ich lieber in meiner Altersklasse fündig werden. Am liebsten in freier Wildbahn. Wie in der Diskothek, die Aylin und ich gemeinsam unsicher machen wollen. Allez!

Vor eine heiße Nacht haben die Götter leider einen nervigen Einkaufsbummel am nächsten Tag gesetzt. Geduldig wartet Aylin auf den Feierabend, um mich in eine exklusive Boutique in der Innenstadt zu schleppen. Gut gelaunt wühlt sie sich durch die prall gefüllten Kleiderständer, während ich die noble Einrichtung mustere. Wahrscheinlich sind die exquisiten Designerstücke ebenfalls in einem höheren Preissegment angesiedelt. Hoffentlich muss ich nicht die nächste monatliche Ladenmiete übernehmen.

»Zieh das an.« Aylin drückt mir ein schwarzes Kleidchen in die Hand und schubst mich in die nächste freie Kabine.

Seufzend ziehe ich den goldschimmernden Vorhang hinter mir zu, lege das Fähnchen auf einen antiken Stuhl und ziehe meine Sneakers aus. Dann schlüpfe ich aus meinen Klamotten und danke dem lieben Gott, dass ich hübsche Unterwäsche trage, in der ich mich nicht vor den kritischen Augen der schicken Verkäuferin schämen muss. Ich greife nach dem ausgewählten Outfit. Mir schwant Böses. »Wo ist der Reißverschluss?«

»Nicht vorhanden. Das ist Stretch.«

Irritiert ziehe ich das Kleid über den Kopf. Es ist eng. Sehr eng. Die erste Hürde ist mein BH: Dann wird es schwieriger. Der Stoff klebt wie eine zweite Haut an meinem Körper. Mein Hintern scheint genauso gut gepolstert zu sein wie die Rückfront von *Kim Kardashian*. Ich ziehe wie eine Besessene – dann habe ich es geschafft.

»Komm raus.« Gebieterisch reißt Aylin den goldenen Vorhang zur Seite. »Lass dich anschauen.«

Prüfend betrachte ich mich von allen Seiten vor dem verschnörkelten Spiegel, der fast eine gesamte Wandfläche einnimmt. »Ich weiß nicht …«

»Du siehst zum Anbeißen aus.«

Zugegeben, der raffinierte Schnitt ist erste Sahne. Mein Dekolleté sieht atemberaubend aus. Die Körbchengröße scheint um mindestens eine Nummer größer geworden zu sein. Mehr Holz vor der Hütte ist kaum möglich. Aber sonst? »Wenn ich dieses Kleid anziehe, kann ich nichts mehr essen und trinken.«

»Musst du nicht. Wir gehen tanzen.«

»Wahrscheinlich stellen alle anderen Gäste ihre Gläser auf meinem Hinterteil ab.« Kritisch betrachte ich meine Kehrseite, die ich gar nicht so groß in Erinnerung habe. »Wenn ich diesen Fummel auf der Party trage, kann ich mich nicht hinsetzen.«

»Musst du nicht. Wir gehen tanzen.«

»Wahrscheinlich komm ich hier allein nicht mehr raus.«

»Musst du nicht. Wir gehen tanzen.«

»Einen Mann, der mir das Kleid vom Leib reißt, wollte ich eigentlich nicht abschleppen.« Wider Willen muss ich laut lachen. »Aylin, bist du eine Schallplatte, die an einer Stelle gesprungen ist?«

»Nein.« Sie schneidet mir eine freche Schnute. »Wer schön sein will, muss eben leiden, Lena.«

»Ich bin allenfalls sehr hübsch, und ich habe was gegen Folter. Das Kleid ist zu eng. Basta.«

»Wäre dir ein Kartoffelsack lieber?«

»Es muss noch was dazwischen geben.«

»Klar. Es gibt auch schicke Jogginghosen.«

Entnervt mache ich mich am nächsten Kleiderständer zu schaffen, mustere die verschiedenen Modelle und finde ein schlichtes Etuikleid in einem Nudeton. »Guck mal. Wie findest du das?«

»Viel zu brav. Das kannst du tragen, wenn du fünfzig bist. Oder sechzig.« Aylin verdreht die Augen. »I want your sex.«

»Seit wann kennst du Songs von *George Michael*?«

»Ha, du weißt gar nichts über mich.«

»Du bist also für Überraschungen gut?«

»Genau.«

»Dann überrasche mich mal und such mir etwas Hübsches aus, das meinen Geschmack trifft und mein Portemonnaie nicht zu Tode ängstigt.«

Nach einer wilden Diskussion einigen wir uns auf einen lässigen schwarzen Jumpsuit, der meine Kurven auf eine dezente Weise betont und perfekt zu meinen Lieblingspumps von *Sonja Kiefer* passt. Die geschäftstüchtige Verkäuferin betäubt mich mit einem Glas Prosecco und schwatzt mir noch eine ausgefallene Clutch auf, die mich zu einer modischen Trendsetterin machen soll. Der Preis bewegt sich im Rahmen meiner Möglichkeiten, und ich bin sehr gespannt, ob sich diese Investition in meine Zukunft rechnen.

5. Kapitel

*I*st das geil.«

»Darüber kann man geteilter Meinung sein. Der Klub ist voll. Die Bässe wummern. Der Nebel wabert. Auf der Tanzfläche führen junge Leute merkwürdige Verrenkungen durch, die man nur mit viel Fantasie als Tanzen durchgehen lassen kann. Trotzdem tut das der Begeisterung von Aylin keinen Abbruch. Sie hüpft vor Lebenslust wie ein Gummiball auf und ab, während ich mich mit einem Schlag uralt und fehl am Platze fühle und nervös an meinem neuen Outfit zupfe.

»Komm, Lena.«

»Gleich.«

»Sei nicht so langweilig.« Aylin verschwindet inmitten der tanzenden Menschen, und ich bleibe unschlüssig an der Bar stehen.

Vielleicht wäre ich auf einer Ü-40-Party besser aufgehoben. Dort könnte ich mich wenigstens zu den blutjungen Hüpfern zählen. Hier tummeln sich nur lebenslustige Twens, die kaum ihre Ausbildung abgeschlossen haben.

»Brauchst du eine Extraeinladung?« Eine unangenehme, näselnde Stimme reißt mich aus meinen Gedankengängen. »Komm, den Küken zeigen wir, was ein echter Diskofox ist.« Ein fremder Mann greift energisch nach meiner Hand, zieht mich auf die Tanzfläche und wirbelt mich gekonnt herum. »Ich habe dich noch nie gesehen. Bist du zum ersten Mal hier?«

»Ja.« Wahrscheinlich auch zum letzten Mal, aber das muss ich ihm nicht auf die Nase binden.

»Wie heißt du eigentlich?«

»Lena.«

»Hübscher Name. Ich bin Charly.«

Während der nächsten Tanzschritte unterziehe ich ihn einer genauen Betrachtung. Auf den ersten Blick sieht er mit seiner stattlichen Gestalt und dem dichten dunklen Haaren attraktiv aus. Aber seine scharf geschnittenen Gesichtszüge flößen mir kein Vertrauen ein. Seine Augen liegen tief in den Höhlen, seine Nase ist spitz wie ein Dolch, und um seine schmalen Lippen spielt ein ironisches Lächeln. Irgendwie wirkt er wie ein gefährliches Raubtier auf dem Sprung, und ich frage mich, ob er mich als eine leichte Beute auserkoren hat.

»Was machst du beruflich?«

»Ich bin Zahnärztin.«

Sein Lächeln wird breiter. »Heute ist mein Glückstag. Ich bin selbstständiger Architekt und stehe auf intelligente und schöne Frauen. Downgrading ist so anstrengend.«

Diese Bemerkung lässt mich zusammenzucken. Vor meinen Augen erscheint die Vision eines greisen Geschäftsmannes, der ungeniert seinen Hang zu blutjungen Frauen auslebt, die garantiert keinen Hochschulabschluss besitzen. »Aber ein Playmate wäre in Ordnung?«

»Na logisch.« Er schnalzt anzüglich mit der Zunge. »Ich schätze völlig freie Seelen.«

»Ach? Was verstehst du unter diesem Begriff?«, hake ich nach. »Ist er ein Synonym für arm wie eine Kirchenmaus? Oder dumm wie Brot?«

»Gut pariert.« Er nickt mir anerkennend zu. »Du bist nicht auf den Kopf gefallen, Lena. Du hast wirklich Esprit.«

»Danke«, sage ich kühl. Das Kompliment möchte ich nicht zurückgeben. Dieser Mann gefällt mir überhaupt nicht.

»Was machst du in deiner Freizeit?«

»Sport.« Schließlich bin ich in einem Fitnessstudio. Also ist es noch nicht einmal gelogen. Mehr möchte ich ihm nicht über mich preisgeben.

»Sehr vernünftig. Ich bin Cineast. Gehst du gern ins Kino?«

»Manchmal.«

»Ich liebe Filme von *Bernardo Bertolucci*. Kennst du *Der letzte Tango in Paris?*«

Ist das eine Anspielung auf *Marlon Brando*, der die naive und unerfahrene *Maria Schneider* in diesem Streifen hinterhältig ausgetrickst hat? Hält er mich für genauso dumm? Mit mir wird er diese linke Nummer nicht fahren können. »Ich habe nichts für diese Spielchen übrig«, sage ich kühl. »Butter gehört aufs Brot. Alles andere wäre eine sinnlose Verschwendung von Lebensmitteln.«

»Zumindest hast du über diese Option nachgedacht. Ich habe einschlägige Erfahrung auf diesem Gebiet. Vielleicht möchtest du deinen Horizont erweitern?«

»Nein.«

»Das ist schade, du hast keine Ahnung, was dir entgeht. Aber wir finden sicher etwas, was dir gefällt. Hast du in dieser Nacht schon etwas vor? Ich bin sicher, dass wir uns blendend verstehen. Meine Definition einer freien Seele meint übrigens unkompliziert und hemmungslos geil.« Er verwickelt mich in eine komplizierte Drehung und raunt mir ins Ohr. »Hast du Interesse an einer Massage? Du bist so spröde, mein schönes Kind. Eine intensive Behandlung würde dir guttun. Dann lösen sich alle Verspannungen im Handumdrehen. Ein Fläschchen Öl hätte ich zufällig dabei.«

Die Ader an meiner Schläfe beginnt zu pochen. Was zu viel ist, ist zu viel. Na warte, ich werde diesem selbstgefälligen Duracell-Männchen gründlich die Suppe versalzen. »Vielen Dank für dein großzügiges Angebot, aber ich muss dich enttäuschen. Öl benutze ich nur, wenn ich einen Salat anmache – und schmierige Typen wie du stehen ganz bestimmt nicht auf meiner Speisekarte.«

Empört schnappt er nach Luft. »Das ist …«

»… nicht die feine englische Art. Stimmt. Aber es ist die einzige Sprache, die du verstehst.«

Glücklicherweise ist der Song zu Ende. Energisch mache ich mich frei und funkele ihn bitterböse an. »Ich danke dir für diesen Tanz. Aber nicht für die Unterhaltung. Glaubst du, dass ich auf diese billigen Sprüche abfahre? Du bist nicht witzig, sondern nur peinlich, Charly. Hat dir das noch niemand gesagt?

Nach diesem Affront brauche ich eine Abkühlung. Als ich mit einer Cola von der Bar zurückkehre, hat sich mein aufdringlicher Verehrer bereits getröstet und einer neuen Beute zugewandt. Aus den Augenwinkeln beobachte ich interessiert, wie er sich angeregt mit einer verwelkten Discoqueen unterhält, die einen desorientierten Eindruck macht und in ihren Händen einen Drink balanciert. Fasziniert starre ich auf ihre ausgeprägte Unterlippe, die so stark zittert, dass ich vom bloßen Zuschauen seekrank werde.

Eine andere Frau ist meinem forschenden Blick gefolgt. Sie trägt ihre dunklen Haare zu einem flotten Kurzhaarschnitt frisiert und mustert mich von oben bis unten. »Bist du das erste Mal hier?«

»Ja.«

»Weißt du, wer dort steht?«

»Nein.«

»Das ist Fanny. Fanny Freebie.«

»Nie gehört.«

»Vor zehn Jahren war sie Tänzerin im Ballett und ist über die Bühne geschwebt«, belehrt mich meine Gesprächspartnerin. »Diese Zeiten sind längst vorbei. Bei einer Aufführung hat sie sich schwer verletzt. Seitdem hinkt sie durchs Leben. Von ihrem Ruhm ist ihr nicht viel geblieben.«

»Wovon lebt sie?«

»Sie ist der Kunst treu geblieben, wenn auch in einem anderen Sinne. Inzwischen erteilt sie Unterricht in einem Ballettstudio.«

»Kann man davon leben?«

»Schwer zu sagen. Meistens schnorrt sie sich bei ihren Bekannten durch.«

»Du bist gut informiert. Kennst du auch den Mann, der neben Fanny steht?« Ich kann meine Neugierde kaum bezähmen. »Zählt er zu ihrem Freundeskreis?«

»Meinst du Charly Cheese?«

Ich muss lachen. »Ist das sein Spitzname?«

»Klar. Charly ist unsere Grinsebacke. Er will im Mittelpunkt stehen und muss auf jedes Foto. Sonst ist er tödlich beleidigt.« Sie macht eine bedeutungsschwere Pause. »In der Öffentlichkeit markiert er gern den starken Macker, aber im echten Leben ist er nicht das hellste Licht auf der Torte. Seitdem er mit seinem Unternehmen baden gegangen ist, muss er kleine Brötchen backen. Er arbeitet im Architektenbüro einer Bekannten.«

»Dann ist er ein Märchenonkel mit einer blühenden Fantasie.«

»Genau. Heute erzählt er Fanny eine Gutenachtgeschichte. Von ihrem Verdienst kann sie sich kaum über Wasser halten, deshalb ist sie für alles offen. Charly kann großzügig sein und einen öligen Charme entwickeln. Hat er bekommen, was er wollte, zeigt er sein wahres Gesicht – und das ist ganz bestimmt nicht schön. Du willst nicht wissen, was er alles auf dem Kerbholz hat.«

Nein, das möchte ich ganz bestimmt nicht. Charly ist ein Schmierlappen, wie er im Buche steht. Vor meinen Augen läuft bereits ein Film ab, den ich nicht sehen will. Schließlich mag ich noch nicht einmal den *Tatort* am Sonntagabend. Demonstrativ schüttele ich den Kopf, aber meine Gesprächspartnerin hat noch einen guten Rat für mich.

»Charly kannst du nicht über den Weg trauen. Halt dich lieber fern von ihm.«

Eine Gänsehaut läuft mir über den Rücken. In diesem Moment bin ich heilfroh, dass ich mich in ganz anderen gesellschaftlichen Kreisen bewege. Mehr möchte ich über Charly und Fanny nicht wissen. »Danke für die Warnung.«

»Wie siehst du denn aus?«

Wie aus dem Nichts ist Aylin wiederaufgetaucht. Goldglitter bedeckt ihr dichtes Haar. Offensichtlich wird man nicht nur eingenebelt, sondern auch bestäubt. »Ist dir eine Laus über die Leber gelaufen?«

»Frag nicht, mein Engelchen. Ich hatte gerade eine Begegnung der anderen Art.« Mit wenigen Worten erzähle ich ihr von Charly.

Aylin bleibt cool. »Dummschwätzer sterben nie aus. Mach dir keine Gedanken und hake dieses Erlebnis ab.« Sie zwinkert mir zu und greift nach meinen Händen. »Diese Nacht gehört uns. Wir werden eine Menge Spaß haben – und das schaffen wir auch ohne Männer. Komm, ich stelle dir meine besten Freundinnen vor. Shirin kennst du bereits. Sie hat dich in ihrem Salon nach allen Regeln der Kunst gestylt, und Ebru ist ein kluges Mädchen. Also ganz nach deinem Geschmack. Sie studiert Betriebswirtschaftslehre und freut sich schon darauf, dich endlich kennenzulernen.«

6. Kapitel

*A*ls am nächsten Morgen gegen elf Uhr der Wecker klingelt, möchte ich ihn am liebsten an die Wand pfeffern und mir die Decke über den Kopf ziehen. Ich bin erst gegen vier Uhr nach Hause gekommen, weil ich Aylin gewaltsam von der Tanzfläche zerren musste. Zum Glück bin ich nur aufgedreht, aber nicht betrunken. Shirin, Ebru und Aylin sind in diesem Punkt vernünftig und halten sich sehr zurück. Trotzdem fehlen mir noch einige Stunden Schlaf, die ich dringend nachholen muss. Für wilde Disko-Nights bin ich wohl etwas zu alt – oder mir fehlt einfach die regelmäßige Übung. Aber mein Verlangen nach Schlaf kann ich vergessen. Ausgerechnet heute bin ich gegen 12 Uhr zum Mittagessen bei meinen Eltern eingeladen, die in einem gemütlichen Reihenhaus in Steinfurth leben. Meine Mutter ist eine vorbildliche Hausfrau, die großen Wert auf Pünktlichkeit legt. Wahrscheinlich steht sie schon seit Stunden in der Küche, um mich mit einem tollen Gericht zu überraschen. Deshalb darf ich diesen Besuch nicht absagen, geschweige denn zu spät kommen. Fluchend schlage ich die Bettdecke zurück, schleppe mich ins Bad, werfe einen kritischen Blick in den Spiegel und pralle erschrocken zurück. Das blasse Gesicht mit den dunklen Augenringen kann unmöglich mir gehören. Wenn ich mich draußen sehen lassen will, muss ich mir die Spuren der vergangenen Nacht unter der heißen Dusche abwaschen und mir eine gehörige Portion getönte Tagescreme ins Gesicht schmieren, sonst werden mich meine Eltern fragen, ob ich einen Nebenjob in der Geisterbahn angenommen habe.

Um zwölf Uhr sitze ich todmüde am gedeckten Tisch und kann kaum ein Gähnen unterdrücken. Eigentlich liebe ich die gemütliche Atmosphäre meines Elternhauses. Die geräumige Wohnküche ist in einem zeitlosen Landhausstil gehalten. Auf einem Regal stehen zahllose Töpfe. Meine Mutter ist eine begeisterte Hobbygärtnerin und zieht alle Küchenkräuter selbst. Das köstliche Aroma dringt bis zu unserem Tisch, den meine Mutter wie jeden Sonntag mit ihrem schönsten Geschirr gedeckt hat. Auch frische Blumen in einer kristallenen Vase fehlen nicht. Der zarte Duft hüllt mich wie in einen schützenden Kokon, und ich werde ganz schläfrig. Papa entkorkt die Weinflasche und wirft mir einen besorgten Blick zu. »Kindchen, du bist so blass. Hast du wieder Überstunden in der Praxis gemacht?«

Vor Schreck falle ich fast vom Stuhl. Wenn sogar mein wortkarger Vater mein Aussehen kommentiert, muss es schlimm um mich bestellt sein. Bis zu seiner Pensionierung ist mein Vater als Diplom-Finanzwirt in der hiesigen Behörde tätig gewesen. Er hat sich stets mehr für Zahlen als für Menschen interessiert, und gerade Frauen scheinen ihm nicht berechenbar zu sein. Deshalb stellt er meistens seine Ohren auf Durchzug und mischt sich nur in die Unterhaltung ein, wenn ihm ein bestimmtes Thema am Herzen liegt. Dahingegen ist meine Mutter sehr lebhaft und kommt leicht mit anderen Menschen ins Gespräch, was sich in ihrem Halbtagsjob als Sekretärin im Büro unserer Kirchengemeinde auszahlt. Inzwischen ist sie ehrenamtlich in zahllosen Vereinen aktiv und hat sich wichtige Vorstands-ämter unter den Nagel gerissen, um dem Jahresprogramm ihren persönlichen Stempel aufzudrücken. Meine Mutter bestimmt eben gern, wo es langgeht. Aber trotzdem – oder genau deswegen – funktioniert ihre Beziehung.

»Deine Work-Life-Balance ist nicht im Gleichgewicht«, stimmt ihm Mama zu, während sie die große Terrine auf den Tisch stellt. »Wenn du nicht aufpasst, droht dir ein Burn-out.«

Ich werfe ihr einen verblüfften Blick zu. Wo mag sie diese Erkenntnisse gewonnen haben? Hat sie wieder ihren Hausarzt besucht, stundenlang in seinem Wartezimmer gesessen und sämtliche Illustrierte durchgearbeitet, um ihre Umwelt zu beeindrucken?

»Nun greif mal zu!«, fordert mich Papa auf und gießt sich das erste Glas Wein ein. »Du bist ja dünn wie ein Spatz geworden.«

Das ist zwar maßlos übertrieben, aber meine Miene hellt sich trotzdem auf. Wenn sogar meinem zerstreuten Papa meine veränderte Figur auffällt, bin ich eindeutig auf dem richtigen Weg.

»Mama hat Gulasch mit Klößen und Gurkensalat gemacht. Das isst du doch so gern.«

Falsch. Das habe ich gern gegessen. Früher, als ich einen weiten Bogen um meine Waage gemacht habe. Inzwischen ist diese Kalorienbombe von meiner Speisekarte gestrichen. Ich betrachte die dicke dunkelbraune Soße, in der kleine Fleischstückchen schwimmen. Ich kann überhaupt nicht mehr nachvollziehen, was ich an diesem Gericht gefunden habe. »Bitte seid mir nicht böse, aber ich möchte nur etwas Gurkensalat.«

Der ist zwar auch mit Sahne angemacht, aber wenigstens nicht ganz so schädlich, wenn ich alle anderen Beilagen weglasse.

»Was hat das zu bedeuten? Bist du eine Vegetarierin geworden?«

Mit ersterbender Stimme lässt Mama den ersten Kloß auf ihren Teller plumpsen. »Kindchen, du musst doch nicht jeden Trend mitmachen. Dann hast du gar keine Chancen mehr, einen vernünftigen Partner zu finden. Glaub mir, Männer mögen keine Frauen, die ihnen das Fleisch verbieten ...« Sie hält inne, wird knallrot und setzt sich hastig auf ihren Stuhl. »Entschuldige, Lena, ich wollte nicht ...«

»Schon gut«, sage ich gleichmütig und spieße mit meiner Gabel die erste Gurkenscheibe auf. »Ich habe sowieso nicht geglaubt, dass ich einen passenden Mann in meinem Supermarkt um die Ecke finde. Die Fleischtheke gefällt mir nicht. Leber und Nieren kann ich nicht ausstehen, und Panhas oder Pfälzer Saumagen sind widerlich. Auf meinem Einkaufszettel haben diese Erzeugnisse nichts zu suchen. Außerdem ist *Attila Hildmann* viel hübscher als der Metzger meines Vertrauens.«

»Attila? Der Hunnenkönig? Komisch. Irgendwie kommt mir der Name bekannt vor.«

Papa hat wieder nur die Hälfte mitbekommen und sieht verwundert von seinem Teller auf. »Ist das dein neuer Freund? Warum hast du ihn nicht mitgebracht, Kindchen?«

Ich kann mir eine freche Bemerkung nicht verkneifen. »Attila würde sich hier nicht wohlfühlen, Papa. Er hat etwas gegen eine Fleischbeschau.«

»Alles gut«, sagt Mama begütigend und tätschelt meinem verwirrten Vater die Hand. »Lena hat nur einen Scherz gemacht.«

Nachdem ich die anstrengende Mahlzeit überstanden und mich von meinen Eltern mit dem obligatorischen Küsschen auf die Wange verabschiedet habe, muss ich mir dringend Bewegung an der frischen Luft verschaffen. Bis zum Kurpark in Bad Nauheim sind es nur wenige Minuten mit dem Auto, und ich habe meine nagelneuen Inliner im Kofferraum verstaut, die ich gern einmal ausprobieren möchte. Als kleines Mädchen bin ich gern Rollschuh gelaufen. Die moderne Version kann nicht viel schwieriger sein. Außerdem habe ich sämtliche Schutzbekleidung gekauft, die man im Sportgeschäft für gutes Geld bekommt. Eigentlich kann nichts mehr schiefgehen.

Nachdem ich mich gegen gefährliche Stürze gewappnet habe, sehe ich fast wie ein Michelin-Männchen aus. Als kleines Mädchen habe ich nicht so viel Aufwand betrieben,

wenn ich mit meinen Rollschuhen losgezogen bin. Kopfschüttelnd schnalle ich mir meinen kleinen Rucksack auf
den Rücken, in dem ich meine Siebensachen verstaut
habe. Dann wage ich die ersten vorsichtigen Schritte in ein
neues Lebensgefühl. Der Start fällt mir etwas schwer, aber
nach wenigen Minuten wird es besser. Mit gleichmäßigen
Bewegungen nehme ich rasch Fahrt auf und genieße das
schnelle Dahingleiten an der frischen Luft. Eigentlich bin
ich ein Landei. Ich lebe lieber in der idyllischen Klein-
stadt Bad Nauheim als in der Großstadt Frankfurt, in der
es viele soziale Brennpunkte gibt. Für mich sind hohe
graue Betonblöcke eine Beleidigung fürs Auge. Statt Miete
oder Hypotheken zu zahlen, müssten die Bewohner
dieser geschmacklosen Siedlungen eine Entschädigung
für Augenkrebs erhalten. Während meines Studiums in
Marburg habe ich in einem liebenswerten Jugendstil-Haus
gewohnt, und heute freue ich mich über meine gemütliche
Wohnung, die mitten im Grünen gelegen ist. Vielleicht ist
in einigen Jahren sogar ein eigenes Häuschen drin, wenn
ich weiterhin einen vernünftigen Lebensstil pflege und
mein schwer verdientes Geld nicht zum Fenster hinaus-
werfe … Dann werde ich mir einen pflegeleichten Garten
im Feng-Shui-Stil anlegen, um Harmonie und Ruhe in mein
Leben zu bringen. Meine Vorstellung vom Glück ist relativ
klar. Vor meinen Augen sehe ich zwei Wasserbecken, die
an meine Terrasse mit den praktischen Loungemöbeln
grenzen sollen. Vom hinteren Becken aus muss das Wasser
in einen kleinen Bachlauf münden, und das Ufer möchte
ich mit grobem weißem Kies gestalten. Eine Zierkirsche,
ein Blumen-Hartriegel, mehrere Rhododendren und
Pfingstrosen werden mein Gartenglück perfekt machen.
Für einen üppigen Bauerngarten, wie ihn meine Eltern
in ihrer Freizeit hegen und pflegen, fehlt mir schlicht und
einfach die Zeit. Meine private Oase soll klar strukturiert,
ordentlich und praktisch sein. Aber noch bin ich meilenweit

von diesem Wunschtraum entfernt. Genauso weit wie von einem Haustier. Mein Exfreund hat einen Rhodesian Ridgeback gehalten, und seit meinem Examen träume ich von einem eigenen Hund. Nicht von einem überzüchteten Chihuahua, den modebewusste Trendsetterinnen in ihrer Handtasche spazieren tragen, sondern von einem ruhigen und ausgeglichenen Eurasier, der seine ganze Familie liebt. Vorausgesetzt, dass ich selbst einen passenden Partner finden und eigenen Nachwuchs in diese Welt setzen werde. Vielleicht muss ich über geeignete Maßnahmen nachdenken, bevor meine biologische Uhr ablaufen ist und sich mein Wunschdenken nie mehr erfüllen wird. Du musst dein Schicksal selbst in die Hand nehmen. Sei nicht immer so brav, leg lieber einen Zahn zu, trau dich, riskier was, Lena! Während meiner tiefschürfenden Überlegungen bin ich immer schneller geworden. Zu schnell für meinen Geschmack. Leider weiß ich nicht, wie ich mein Tempo verringern und korrekt abbremsen soll. Ob man wohl die gleiche Technik wie beim Ski-Fahren anwenden kann? Oder soll ich lieber zur Textilbremse greifen?

»Guck mal, Mama. Da sind Enten!« Ein kleines Mädchen in einem geblümten Kleidchen reißt sich von der Hand seiner Mama los und läuft mir mitten in den Weg. Eine Kollision scheint fast unvermeidlich. Entsetzt mache ich auf sterbenden Schwan, rudere mit den Händen, verlagere mein Gewicht und drehe nach links ab. Der Effekt ist sensationell. Statt das unternehmungslustige Lockenköpfchen zu überfahren, lande ich mitten in den Armen eines harmlosen Spaziergängers, den ich mit meiner spontanen Aktion fast zu Fall bringe.

»Sag mal, spinnst du komplett? Hast du keine Augen im Kopf?«

Mein Herz bleibt fast stehen vor Schrecken. Diese Stimme kenne ich doch. Genau! Es ist der freche Alex, den ich bei unserer ersten denkwürdigen Begegnung am liebsten von der Brücke geschubst hätte. Verlegen senke ich den Kopf. »Es tut mir so leid«, hauche ich mit ersterbender Stimme.

Er atmet tief durch, legt mir den Finger unter das Kinn und mustert mich streng. »Ach nee. Mein Pummelchen aus dem Park! Wer hat dich denn mit Rollen auf die Menschheit losgelassen?«

»Du scheinst dich ja nicht verletzt zu haben«, fauche ich zurück. »Zumindest dein Mundwerk ist heile geblieben. Sonst könntest du mich nicht so anblaffen.«

»Aber mein Eis nicht.«

Anklagend zeigt er auf eine Eiswaffel, die auf den Gehweg gefallen ist. »Schau dir das an. Schokolade und Vanille. Alles hin. Wie willst du das wiedergutmachen?«

»Hier hast du fünf Euro. Kauf dir ein neues.« Wütend ziehe ich mein Portemonnaie aus meiner Jeans, drücke ihm einen Fünfeuroschein in die Hand und rolle so schnell davon, wie ich kann. »Schönen Tag noch!«

»Bleib gefälligst stehen, wenn ich mit dir rede!«

Das werde ich ganz bestimmt nicht tun. Alex ist zwar ein guter Sportler, aber das Rennen gegen meine Rollen kann er nur verlieren. Feixend erhöhe ich mein Tempo, werfe einen prüfenden Blick über meine Schulter und freue mich wie eine Schneekönigin, dass er seine Verfolgungsjagd aufgibt. Bis zum Parkplatz ist es nicht mehr weit – und dann werde ich nach Hause brausen, so schnell es geht. Für heute ist mein Bedarf an Abenteuern gedeckt.

7. Kapitel

Durch das Night-Clubbing nimmt mein Privatleben wieder Fahrt auf. Ebru und Shirin, die besten Freundinnen von Aylin, sind attraktive Mädchen, die mich trotz des Altersunterschiedes in ihrem Kreis aufnehmen. Wir machen nicht nur die Diskotheken in der näheren Umgebung unsicher, sondern verabreden uns auch zu Kinobesuchen und Mädelsabenden in gemütlichen Kneipen. Nach und nach bauen wir Vertrauen zueinander auf. Deshalb traue ich mich auch, sie auf ein bestimmtes Thema anzusprechen, als wir an einem sonnigen Nachmittag in einer Eisdiele mitten in der City sitzen und uns köstliche Spezialitäten schmecken lassen. »In der Diskothek ist die Ausbeute ziemlich mau. Die Traumtänzer zappeln allein nach Hause. Wie lernt ihr eigentlich vernünftige Männer kennen?«

»An der Universität. Dort verbringe ich die meiste Zeit meines Lebens.« Ebru kostet versonnen von ihrer Eisschokolade. »Im Herbst schreibe ich die letzten Arbeiten. Dann muss ich mich um meine Bachelorarbeit kümmern.«

»Dann werden die nächsten Monate hart für dich«, sage ich teilnahmsvoll. »Hast du schon ein Thema gefunden?«

»Ja klar. Das Thema steht bombenfest. Wie kann ein Friseursalon in Bad Nauheim effektiv vermarktet werden? Shirin verspricht sich viel von meinen Erkenntnissen. Wenn alles perfekt läuft, kann ich mir bis zu meinem Lebensende kostenlos die Haare schneiden lassen.«

»Wenn du Hilfe brauchst, sag Bescheid«, biete ich mich an. »Von deinem Fachgebiet verstehe ich zwar nicht allzu viel, aber ich musste selbst mal wissenschaftliche Arbeiten verfassen. Korrektur lesen kann ich.«

Ebru freut sich. »Oh, das ist total lieb von dir.«

»Nichts zu danken, das ist doch Ehrensache.« Mit einem tiefen Seufzer rühre ich in meinem Zitronensorbet. Sauer macht lustig, aber meine Stimmung ist eher mau. »Mehr Berührungspunkte hab ich nicht mehr zu Uni. Aus diesem Alter bin ich raus. Meine Dissertation ist abgeschlossen, und eine Habilitation kommt nicht infrage.«

»Nein, du bist keine langweilige graue Maus, die sich in einem Labor versteckt. Diese Zeiten sind endlich vorbei.« Shirin betrachtet mich wohlgefällig und schenkt mir ein süßes Lächeln. »Mach es wie ich. Suche online.«

»Im Netz?«

»Ja klar. Meine Garderobe kaufe ich auch in Onlineshops. Ich klicke mich durch das Angebot und treffe meine Wahl. Was mir nicht gefällt oder nicht passt, gebe ich wieder zurück. Wo ist der Unterschied?«

»Hm.« Ich bin noch nicht ganz überzeugt, ob man Klamotten und Männer in einen Topf werfen darf.

»Schließlich bin ich selbst und ständig. Als Geschäftsfrau will ich keine wertvolle Zeit verschwenden«, setzt Shirin noch eins obendrauf, überzeugt von ihrem modernen Lebensstil.

»Wo bist du denn unterwegs?«, erkundige ich mich mit einem tiefen Seufzer.

»Tinder.«

Meine Wangen werden heiß. »Das ist doch 'ne App für – na ja, für bestimmte Zwecke.«

»Nicht unbedingt. Ich habe schon coole Leute dort kennengelernt. Wenn mir eine Nase nicht passt: kein Problem. Mit einem Wisch ist alles weg. Melde dich einfach an.«

Nein, ich möchte lieber auf mein Bauchgefühl hören. »Für cool bin ich zu alt. Außerdem hab ich noch nicht mal 'nen Account bei Facebook.«

»Dann leg ihn dir zu. Man muss mit der Zeit gehen. Mein Salon ist im Netz präsent. Die Fotos von meinen

zufriedenen Kundinnen sind für mich die beste Reklame.«
Seelenruhig streicht sich Shirin mit ihren manikürten
Fingernägeln durch ihre sorgfältig gestylte Mähne,
während ich energisch mein Veto einlege.

»Kommt gar nicht infrage. Facebook ist nichts für
mich. Öffentliche Inszenierungen sind megapeinlich. Wer
angibt, hat es bitter nötig.«

»Ja, auf Facebook berühmt zu sein, ist genauso toll wie
Millionär auf Monopoly.«

Aylin, die bisher geschwiegen hat, kichert ausgelassen.
»Lena, du siehst das viel zu verbissen. Social Media ist
angesagt. Alle Geschäftsleute setzen auf diese kostenlose
Werbung für ihr Unternehmen. Virtuelle Kontakte sind
heutzutage wichtig.«

»Ich habe aber kein Geschäft, ich bin kein Star und ich
muss mich selbst nicht verkaufen.«

»Okay.« Aylin zuckt die Achseln. »Aber wenn du
absolut nicht willst, probierst du es halt woanders.«

»Hast du einen Tipp für mich? Kannst du eigene
Erfahrungen vorweisen?«

»Nein«, gibt Aylin kleinlaut zu. »Auf diesem Gebiet
kenne ich mich nicht aus. Ich verzichte auf Netzgeflüster.
Lieber suche ich im echten Leben.«

Das habe ich mir gedacht. »Aha. Hast du wenigstens
einen guten Ratschlag für mich, Shirin?«

»*Sweet Dreams*. Das ist gerade angesagt.«

Die Antwort kommt wie aus der Pistole geschossen.
Shirin ist gut informiert. In ihrem Salon sind die neuesten
Klatschblätter zu finden. »Das klingt nett, Shirin. Süße
Träume sind mir angenehmer als Albträume.«

»Dann startest du dort deinen Selbstversuch. Du
brauchst nur noch einen schicken Nickname. Also einen
Spitznamen. Sei niemals unter deinem echten Namen im
Netz unterwegs. Schließlich musst du deine Privatsphäre
schützen.«

Das Argument von Shirin leuchtet mir ein. »Okay. Schlagt mir bitte einen geeigneten Namen vor.«

»Zahnputzfee.«

Das ist natürlich von Aylin, die meinen Beruf unterstreichen will. Gegen diesen lächerlichen Spitznamen muss ich sofort Protest einlegen. »Niemals.«

»Mir gefällt Frau Doktor.« Ebru fährt auf die intellektuelle Schiene ab.

Wenn ich ihre schicke Brille und ihren klassischen kurzen Bob betrachte, hätte ich es mir denken können. Aber damit ist sie auf dem Holzweg. »Auf gar keinen Fall, Ebru. Das klingt so arrogant. Dann meldet sich niemand.«

»Wie wäre es mit Alphafrau?«

Der Vorschlag von Shirin gefällt mir etwas besser. Aber trotzdem habe ich gewisse Bedenken. »Ich sehe die Überschrift schon vor mir: Alphafrau sucht Betamännchen. Klingt das nicht zu dominant?«

»Dann nenn dich doch Miss Steele.«

Nanu? Seit wann liest meine Kollegin Aylin heimlich *50 Shades of Grey*? Hat sie dieses Machwerk etwa in ihr Herz geschlossen? Nee, ich halte es lieber mit dominanten Damen, statt mich zur Sklavin degradieren zu lassen. »Das weckt falsche Erwartungen, Aylin. Ich bin nicht devot«, erkläre ich mit einem harten Tonfall.

»Mann, bist du anstrengend. Wie wäre es mit Moonlight?«

»Mondlicht?« Ich kann meine Verwunderung nicht verbergen. Wie kommt Aylin auf diesen merkwürdigen Nickname? Will sie mich beleidigen? Darf ich mich im Tageslicht nicht mehr blicken lassen, weil ich ein gewisses Alter überschritten habe?

»Jepp. Mondlicht ist positiv besetzt, ist künstlerisch angehaucht und klingt geheimnisvoll. Etwas Mystik kann nie schaden. Im Netz verwendet man englische Ausdrücke.

Wenn du mich fragst, passt dieser Nickname perfekt zu dir.«

Ihre Erklärung klingt plausibel, und ich atme auf. Meine Falten scheinen sich in einem normalen Rahmen zu halten. Aber aus Prinzip muss ich mich ins rechte Licht rücken. »Ich frag dich aber nicht, Aylin. Wahrscheinlich schleimst du dich ein, weil ich heute die Rechnung übernehmen soll.«

»Das machst du? Wie lieb von dir. Danke schön.« Sie hebt ihr Glas mit Eisschokolade und prostet uns zu. »Auf meine charmante und wundervolle Kollegin, der die Männer zu Füßen liegen werden. Möge die Macht mit dir sein!«

Meine Euphorie hält genauso lange an, bis ich am späten Abend meinen Laptop starte und mit zusammengekniffenen Brauen einen Account auf *Sweet Dreams* anlege. Schon die Auswahl eines Fotos bereitet mir Kopfschmerzen. Mein Porträt auf der Homepage unserer Praxis stammt zwar von einer angesehenen Fotografin, aber ich möchte auf keinen Fall zu viel von mir preisgeben. Vorsicht ist die Mutter der Porzellankiste. Man kann nie wissen, welche irren Typen im Netz unterwegs sind. Am Ende zieht ein Stalker die richtigen Schlussfolgerungen, besetzt unsere Praxis und stellt mich vor unseren Patienten bloß. Am liebsten möchte ich ganz auf ein Foto verzichten, aber das Risiko, gar keine Antwort zu bekommen, ist zu groß. Niemand kauft eine Katze im Sack. Schließlich entscheide ich mich für einen Schnappschuss, den Aylin auf einem Ausflug gemacht hat. Man kann nicht allzu viel von mir erkennen, aber wenigstens sehe ich weder wie ein Luder noch wie eine Nonne aus. Also genau richtig für ein Onlinedating-Portal.

Das erste Problem habe ich gelöst. Nun muss ich mich der nächsten Herausforderung stellen und mich auf meinem Profil anpreisen. Wie soll ich mich beschreiben?

Attraktive, kommunikative und humorvolle Akademikerin mit eigenem Kopf, die auch mal gegen den Strom schwimmt, möchte zu zweit die schönen Seiten des Lebens genießen und sucht einen passenden Partner zwischen 35 und 45.

Nee. Das geht nicht. Eine arrogante Zicke kommt schlecht rüber. Eine anspruchsvolle Diva ist noch schlimmer. Auf diese Weise werde ich keine Pluspunkte beim männlichen Geschlecht sammeln. Außerdem kann mein Wunsch nach Nähe zu leicht missverstanden werden. Schlüpferstürmer möchte ich auf keinen Fall kennenlernen. Also betätige ich die Löschtaste und nehme einen neuen Anlauf.

Weiblich, ledig, jung möchte den »Einen von 80 Millionen« finden. Hast du Herz, Hirn und Humor und bist zwischen 35 und 45 Jahren alt? Dann zögere nicht und schreib mir. Ich freue mich auf deine Nachricht.

Das Gelbe vom Ei ist es immer noch nicht. Den Nobelpreis für Literatur werde ich nicht bekommen. Aber für Onlinedating wird es reichen. Mit einem tiefen Seufzer speichere ich meinen Text und fülle die üblichen Basisangaben aus. Es ist merkwürdig. Während des Schreibens verirren sich die ersten Besucher auf meinem Profil und schicken mir virtuelle Grüße und Küsschen. Frauen scheinen Mangelware zu sein. Vor allem Neuzugänge sind im Netz sehr begehrt. Kopfschüttelnd logge ich mich aus und fahre den Rechner herunter. Nun ja. Virtuelle Flirts sind schön und gut, aber jetzt möchte ich mich lieber dem echten Leben zuwenden und auf meiner Couch eine interessante Dokumentation gucken. Schließlich ist morgen auch noch ein Tag.

8. Kapitel

A ls ich mich am nächsten Abend wieder einlogge, traue ich meinen Augen nicht. Mein virtuelles Postfach ist voll mit neuen Nachrichten von kommunikationsfreudigen Männern zwischen 18 und 65 Jahren, die mich von ihren Vorzügen überzeugen möchten. Mathematisches Wissen gehört nicht zwingend dazu. Zumindest scheren sie sich nicht um die Vorgaben, die ich in meinem Text gemacht habe. Allzu kreativ sind sie ebenfalls nicht. Sie machen eher den Eindruck, die Copy- und Paste-Funktion zu benutzen und Standardsprüche durch das Netz zu jagen. Etwas mehr Kreativität habe ich mir gewünscht. Schließlich bin ich selbst alles andere als 08/15. Die nächste Stunde verbringe ich nur damit, Texte zu lesen, Profile zu studieren und Gesprächspartner zu löschen. Onlinedating habe ich mir spannender vorgestellt.

Nach einer weiteren Stunde ist die Spreu vom Weizen getrennt, und ich habe einen geeigneten Kandidaten ausgemacht, der Licht in mein düsteres Leben bringt.

»Ich lass für dich das Licht an … Ich (42, 183 cm, 86 kg) suche dich. Ich bin Akademiker und habe einen guten Job. In meiner Freizeit treibe ich gern Sport, gehe aber auch ins Kabarett oder Kino, liebe gutes Essen und schicke Bars. Ich suche eine interessante Frau mit IQ und EQ. Wenn du dich angesprochen fühlst, schreibe mir eine Nachricht und verrate mir mehr von dir.«

Der Unbekannte scheint kein Stubenhocker zu sein und einen gehobenen Lebensstil zu pflegen. Mit diesen Vorstellungen kann ich mich identifizieren. Nun muss ich eine geeignete Location für mein erstes Date finden, das ich am nächsten Samstagabend durchziehen möchte.

Nicht zu schlicht, aber auch nicht zu stylish. Mein Hirn arbeitet auf Hochtouren. Vor einigen Tagen ist ein Artikel in der Zeitung erschienen. Ein schickes Ristorante hat seine Neueröffnung gefeiert. Dolce Vita ist bestimmt nach dem Geschmack meines Dates. Mit italienischen Spezialitäten kann man gar nichts falsch machen.

Als ich am Samstagabend das Ristorante »Vendetta« betrete, bin ich so nervös wie zuletzt im klinischen Abschnitt meines Studiums, als ich meine theoretischen Kenntnisse am lebenden Patienten ausprobiert habe. Auf der überdachten Terrazza sitzt ein Mann mittleren Alters und starrt auf sein Handy. Er ist groß gewachsen und schlank, ein gut aussehender Mann mit einem gewissen intellektuellen Einschlag, der durch eine modische Brille betont wird. Sieht er aus wie der nächste Fehler, den ich in meinem Leben machen will? Als er meinen fragenden Blick bemerkt, steckt er das Handy in seinen Blazer, erhebt sich höflich, kommt mir entgegen und schüttelt meine Hand. »Hallo, ich bin Dirk.«

»Hi. Ich bin Lena.«

»Schön, dass wir uns endlich persönlich kennenlernen. Magst du draußen sitzen oder wollen wir lieber nach drinnen gehen?«

»Nein, draußen ist ganz okay.«

»Fein. Was hältst du von einem Tisch mit Aussicht in den Innenhof?«

»Das ist eine gute Idee.«

Er führt mich zum Tisch, rückt den Stuhl für mich zurecht und wartet, bis ich Platz genommen habe. Dann setzt er sich und nimmt seine Brille ab, um mich genauer zu betrachten. »Was hältst du von einem Aperitif?«

»Gern. Ich hätte gern einen Hugo.«

»Fein. Ich nehme ein Gin Tonic.«

Ein aufmerksamer Kellner bringt uns eine in schwarzes Leder gebundene Karte und zündet mit einer fachmännischen Geste eine Kerze auf dem Tisch an. »Guten Abend. Darf ich Ihnen etwas zu trinken bringen?«

»Einen Hugo und ein Gin Tonic, bitte.«

»Sehr gern.«

Während der Kellner unsere Bestellung aufnimmt, löst sich das spontane Kribbeln in der Magengegend in Nichts auf. Virtuelle Flirts sind eine Sache, das echte Leben eine ganze andere Geschichte. Wenigstens habe ich keine unnötige Zeit mit dem Austausch von romantischen Mails verschwendet und mir ein Bild von einem fremden Mann geschaffen, das er in der Realität nicht erfüllt.

Nachdenklich blättere ich in der Karte. Das Angebot ist verführerisch. Wenn ich nicht eisern Kalorien zähle, wird dieser Abend sehr schlecht für meine schlanke Linie ausgehen. »Wollen wir uns eine Vorspeise teilen?«

»Antipasti misti? Das hört sich gut an.« Dirk greift meinen Vorschlag geradezu begeistert auf. »Danach möchte ich Kalbsmedaillons mit Steinpilz-Sahnesoße.«

Seine Wahl gefällt mir. Er hat einen guten Geschmack. Trotzdem darf ich mich nicht anschließen. »Fein. Ich entscheide mich für Gamberoni alla griglia.«

»Gegrillte Scampi mit Kräutern und Knoblauch? Das klingt sehr extravagant.«

»So bin ich eben.«

»Bevorzugst du immer Fisch?«

»Nein. Aber heute habe ich große Lust auf etwas Besonderes.«

Weil sich die Sahnesoße zu den Medaillons als Hüftgold zementiert, was mein Date aber nicht erfahren muss.

»Hm. Was hältst du von einem Nachtisch? Pannacotta klingt verführerisch.«

Wem sagt er das? Leider werde ich mir diesen Nachtisch verkneifen müssen, wenn ich nicht nach Hause rollen will. »Ich nehme nur einen Espresso.«

»Okay. Sollen wir uns eine Flasche Wein teilen?«

»Nein, danke schön. Ich halte mich an Mineralwasser.«

»Bewahrst du immer einen klaren Kopf?«

»Ja.«

»Sehr vernünftig. Dann folge ich deinem guten Beispiel.«

Der Kellner bringt unsere Getränke, nimmt unsere Bestellung auf und empfiehlt uns eine passende Wein-Begleitung. Die Anspannung zwischen Dirk und mir ist deutlich zu spüren. Nervös starre ich auf meine Serviette, bis Dirk das Wort ergreift.

»Wollen wir nicht auf einen schönen Abend anstoßen?«

»Gern.«

Erleichtert hebe ich mein Glas. »Auf einen schönen Abend.«

»Auf uns.«

Das ist mir etwas zu vertraulich. Schließlich kennen wir uns überhaupt nicht. Verlegen nippe ich an meinem Drink, während Dirk mich aufmerksam betrachtet. »Du suchst also den einen unter 80 Millionen.«

»Stimmt.«

»Irgendwie hab ich mir dich ganz anders vorgestellt.«

»Wie denn?«

»Du siehst gut aus, bist schlank, hast einen tollen Beruf und wirkst so selbstbewusst. Ich kann mir nicht vorstellen, dass du Probleme hast, neue Kontakte zu knüpfen und interessante Männer kennenzulernen.«

»Muss man arm, frustriert und hässlich sein, um sein Glück in einer Singlebörse zu versuchen?«

»Nein. Natürlich nicht.« Er lacht, aber es klingt etwas gezwungen. »Erzähl mir von dir. Was machst du denn gern?«

»Joggen, tanzen, kochen, reden, lachen, leben …«

»Das klingt vielversprechend.« Mein Gegenüber druckst herum. »Fehlt dir auch …«

Meine Antwort kommt wie aus der Pistole geschossen. »Nein.«

»Mir schon. Meine Frau …«

»Du bist verheiratet?« Irritiert schiele ich auf seine Hand. Er trägt keinen Ring. Aber das hat heute nichts mehr zu bedeuten.

»Auf dem Papier.«

»Das kann jeder sagen.«

»Stimmt aber in meinem Fall. Seit zehn Jahren fährt meine Frau zweigleisig. Ihre Freizeit verbringt sie stets mit ihrem Lover. Sie besuchen zusammen Partys und fahren sogar gemeinsam in Urlaub. Ihre Bekannten wissen davon, und trotzdem sagt niemand ein Wort.«

Diese Bemerkung erinnert mich an die drei Affen: nichts hören, nichts sagen, nichts sehen. Wir leben in einer großzügigen, toleranten Gesellschaft. Trotzdem schockiert mich sein Geständnis mehr, als ich mir anmerken lassen möchte. »Heutzutage kann jeder Mensch nach seiner Fasson glücklich werden. Was hältst du von offenen Beziehungen? Wie kommst du damit zurecht?«

»Überhaupt nicht.« Er starrt in seinen Gin Tonic, als ob er die Antwort auf alle Fragen in der durchsichtigen Flüssigkeit findet. »Unsere Ehe zu dritt widert mich an.«

Demonstrativ lege ich meinen Finger in die Wunde. »Warum tust du nichts dagegen?«

»Weiß ich auch nicht.«

Die Antwort gefällt mir nicht, deshalb bohre ich munter weiter. »Wie sind eure finanziellen Verhältnisse? Führt ihr ein gemeinsames Unternehmen?«

Mein Gesprächspartner wird aufsässig. »Du stellst Fragen.«

Ich sehe mich gezwungen, andere Seiten aufzuziehen. »Lenk nicht ab, sondern antworte mir gefälligst, wenn ich mit dir rede.«

»Also gut. Wir sind selbstständig. Ich leite eine Werbeagentur, und sie hat ihr großes Interesse an Mode zum Beruf gemacht und führt eine Boutique in bester Citylage.«

Er greift nach seiner Brieftasche, zieht ein abgegriffenes Passbild heraus und schiebt es über den Tisch. »Willst du mal sehen? Das ist Babs.«

Nachdenklich betrachte ich die Fotografie, die eine gepflegte Frau mittleren Alters zeigt. In ihrer Jugend muss sie eine Schönheit gewesen sein. Ihre langen glatten Haare sind zu einem strengen Knoten im Nacken gebunden, was ihre regelmäßigen Gesichtszüge betont. Sie ist geschmackvoll und teuer gekleidet und trägt kostbaren Schmuck. Irgendwie erinnert sie mich an Barbie, aber das kann an dem auffälligen Permanent-Make-up liegen, das mich persönlich stört. Tätowierte Augenbrauen, kohlrabenschwarze Lidstriche und aufgespritzte Lippen machen Menschen nicht zwingend schöner, sondern nur künstlicher. »Habt ihr Kinder?«

»Nein.«

»Gibt es einen logischen Grund, warum ihr zusammen-bleiben müsst?«

»Nein.«

»Warum willst du dann an dieser kaputten Beziehung festhalten?«

»Weiß ich nicht.«

»Liebst du deine Frau noch?«

»Schon lange nicht mehr.«

Seine Antwort kommt wie aus der Pistole geschossen, und ich sehe ihn mit einem ernsten Blick an. »Warum bist du nicht konsequent und ziehst einen Schlussstrich?«

Unbehaglich rutscht er auf seinem Stuhl hin und her. »Eigentlich hast du recht.«

»Nicht eigentlich, sondern ganz bestimmt.«

»Ja.« Die Mundwinkel von Dirk zucken. »Morgen gehe ich zum Anwalt und reiche die Scheidung ein. Ich will klare Verhältnisse schaffen.«

»Das ist der erste Schritt in ein neues Leben.«

Dankbar greift er nach meiner Hand und streichelt sie sanft. »Und was ist mit uns?«

»Nichts.« Ich entziehe sie ihm wieder, bemühe mich aber um einen freundlichen Tonfall. »Ich hab dir gar nichts versprochen. Ich lebe mein Leben – und du deins.«

»Warum gibst du mir einen Korb?« Tränen des Selbstmitleids steigen ihm in die Augen. »Ach, Mensch, interessiert sich denn niemand mehr für einen, wenn man über vierzig ist?«

»Sei nicht kindisch. Reiß dich lieber zusammen. Heulen kannst du zu Hause.«

Sein weinerlicher Tonfall geht mir auf die Nerven. »Meine Entscheidung hat nichts mit deinem Alter zu tun, sondern mit deiner Einstellung zum Leben. Wenn du dich nicht liebst, wie soll dich dann jemand anders lieben?«

»Du hast leicht reden. Kannst du mir nicht helfen?«

»Nein.« Ich setze meinen strengen Blick auf, den ich für meine dümmsten Patienten reserviere. »Für dein Glück bist du selbst verantwortlich. Du musst lernen, auf eigenen Füßen zu stehen und allein deinen Weg zu gehen. Hinfallen ist keine Schande, du darfst nur nicht liegen bleiben.«

Zu meiner großen Erleichterung nimmt Dirk mir diese deutlichen Worte nicht übel, sondern bewahrt die Fassung.

Der restliche Abend verläuft friedlich. Wir genießen die köstlichen Speisen, führen höflichen Small Talk, zahlen getrennt, verabschieden uns mit einer flüchtigen Umarmung und wünschen uns viel Glück in der Gewissheit, dass wir uns nicht mehr wiedersehen werden. Diese Verabredung ist schiefgegangen. Wahrscheinlich bleibe ich *Sweet Dreams* länger erhalten, als ich vorgesehen hatte.

9. Kapitel

*W*ie ist dein erstes Date gelaufen?« Aylin kann ihre Neugierde kaum verbergen, als ich am folgenden Montag wieder in der Praxis erscheine. »Hast du einen tollen Mann kennengelernt?«

»Schön wär's gewesen.«

»Also war's ein Schuss in den Ofen?«

»Nicht unbedingt. Ich kann unserer Chefin ein tolles italienisches Restaurant für unsere nächste Weihnachtsfeier empfehlen«, sage ich lakonisch. »Der Koch versteht sein Handwerk. Wenigstens bin ich in diesem Punkt auf meine Kosten gekommen.«

»Wie geht es weiter?«

»In fünfzehn Minuten werde ich eine Paradentosebehandlung vornehmen. Vorher muss ich mich noch umziehen, wenn du gestattest.«

»Ph … das weiß ich selbst«, schnauft Aylin verächtlich. »Was hast du dir in Sachen Onlinedating vorgenommen? Traust du dich noch mal oder gibst du auf?«

»So schnell werfe ich die Flinte nicht ins Korn. Wer nicht wagt, der nicht gewinnt. Am nächsten Freitag habe ich nachmittags keinen Dienst. Dafür gönne ich mir eine zweite Verabredung.«

»Mit wem?«

»Mit Frank, einem selbstständigen Unternehmensberater. Nach seinen eigenen Angaben ist er vielseitig interessiert und für alles aufgeschlossen.«

»Was mag das wohl bedeuten?«, grübelt Aylin. »Ich kenn mich mit diesem Netzgeflüster nicht aus.«

»Mir geht es genauso. Ich habe keinen blassen Schimmer, was seine Worte zu bedeuten haben.«

»Bleib locker und lass dich überraschen.«

Ich kann mir ein Grinsen nicht verkneifen. »Etwas anderes wird mir auch nicht übrig bleiben. Hellsehen hab ich im Studium nicht belegt.«

Wie vereinbart, bin ich pünktlich um 15 Uhr am ausgemachten Treffpunkt und parke mein Auto in der Nähe des Kurparks von Bad Homburg. Von dort aus sind es nur wenige Gehminuten zu einem Café, das idyllisch mitten im Grünen liegt. An einem weiß gestrichenen Tisch sitzt ein unscheinbarer semmelblonder Typ von dreißig Jahren, der an einer Seven Up nuckelt. Modisch liegt er absolut im Trend: kariertes Hemd, roter Pullover, blaue Jeans, bequeme Turnschuhe. Nachdenklich lasse ich den Blick durch das Café schweifen. Aus der Vitrine der Kuchentheke lachen mich ausgefallene Torten an. Double Chocolate-Torte, Vanille-Maracuja-Traum und Erdbeer-Käsekuchen – das Wasser läuft mir im Mund zusammen. Aber wenn ich zur Hochzeit des Jahres eine glänzende Figur machen will, darf ich nicht wanken. Sonst werde ich auf die Tanzfläche rollen und Mauerblümchen statt Partymaus spielen müssen. Meinen Appetit muss ich auf eine andere Art und Weise stillen. Leider ist mein Date keine Sahneschnitte, noch nicht einmal ein Appetithäppchen. »Hi, ich bin der Frank.«

»Hi. Ich bin Lena.«

Den überflüssigen Artikel lasse ich weg, aber Frank bemerkt es nicht einmal. »Schön, dich zu sehen. Was möchtest du trinken?«

»Ein Mineralwasser, bitte.«

Die flinke Bedienung ist sofort zur Stelle und bringt mir das gewünschte Getränk. Es funkt nicht zwischen uns. Unsere Unterhaltung ist genauso zäh wie das letzte Steak, das ich in meine Pfanne gehauen habe.

Frank blättert nervös in einer Zeitschrift, die er auf einer Kommode gefunden hat. »Kennst du dieses Magazin? Hier sind viele gute Veranstaltungen aufgeführt. Vor allem die Filmtipps sind interessant. Gehst du oft ins Kino?«

»Ab und zu schon.« Mit meinen Mädels bin ich vor wenigen Tagen in *Bridget Jones' Baby* gewesen, aber das muss ich ihm nicht auf die Nase binden. Nachher wird er mir einen latenten Kinderwunsch bescheinigen und vor meinen tickenden Hormonen die Flucht ergreifen. Männer sind in diesem Punkt sehr einfach gestrickt.

Frank bleibt am Ball und hakt nach. »Hast du zufällig den Film *Shades of Grey* gesehen?

An den Trailer kann ich mich noch gut erinnern. *Jamie Doman* ist zum Anbeißen. Vor allem seine Kehrseite. Diesen Mann möchte ich gern mal vernaschen. Seine Spielsachen darf er aber zu Hause lassen. Meine eigenen reichen mir. »Äh … ja.«

»Wie findest du Ana?«

Auf dem Plakat zum zweiten Teil trägt sie eine auffällige Maske. Ansonsten ist sie mir gleichgültig. Schließlich interessiere ich mich nicht für Frauen. »Ähm. Ganz nett.«

»Könntest du dir das auch vorstellen?

»Was?« Will er mich dazu überreden, eine spitzenbesetzte Maske in der Öffentlichkeit zu tragen? Beim Karneval – von mir aus – ansonsten reicht mir mein Mundschutz in der Zahnarztpraxis.

»Dieser Film fasziniert mich. Ich würde gern mal eigene Erfahrungen machen«, legt mein Gegenüber ein Geständnis ab.

»Ich würde gern meine dunkle Seite ausleben«.

Bitte? Will Frank mir den Popo versohlen? Mir fallen fast die Augen aus dem Kopf. Frank deutet es als ein gutes Zeichen.

»Du siehst so aufgeschlossen aus. Mit dir könnte ich mir vieles vorstellen«, fährt er ermutigt fort.

Aber ich mir nicht mit dir, Freundchen. Ich koche vor Wut, zwinge mich aber zur Selbstbeherrschung. Sanft gurre ich zurück. »Ich mit dir auch.«

»Wirklich?« Seine Augen leuchten, und er rückt näher an mich heran. »Was magst du? Komm, sag es mir.«

»Ausgefallene Spielchen …«

»Ja?«

»Ich stehe auf Schmerzen.«

»Oh …« Er stöhnt vor Behagen.

»Ja, ich liebe es hart. Ganz hart«, wispere ich leise in sein Ohr. »Ich würde dich gern in einen Behandlungs-stuhl setzen, mit Kabelbindern fesseln und eine Wurzelbe-handlung durchführen. Ohne Betäubung. Damit du mehr davon hast.«

»Du bist pervers.« Frank läuft dunkelrot an und rückt angewidert von mir ab. »Du hast einen an der Klatsche.«

»Genauso wie du.« Entschlossen stehe ich auf und knalle Kleingeld für das Getränk auf den Tisch. »Wenn du an Märchen glaubst, geh lieber zur nächsten Buchhand-lung. Ich bin mir sicher, dass du zwischen *Hans Christian Andersen* und den *Gebrüdern Grimm* fündig wirst. Mach's gut, Kumpel.«

Meinen Frust muss ich im Fitnessstudio abbauen. Joggen ist hervorragend dazu geeignet, Endorphine aus-zuschütten. Vorsichtig deponiere ich mein Handy in der vorgesehenen Ablage und rufe *Sweet Dreams* auf, während ich das Laufband starte. Schlimmer kann es heute nicht mehr kommen. Is there anybody out there?

Was ist das? *Sweet Dreams* hat mir geeignete Partner-vorschläge unterbreitet. Ein markantes Gesicht grinst mir entgegen. Dunkler Teint, gerade Nase, hohe Stirn, schwarze Haare, modischer Dreitagebart. Daneben blinkt ein grüner Punkt. Wie ein hypnotisiertes Kaninchen starre ich auf das Display. Es ist Alex! Einwandfrei! Er ist online. Das hat mir gerade noch gefehlt. O Gott, wenn ich ihn sehen kann, kann er mich auch sehen. Natürlich bin ich erwachsen und kann tun, was ich will, aber es ist mir trotzdem unangenehm, einem flüchtigen Bekannten auf einer Datingplattform zu begegnen. Ich muss so schnell wie möglich von der Bildfläche verschwinden, bevor er auf mich aufmerksam wird und mir eine Nachricht schickt. Am besten auf Nimmerwiedersehen. Gibt es nicht eine magische Funktion, die mich für ihn unsichtbar macht? Genau, blockieren heißt die Lösung. Wie geht das noch mal? Profil aufrufen – und dann? Hektisch schnappe ich mir das Handy und drücke auf den Tasten herum, während ich meine Schritte verlangsame. Das ist keine gute Idee. Das Laufband zeigt mir die Rote Karte. Ich gerate ins Stolpern, kann mich nicht mehr halten, rolle vom Band und knalle unsanft zu Boden. »Aua!«

»Mensch, was machst du denn für Sachen?«

Während ich meine Knochen sortiere, beugt sich ein mitfühlender Zeitgenosse über mich. »Kann ich dir helfen?«

»Nein, danke.« Benommen hebe ich den Kopf und riskiere einen kurzen Blick. Was ich zu sehen bekomme, ist gar nicht so schlecht. Prinzipiell ist nichts gegen diesen unbekannten dunkelblonden Mann in meinem Alter einzuwenden. Seine fröhlichen Augen, die mir durch eine kleine runde goldene Brille entgegenlachen, und sein verschmitztes Lächeln sind angenehm. Das ausgeprägte Grübchen in seinem glatt rasierten Kinn lässt ihn sogar sehr sympathisch erscheinen. Aber faktisch will ich auf keinen Fall in meinem Fitnessstudio mit einem fremden Typen anbändeln. Vorsicht ist die Mutter der Porzellankiste. Was soll ich denn machen, wenn es schiefgeht? Meinen Vertrag kündigen und eine Tournee durch alle anderen Sportklubs in der näheren Umgebung beginnen? Nö, das lasse ich lieber bleiben. »Geht schon.«

Trotz der Abfuhr lässt er sich nicht entmutigen. »Warte, ich stütze dich.«

Behutsam hilft er mir auf und macht ein besorgtes Gesicht. »Wo tut es denn weh?«

»Überall.« Vorsichtig bewege ich meine Gliedmaßen. Meine Beine scheinen ganz okay zu sein, aber mit dem linken Arm stimmt etwas nicht. »Autsch … Das tut höllisch weh.«

»Kannst du deinen Arm bewegen?«

Ich probiere es, lasse es aber lieber wieder sein. »Ja – nein. Also anwinkeln ist okay, mehr geht gerade nicht.«

»Das klingt nach einer Verstauchung oder Prellung. Soll ich dich zum Arzt bringen?«

»Nicht nötig. Ich komm schon klar.« Schließlich bin ich ein großes Mädchen, das mit seinen Problemen allein zurechtkommen muss. Seit dem Studium stehe ich auf meinen eigenen Füßen und bin für mein Wohl und Wehe selbst verantwortlich. Tapfer beiße ich die Zähne zusammen und zwinge mich zu einem Lächeln. »Am besten hole ich meine Tasche aus der Umkleidekabine und fahr direkt nach Hause.«

»Wie du meinst. Aber lass mich wenigstens deine Tasche zum Auto tragen.«

Nanu? Ist mein Trainingspartner ein Kavalier der alten Schule? Normalerweise sind gute Manieren in unserer Ellenbogen-Gesellschaft Fehlanzeige. Ich komme aus dem Staunen nicht mehr heraus. »Wenn du unbedingt willst …«

»Unbedingt. Lass dir Zeit. Ich warte vor der Damenumkleide, okay?«

So viel Fürsorge bin ich überhaupt nicht mehr gewohnt. Kopfschüttelnd schleppe ich mich zu meinem Spind und wechsle die Schuhe. Auf frische Kleidung verzichte ich lieber. Meinem Wagen ist es gleichgültig, ob ich in meinem Sportdress oder in meinem normalen Outfit nach Hause fahre. Dann greife ich nach der Sporttasche, sperre meinen Spind wieder zu und verlasse die Umkleidekabine.

Der Unbekannte hält Wort. Zuvorkommend nimmt er mir die Sporttasche ab, wartet geduldig, bis ich ausgecheckt habe, und trägt meine Siebensachen bis zu meinem Wagen. »Du solltest lieber zum Arzt gehen.«

»Hm.« Das ist meine Entscheidung, in die ich mir nicht reinreden lasse. Gegen gute Ratschläge bin ich allergisch. Meine Eltern können ein Lied davon singen.

Er bleibt freundlich. »Beweg deinen Arm möglichst nicht. Hast du eine kühlende Salbe und Kühlpäckchen zu Hause?«

»Ja. Danke.« Meine Hausapotheke ist gut ausgestattet. Schließlich habe ich Zahnmedizin studiert und kenne mich mit Medikamenten aus.

»Fahr vorsichtig.«

»Werde ich.« Ich zögere einen Moment. »Du bist sehr freundlich. Wie heißt du eigentlich?«

»Philipp. Und du?«

»Lena.«

»Gute Besserung, Lena. Wir sehen uns.«

»Danke schön, Philipp. Tschüss.« Mit letzter Kraft lasse ich mich auf den Fahrersitz fallen, starte den Motor und fahre langsam davon. Im Rückspiegel sehe ich meinen Retter in der Not immer kleiner werden.

Zu Hause schleppe ich mich stöhnend in meine Wohnung und lasse mich auf mein Bett fallen. Klamotten wechseln – unmöglich. Dazu tun mir meine Knochen zu weh. Im Jogginganzug kann ich auch schlafen. Glücklicherweise ist heute Freitag – ich habe noch zwei Tage, um wieder fit zu werden. Also her mit meiner Voltarensalbe, den kühlen Kompressen und einer Armschlinge. Irgendwie habe ich mir dieses Wochenende schöner vorgestellt.

Am nächsten Tag fühle ich mich wie durch die Mangel gedreht. Glücklicherweise kann ich meinen Arm wieder bewegen. Dafür tut mir meine ganze linke Körperhälfte weh. Wahrscheinlich sehe ich in den nächsten Tagen wie ein Osterei aus. Grün, Blau und Schwarz sind meine Lieblingsfarben. Natürlich ist an diesem Malheur nur Alex schuld. Wäre er nicht auf *Sweet Dreams* unterwegs gewesen, hätte ich nicht nach meinem Handy greifen und Abwehrmaßnahmen ergreifen müssen … Hätte, hätte, Fahrradkette. Jetzt habe ich die gerechte Quittung für meine Abenteuerlust bekommen. Statt Sport, Partys und Vergnügen ist Extrem Couching angesagt. Allerdings ist es heute alles andere als gemütlich. Ich stöhne leise, schnappe mir die Fernbedienung und zappe mich durch die Kanäle. Die Öffentlich-rechtlichen erfreuen mich mit einer Schnulze im Stil von *Rosamunde Pilcher*. Auf der Mattscheibe spielen gerade die Hormone verrückt. Mit verklärtem Gesichtsausdruck rettet eine junge schöne Adlige einen geheimnisvollen Fremden vor dem Sturz von den Klippen Cornwalls. Zufällig handelt es sich um ihre erste Liebe, die an dem erbitterten Widerstand ihres strengen Vaters gescheitert ist. Nun erfährt sie endlich den Grund für sein hartes Durchgreifen: Ihr Schwarm ist der uneheliche Sohn ihres Vaters, den er vor seiner Familie verheimlicht hat. Nach der Entdeckung steht einem Happy End nichts mehr im Wege. Die hilfsbereite Lady tröstet sich mit einem reichen Lord, während der verlorene Sohn an die Brust des alten Casanovas gedrückt und auf dem idyllischen Landsitz willkommen geheißen wird. Schön für sie, schade für mich. Wenn ich mir diesen Kitsch nicht antun will, muss ich auf einen anderen Kanal switchen. Resigniert wechsele ich den Sender. Bei den Privaten sehe ich nicht besser. Der Comedian *Mario Barth* zeigt sich als Frauenversteher der besonderen Sorte und reißt einen Witz nach dem anderen. Auch das noch. Mir bleibt nichts erspart.

10. Kapitel

*A*m Montagmorgen fühle ich mich so zerschlagen, als ob ich mich freiwillig als Sparringspartnerin im Boxring gemeldet hätte. Vorsichtshalber gehe ich zum Arzt. Ich möchte nicht meinen guten Ruf aufs Spiel setzen und meine zahnärztlichen Instrumente während der Behandlung auf meine Patienten fallen lassen. Wie erwartet, zieht mich mein Kollege sofort aus dem Verkehr. Zähneknirschend muss ich mich für eine Woche krank melden.

»Sorry, Aylin, dass ich euch hängen lasse, aber ich bin grün und blau geschlagen.«

Sie ist entsetzt. »Wie hast du das denn hinbekommen?«

»Ich war im Baumarkt. Da trifft man die schärfsten Typen. Mr. Grey hab ich gleich mit nach Hause genommen.«

»Wenigstens bist du nicht auf den Mund gefallen. Was ist denn passiert?«

Alles will ich ihr nicht auf die Nase binden. Mein unfreiwilliger Sturz klingt zu sehr nach einer Slapstick-einlage, und meine denkwürdigen Begegnungen mit Alex habe ich bisher schamhaft verschwiegen. »Sport ist Mord. Mehr sag ich nicht.«

»Verstehe.« Sie bleibt freundlich. »Das Attest schickst du mit der Post?«

»Ja, es ist schon unterwegs.«

»Gut. Brauchst du Hilfe? Kann ich irgendetwas für dich tun? Einkaufen? Kochen? Putzen? Ein Pieps von dir – und ich bin da.«

Ich bin gerührt. »Sehr lieb von dir, Aylin, aber ich hab noch alles im Haus.«

»Dann gute Besserung!«, wünscht Aylin. »Vergiss nicht: Mein Angebot steht. Schließlich sind wir Freundinnen. Tschüss, Lena!«

»Ciao.«

Ich drücke das Gespräch weg, stecke mein Handy wieder in die Tasche und fahre mit meinem Auto von der Praxis nach Hause. Während meiner Zwangspause werde ich mich ganz still verhalten. Glücklicherweise spielt das Wetter mit. Es ist angenehm warm. Also kann ich mich auf meinen Balkon setzen, einen neuen Bestseller lesen, die Sonne genießen und Millionen von Sommersprossen auf meiner Nase züchten. Besser geht es nicht.

Nach einer Woche Zwangspause darf ich nicht nur zur Arbeit, sondern auch wieder zum Training gehen.

Mein Retter in der Not checkt gerade ebenfalls ein und schenkt mir ein fröhliches Lächeln. »Hi Lena. Geht es dir wieder gut? Ich habe mir Sorgen um dich gemacht.«

»Hi Philipp.« So freundliche Worte habe ich überhaupt nicht erwartet. Hat dieser fremde Mann mich etwa vermisst?

»Kannst du den Arm wieder bewegen?«

»Geht so. Voll belasten ist noch nicht drin. Aber das wird schon wieder. Unkraut vergeht nicht«, spiele ich den peinlichen Vorfall herunter.

»Bist du beim Arzt gewesen?«

»Nö. Das ist nur 'ne Prellung. Ist bald wieder vorbei.«

Nachdenklich sieht Philipp mich an. »Du bist ziemlich hart im Nehmen.«

»Jepp.«

»Okay.« Er zwinkert mir zu. »Soll ich deine Sporttasche wieder zur Umkleidekabine tragen?«

Um Himmels willen. Dieser Vorschlag behagt mir aus zwei Gründen nicht. Erstens bin ich nicht invalide. Zweitens will ich nicht die Domina vom Fitnessstudio geben und Philipp als Sklaven beschäftigen. »Nee, lass mal. Das schaff ich gerade noch allein.«

»Aber zusammen trainieren können wir doch? Oder ist dir das zu viel Nähe?«

Für meinen Geschmack legt Philipp zu viel Anhänglichkeit an den Tag. Aber ich will mal nicht so sein. »Rede keinen Stuss. Dann lass uns mal keine Zeit verschwenden. Wir treffen uns in fünf Minuten bei den Fahrrädern.«

»Puh!« Philipp wischt sich den Schweiß von der Stirn. »Jetzt haben wir uns eine Belohnung verdient. Wie wäre es mit einem Energydrink an der Bar?«

Diese Verbrüderung geht mir etwas zu schnell. Aber um des lieben Friedens willen halte ich meinen Mund. »Okay.«

Philipp strahlt wie die Sonne. »Na, dann komm, Lena. Jetzt ist Relaxen angesagt. Ich lade dich ein.«

»Danke schön.« Brav trotte ich neben ihm zur Bar und schwinge mich auf einen Hocker. Während die Servicekraft unsere Drinks mixt, fühlt Philipp mir auf den Zahn.

»Erzähl mir von dir, Lena.«

»Da gibt es nicht viel zu erzählen.«

»Lass dir nicht alles aus der Nase ziehen.« Er zwinkert mir zu. »Was machst du beruflich?«

»Ich bin Zahnärztin. Und du?«

»Ich bin Banker. Nach dem Studium habe ich meine ersten Erfahrungen in Frankfurt gemacht. Seit einem halben Jahr bin ich wieder hier in der Provinz.«

Nach den letzten Turbulenzen an der Börse ist dieser Beruf nicht gerade vertrauenerweckend. Vielleicht ist Philipp wegen unseriöser Praktiken aus Frankfurt nach Bad Nauheim versetzt worden. Ob ich ihm meine Ersparnisse anvertraue, kann ich noch nicht sagen. Aber als Best Buddy scheint er mir ziemlich zuverlässig zu sein.

»Was machst du in deiner Freizeit?«

»Sport.«

»Ich meine, wenn du nicht hier abhängst«, präzisiert er seine Frage. »Was magst du?«

»Musik hören. Ausgehen. Tanzen.« In meinen Ohren klingen diese Hobbys sterbenslangweilig, aber Philipp ist entzückt.

»Das gefällt mir auch. Warst du schon mal in der Brotfabrik in Frankfurt?«

»Klar.«

»Die Konzerte sind immer cool. Sollen wir uns mal eins gönnen?«

»Hm.«

»Oder möchtest du lieber ins Hanauer Amphitheater?«

Von mir aus. Aber ich werde sicherheitshalber Aylin mitnehmen, damit aus dem Konzert kein Date wird.

»Was schwebt dir denn so vor?«

Ich weiß nicht, was ich auf diese Frage antworten soll. Eigentlich würde ich mir eine gute Freundschaft mit ihm wünschen. Aber darf ich ihm diese Antwort geben?

»Wie gefällt dir *Milow*?«, startet Philipp einen neuen Versuch.

Mein Musikgeschmack geht in eine etwas andere Richtung, aber Aylin wird im siebten Himmel schweben. Eigentlich ist eine Konzertkarte das Mindeste, was ich ihr schenken sollte. In den vergangenen Monaten hat sie mehr für mich getan, als jeder andere Mensch auf der Welt. Heute Abend werde ich eine Karte für sie via Internet ordern. Aber das muss ich Philipp nicht auf die Nase binden. »Super!«

»Dann werde ich Karten für uns besorgen.«

»Das ist lieb von dir. Aber ich kaufe mir lieber selbst meine Eintrittskarte.«

»Ich würde dich gern zu diesem Konzert einladen«, drängt er, aber ich lehnte kategorisch ab.

»Sei nicht böse, aber es geht ums Prinzip.«

»Wenn du unbedingt willst …«

»Unbedingt.«

Philipp sieht mich kritisch an. »Hast du immer so feste Grundsätze?«

»Jepp. Ich bin eine Limited Edition.« In diesem Punkt bin ich mir sicher.

Auch Philipp nickt verständnisvoll. Wahrscheinlich hat er noch nie eine so komplizierte Frau kennengelernt. »Verstehe. Wann sehen wir uns wieder?

Ich überlege kurz. »Nächste Woche? Montagabend?«

»19 Uhr?«

»Gebongt.«

Wir trinken unsere Getränke aus und klatschen uns ab.

»Mach's gut, Lena.«

»Ciao, Philipp.«

Wir trennen uns mit einem Lächeln. Philipp scheint ein sympathischer Mann zu sein. Eigentlich ist er ein Typ zum Verlieben. Hoffentlich kann ich das von meinem nächsten Date am kommenden Freitagabend auch behaupten.

11. Kapitel

Verliebt, verlobt, verheiratet, geschieden, wie viele Kinder wirst du kriegen? Warum geht mir dieser alberne Kinderreim nicht mehr aus dem Kopf, den ich mit sechs Jahren aus voller Kehle gesungen habe? Ich zwirbele nachdenklich eine lose Haarsträhne um meinen Finger und lasse meine Gedanken in die Vergangenheit wandern. Auf dem Schulhof war Seilchen springen angesagt, wenn meine Freundin und ich uns nicht beim Gummitwist verhedderten. Riesige Erfolge habe ich niemals verbuchen können. Meistens bin ich bei »drei« aus dem Tritt gekommen und aus dem Spiel ausgeschieden. Ich bin einfach nicht geschickt genug, alle Hindernisse zu überwinden und den entscheidenden Sieg bei einem Wettkampf davonzutragen. Was sich in der Schulzeit angedeutet hat, zieht sich wie ein roter Faden durch mein Leben. Ich hatte den richtigen Riecher für die falschen Männer. Irgendwie muss ich dem Schicksal auf die Sprünge helfen. Das Internet macht es leichter, aber leider nicht besser. Onlinedating ist – wie *Theodor Fontane* es vornehm ausgedrückt hätte – ein weites Feld. Seufzend schaue ich auf meine Armbanduhr. Es ist halb sieben. Wo bleibt der Traumtyp bloß, den ich aus dem Netz gefischt habe?

Die zu einem Kulturort umgebaute ehemalige Fabrikhalle in Frankfurt füllt sich allmählich. Männer und Frauen gehen freudestrahlend aufeinander zu, umarmen sich liebevoll und begrüßen sich mit Küsschen auf die Wange. Nur ich fühle mich wie bestellt und nicht abgeholt. Seit einer halben Stunde stehe ich mir vor der schweren Eingangstür die Beine in den Bauch und ärgere mich, dass ich diese Einladung zu einem spontanen Date mit einem unbekannten Mann angenommen habe. Schlecht gelaunt zwänge ich mich an den glücklichen Paaren vorbei und drehe eine weitere Runde durch die weitläufige Anlage. Niemand scheint sich für mich zu interessieren. Als ich enttäuscht aufgeben und wieder verschwinden will, taucht eine Gestalt im Halbdunkel auf und winkt mir herablassend zu.

»Hi. Ich bin Michael. Kannst auch Mick sagen. Du bist spät dran. Ich dachte schon, dass du mich versetzt hast.«

»Hi Mick.« Irritiert werfe ich den Kopf in den Nacken. »Wollten wir uns nicht draußen treffen?«

»Ich warte grundsätzlich drinnen.«

Warum soll ein Mann seines Formates einer fremden Frau entgegenkommen und sie freundlich begrüßen? Wahrscheinlich muss ich mich glücklich schätzen, dass ich für würdig befunden worden bin, ihm Gesellschaft zu leisten. Eines ist klar: Eine gute Erziehung hat er nicht genossen. Seine Manieren sind eher rudimentär ausgeprägt. Ein kritisch prüfender Blick aus kalten Reptilienaugen gleitet an mir herunter, als ob ich auf einem Sklavenmarkt zum Verkauf angeboten werde, und bleibt wohlwollend an meinem neuen Kleidchen hängen, das meine Figur sehr vorteilhaft zur Geltung bringt.

»Hübsch siehst du aus.«

Das Kompliment kann ich nicht zurückgeben, weil ich ein ehrlicher Mensch bin. Eine ausgeprägte Vorliebe für Kapuzensweatshirt und Schlabberhosen macht einen Mann in fortgeschrittenem Alter nicht gerade schöner. Noch nicht einmal Teenager können in einer ausgebleichten Jeans punkten, die in den Kniekehlen hängt. Auch seine auffällige Baseballkappe und die ausgelatschten Turnschuhe vervollständigen meinen Eindruck, mitten im falschen Film gelandet zu sein. Zumindest bei dem allerersten Date habe ich mehr Einsatz von meinem Gegenüber erwartet. Das Auge isst bekanntlich mit – und wenn ich schon Kalorien zählen muss, will ich meinen unbändigen Appetit wenigstens auf einem anderen Gebiet stillen. Bei seinem Anblick habe ich keinen Hunger mehr. »Danke.«

»Komm rein, unsere Tickets habe ich bereits bezahlt.« Mit einer riesigen Pranke schiebt er mich in den halb leeren Saal. »Wir haben freie Platzwahl. Wo willst du sitzen?«

Die Plätze in den ersten drei Reihen sind bereits belegt, die hinteren Reihen liegen völlig im Dunkel. Zu unerlaubten Annäherungsversuchen will ich ihn nicht ermuntern. Also muss ich eine salomonische Entscheidung fällen. »Mitte.«

»Okay.« Schnaufend lässt sich Mick auf einen freien Sitz fallen. »Setz dich doch.«

»Danke. Wie heißt die Band?«

»Die letzte Nachtwache.«

Diese Bezeichnung sagt mir nichts. Auf jeden Fall ist die Band nicht gerade ein Knüller. Für eine Premiere an einem Samstagabend ist es erschreckend leer im Klub. Wahrscheinlich setzen sich die wenigen Gäste aus dem erweiterten Bekanntenkreis der Musiker zusammen, die für ihren umjubelten Auftritt in der Heimat zusammengetrommelt worden sind. Viele Menschen haben einen Igel in der Tasche. Musik, Kunst und Kultur haben es einfach nicht leicht in der heutigen Zeit.

»Gleich wirst du staunen. Die Band ist schon auf einigen Open Air Festivals aufgetreten«, teilt Mick lässig mit.

Von mir aus. Gleichmütig zucke ich mit den Schultern. So weit kann es mit der Berühmtheit nicht sein. Sonst wären sie in den Charts aufgetaucht. Wahrscheinlich sind die Musiker verkannte Genies, die von einem lukrativen Plattenvertrag träumen und auf ihren internationalen Durchbruch warten.

»Bist du oft hier?«

»Ab und zu. Ich steh auf Indie. Mainstream ist nicht mein Stil.«

Ja, das habe ich auch schon bemerkt. Er bevorzugt eine ganz individuelle Note. Sein Körpergeruch ist stärker als sein Aftershave. Unwillkürlich rücke ich ein Stückchen zur Seite und bin dankbar, als der erste schwarz gekleidete Gitarrist auf der Bühne erscheint und eine finstere Miene zieht. »Schau, es geht los.«

Das Konzert haut mich nicht gerade von meinem Sitz, aber es ist besser als erwartet. Wenigstens beherrschen die Musiker ihre Instrumente und quälen ihre Zuhörer nicht mit schiefen Tönen. Nach der Vorstellung möchte ich mich so schnell wie möglich vom Acker machen, aber Mick durchkreuzt meine Absichten. Er will mich in ein Gespräch verwickeln und mir unbedingt noch einen Drink an der Bar spendieren. »Was möchtest du trinken?«

»Eine Cola.«

»Nichts Alkoholisches?«

Einen Moment überlege ich, ob ich ein Glas Wein wählen und mir den Abend schön saufen sollte. Nein, das ist die falsche Lösung. Lieber bleibe ich nüchtern und gehe schlecht gelaunt nach Hause. »Nein, danke.«

»Okay, dann nehmen wir zwei Cola.«

Während wir auf unsere Getränke warten, erklärt er mir seinen Background. »Ich arbeite in der IT-Branche.«

Wie ein Nerd sieht er nicht gerade aus. Aber dass er zu lange vor seinem Rechner hockt und keinen Sport treibt, kaufe ich ihm sofort ab. Sein Übergewicht spricht Bände. »Aha. Was machst du genau?«

»Ich bin Produktentwickler für Computerspiele.«

Das erklärt seine Neigung, sich wie ein pubertierender Jugendlicher zu kleiden. Wahrscheinlich ist er in dieser Entwicklungsstufe stehen geblieben. Mick nimmt mein Nicken als gutes Zeichen und bohrt ungeniert in meinem Privatleben herum. »In deinem Profil hast du geschrieben, dass du Akademikerin bist. Was hast du eigentlich studiert?«

»Das Leben.«

Entgeistert schaut er mich an. Humor ist nicht seine starke Seite. Am liebsten möchte ich überhaupt nichts mehr sagen. Jede Äußerung kann gegen mich verwendet werden. Aber blöd sterben muss mein Date ja nicht unbedingt. »Zahnmedizin.«

»Okay.« Mick atmet auf. Aber noch ist sein Wissensdurst nicht gestillt. »Sag mal, steckst du deine Nase nur in dicke Bücher? Kannst du überhaupt backen und kochen?«

Jetzt bleibt mir die Spucke weg. Sucht er eine Köchin oder eine Frau fürs Leben? Aber Mick scheint ohnehin keinen gesteigerten Wert auf meine Meinung zu legen, sondern legt gleich nach. »Ich hasse Frauen, die sich nur selbst verwirklichen wollen und ihren Platz im Leben nicht kennen.«

Ich vertrete eine andere Auffassung, aber auf eine Grundsatzdiskussion will ich es nicht ankommen lassen. »Wenn's dich beruhigt: Ich kann nicht nur Rezepte ausstellen, sondern auch lesen. Zwei linke Hände hab ich auch nicht. Sonst wäre ich in meiner Studentenbude verhungert.«

Meine diplomatische Antwort scheint Mick zu gefallen. »Hört sich gut an. Deine Eltern haben dich zu einem vernünftigen Mädchen erzogen. Liebe geht durch den Magen.«

Angewidert verdrehe ich die Augen, verkneife mir aber eine sarkastische Antwort und gönne mir einen Schluck aus der Colaflasche, die eine Kellnerin soeben vor meiner Nase abgesetzt hat, während Mick ein Filmplakat studiert und Zukunftspläne schmiedet.

»Wollen wir morgen etwas zusammen unternehmen?«

Nein. Nur über meine Leiche. Oder über seine.

»Wie wäre es mit einem Kinobesuch? Was hältst du von diesem Film?«

Meine Mundwinkel kräuseln sich. Seine Wahl ist ganz und gar nicht nach meinem Geschmack. Intelligente Dialoge sind garantiert Fehlanzeige. Stattdessen wird auf rohe Gewalt gesetzt: Piff-Paff-Puff, zwanzig Tote in der ersten Viertelstunde. In zwei Stunden muss man mit einem Massaker rechnen, das seinesgleichen sucht. Vielleicht hat Mick einen harten militärischen Einsatz an seinem Personal Computer hinter sich und muss schlimme Altlasten aus seinem bewegten Leben aufarbeiten. Meine Zeit ist mir aber zu wertvoll, um sie mit einem angeschlagenen Kriegsveteranen zu verschwenden. »Sorry, ich hasse unnötiges Blutvergießen.«

»Du bist ziemlich naiv, Mädchen. Wer sich in der Welt behaupten will, muss Krieg führen. Das wissen schon kleine Jungs. Diese Spiele verkaufen sich immer. Aber einer hübschen Frau verzeihe ich diese kleine Schwäche gern.« Mick schenkt mir ein müdes Lächeln und erzählt unaufgefordert von seinem akuten Beziehungsstress. »Am vergangenen Wochenende hat sich meine Freundin von mir getrennt.«

»Wie lange wart ihr denn zusammen?«

»Ein ganzes Jahr. Als ich von einer wichtigen Comic-Messe wieder nach Hause gekommen bin, war sie mit Sack und Pack verschwunden. Stell dir vor, sie hat sogar die teuren Konzertkarten mitgehen lassen, die sie mir zu meinem Geburtstag geschenkt hatte. Ich bin aus allen Wolken gefallen, als ich einen Brief auf dem Nachttisch gefunden habe.«

Meine Alarmglocken schrillen. In dieser Beziehung sind Konflikte nicht konstruktiv gelöst, sondern unter den Tisch gekehrt worden, bis es keine Alternative zu einer Trennung in einer Nacht-und-Nebel-Aktion mehr gegeben hat. Offensichtlich hatte eine Person das Sagen. Die andere musste kuschen. Ich habe keinen Zweifel, wer der tonangebende Part in diesem Machtgefälle gewesen ist.

Die nächsten Äußerungen von Mick bestätigen meinen schlimmen Verdacht. »Ich verstehe ihr Verhalten nicht. Für meine Begriffe haben wir gut zusammengepasst. Wir haben niemals diskutiert oder gestritten. Ich hab die Entscheidungen getroffen und unsere Freizeitaktivitäten bezahlt – und sie hat sich meinen Wünschen gefügt. So gehört sich das. Ich muss an erster Stelle stehen und das Sagen haben. Das ist einfach wichtig für mich. Schließlich habe ich einen harten Job, da will ich nicht auch noch an einer Beziehung arbeiten müssen.« Mit geballten Fäusten fährt er fort. »Mit ihrem Verschwinden hat sie mir einen dicken Strich durch meine Lebensplanung gemacht. Ich will nicht allein sein, wenn ich nach Hause komme. Das geht dir doch genauso, nicht wahr?«

Bin ich als Ersatz-Betthäschen geplant? Meine Nackenhaare stellen sich auf. Wahrscheinlich braucht mein Date ein Trostpflaster, das ihn über seinen Misserfolg in der Damenwelt hinwegtrösten und sein schwer beschädigtes männliches Ego durch kleine Streicheleinheiten aufbauen soll. Auf einen Einsatz als Übergangsfrau zwischen zwei Beziehungen habe ich aber keinen Bock. Womöglich wird sich Mick an mir rächen wollen, weil er seiner Verflossenen keine Lektion mehr erteilen kann. »Ja, klar. Ich kann alles für dich stehen und liegen lassen.

»Super, dann ist ja alles geritzt.«

Er schluckt meine sarkastische Bemerkung, ohne mit der Wimper zu zucken. »Weißt du, die Trennung ist schon hart. Manche Frauen sind so hinterhältig. Du schenkst ihnen dein Vertrauen, aber sie treffen dich mitten ins Herz.«

Diese Worte klingen wie eine Aufforderung an mich, ihn vom Gegenteil zu überzeugen. Ich lasse meine Chance ungenutzt verstreichen und bohre lieber nach. »Ich kann's nicht glauben, dass die Trennung aus heiterem Himmel kam. Hat deine Freundin dir gar nichts erklärt?«

»Na ja«, druckst mein Date herum. »Ich hab sie angerufen, als ich den Zettel gelesen habe. Am Hörer hat sie mir erklärt, dass ich ihr die Luft zum Atmen genommen hätte. Ich hätte sie pausenlos überwacht und wäre krankhaft eifersüchtig. Natürlich ist kein einziges Wort wahr. Ich bin kein Stalker. Diese Behauptungen darfst du nicht ernst nehmen.« Mit einer herrischen Geste ordert er eine zweite Cola. »Ich bin ein ausgeglichener und liebevoller Charakter, das kannst du mir glauben. Es ist ein Zeichen von Fürsorge, wenn man sich Sorgen um seine Partnerin macht und sie vor den falschen Menschen beschützen will. Manchmal muss man seine Fäuste einsetzen. In der heutigen Zeit kann man nicht vorsichtig genug sein.«

Aua. Ich habe genug gehört. Mehr, als ich von diesem Menschen wissen will. Er scheint ein egozentrisches cholerisches Nervenbündel zu sein, das sich nicht unter Kontrolle hat. Wer sagt mir, dass dieser Kraftprotz heute nicht zuschlägt, wenn ihm eine Laus über die Leber läuft? Wenn ich ihm weiter auf die Zehen trete, habe ich einen schweren Stand. Am besten halte ich meine Klappe, nicke an den richtigen Stellen und lasse ihn in seinen Lebensweisheiten schwelgen.

»Du scheinst ein nettes Mädchen zu sein. Wenigstens hörst du mir aufmerksam zu, wenn ich dir etwas erzähle, und redest nicht immer dazwischen. So mag ich das.«

Hm. Ja. Reden ist Silber. In diesem Fall ist Schweigen Gold. Aber irgendwie muss ich dieses Date beenden, koste es, was es wolle.

»Mensch, so spät ist es schon?« Ich werfe einen überraschten Blick auf meine Armbanduhr, gähne demonstrativ und lächele Mick mit einem um Verzeihung bittenden Lächeln an. »Sei mir bitte nicht böse, aber ich bin todmüde. Diese Woche war sehr anstrengend.«

»Du gehörst ins Bett. Lass uns aufbrechen.« Mick zeigt sich von seiner fürsorglichen Seite.

Vor Schreck falle ich fast vom Hocker. Von diesem Mann will ich mich garantiert nicht zu meinem Auto begleiten lassen. Wahrscheinlich merkt er sich mein Kennzeichen, nutzt seine Verbindungen und findet meine private Anschrift heraus. Dann werde ich ihn nicht mehr los.

»Zahlen!«

Bei keinem anderen Date habe ich mich so unbehaglich gefühlt. Ich muss hier weg, so schnell wie möglich. Natürlich brauche ich einen guten Vorwand, damit der kranke Typ an meiner Seite keinen Verdacht schöpft. Vielleicht kann mich ein hilfsbereiter anderer Mann von diesem Ort des Schreckens weglotsen? Ist irgendjemand in Sichtweite, den ich kenne? Verzweifelt irrt mein Blick über die anderen Gäste, die ebenfalls die Fabrikhalle verlassen wollen. Da! Ein vertrautes Gesicht in der Menschenmenge!

»Dort ist mein Bruder. Alex!« Hastig springe ich von meinem Stuhl auf, renne zu meinem Retter in der Not, schlinge ihm die Arme um den Hals und raune ihm ins Ohr: »Bitte rette mich. Ich muss hier weg.«

Er zuckt nicht einmal mit der Wimper, sondern spielt seine Rolle perfekt. »Schwesterchen. Wir haben uns ja ewig nicht gesehen. Was machst du denn hier?«

»Das ist ja toll, dass wir uns hier treffen. Wollen wir zusammen etwas trinken gehen?«

»Na klar. Komm gleich mit, ich bin mit meinen besten Kumpeln in der Bar um die Ecke verabredet.«

»Aber gern«, sage ich erleichtert, klammere mich an seinen Arm und winke mit der freien rechten Hand dem mürrischen Riesen zu, der sich um eine heiße Nacht in meinem Bettchen betrogen sieht und seine schlechte Laune kaum verbergen kann. »Tschüss, Mick. Wir hören voneinander.«

Den Rest verschlucke ich, weil ich ein höflicher Mensch bin. Es hätte an Deutlichkeit nichts zu wünschen übrig gelassen: hoffentlich nie wieder.

12. Kapitel

*A*ls wir die nächste Straßenecke erreicht haben, lässt Alex mich los und mustert mich mit einem forschenden Gesichtsausdruck. »Sag mal, was war das?«

»Warum willst du das wissen?«

»Schließlich gehöre ich offiziell zur Familie. Ich bin dein großer Bruder. Hast du das vergessen?«

»Nein. Werde ich dich jemals wieder los?«

»Nein. Mit dir zanke ich am liebsten. Außerdem hast du ja schon eine ganz schlechte Meinung von mir. Dann kann ich nichts mehr falsch machen.« Sein Grinsen wird immer frecher. »Raus mit der Sprache. Woher kennst du diesen Typ?«

»Ich hab die Angel ausgeworfen. Er ist mir ins Netz gegangen, aber ich werfe ihn lieber wieder ins Wasser zurück. Dieser Fisch gefällt mir nicht.« Ich gebe mir einen Ruck. »Tausend Dank, dass du mir aus der Klemme geholfen hast.«

»Nichts zu danken. Gern geschehen.« Alex winkt lässig ab. »Bevor du mir gleich wieder davonrennst, möchte ich dir auch was sagen.«

»Ja?«

»Für mein schlechtes Benehmen im Park möchte ich mich entschuldigen. Ich wollte dich nicht beleidigen.«

»Längst vergeben und vergessen.«

»Dann bin ich froh. Du gefällst mir sehr gut. Das wollte ich dir die ganze Zeit sagen.«

»Bin ich dir nicht zu dick?«

»Aber nein. Wie kommst du auf diese absurde Idee? Nimm bloß nicht noch mehr ab. Deine Figur ist perfekt. Du hast richtige Kurven. Nur Hunde kauen Knochen.«

Er hat die richtigen Knöpfe gedrückt. Seine Worte lassen mich schmelzen wie Butter in der Sonne. Diät und Sport sind eine Sache, Bewunderung und Komplimente eine ganz andere.

Sofort nutzt er seine Chance. »Was machen wir jetzt mit dem angefangenen Abend?«

Vor uns leuchtet das Schild eines türkischen Imbisses. Durch die großen Fensterscheiben können wir einen Blick auf den Drehspieß werfen. Mein Magen knurrt laut und vernehmlich, und ich werde knallrot. »Entschuldigung. Ich habe riesigen Hunger.«

»Ich auch.« Alex lacht. »Dann haben wir wenigstens etwas gemeinsam. Nichts wie rein.«

Der Laden ist klein, aber sauber. Die wenigen Tische sind bis auf eine einzige Ausnahme besetzt. Mehrere türkische Familien schnattern laut vor sich hin, während sie sich die landestypischen Spezialitäten schmecken lassen. Ein gutes Zeichen. Der Koch scheint sein Handwerk zu verstehen.

Alex wirft mir einen fragenden Blick zu. »Was hältst du von Döner mit scharfer Soße?«

»Gern.«

»Ayran?«

»Gebongt.«

»Na, dann setz dich dort an den freien Tisch in der Ecke, ich komm gleich mit der Nervennahrung. Du siehst aus, als ob du eine kleine Stärkung nötig hast.«

Als der Snack verführerisch duftend auf dem Tisch steht, ist es mit meiner Selbstbeherrschung vorbei. Gierig wickle ich meinen Döner aus der Verpackung und beiße genüsslich hinein. »Vielen Dank. Hm, das ist so lecker.«

»Gern. Lass es dir schmecken. Es macht richtig Spaß, mal einer Frau beim Essen zuzuschauen, die ordentlich zulangt und nicht nur stundenlang an einem einzigen Salatblatt kaut.«

Während er meinem Beispiel folgt, kann ich mir ein Grinsen nicht verkneifen. »Nee, von Grünzeug werde ich nicht satt, sondern nur ungemütlich. Trotzdem muss ich aufpassen, was ich zu mir nehme. Heute ist eine Ausnahme von der Regel. Ich brauche Nervennahrung.«

»Stimmt. Stress hattest du gerade genug. Also bestell dir ruhig 'ne zweite Portion, wenn du magst.« Er trinkt einen Schluck Ayran und sieht mich forschend an. »Gibt es etwas, was du mir sagen möchtest?«

»Nein. Doch. Seit dem Ende meines Studiums bin ich Single.«

»Wie kommt's?«

»Wer die Wahl hat, hat die Qual.«

»Ich mag keine Andeutungen.« Alex lässt nicht locker. »Im Klartext, bitte.«

»Mein Freund wollte sich nicht zwischen einer anderen Frau und mir entscheiden. Als Haremsdame wollte ich nicht enden.« Mehr möchte ich ihm nicht von meiner letzten komplizierten Partnerschaft verraten. Auch nach zwei Jahren sitzt der Schmerz noch tief. Mehrere Monate lang hat mein Ex mich mit einer Studienkollegin, die ich an der Universität kennengelernt und als eine enge Vertraute betrachtet habe, belogen und betrogen, ohne den Hauch eines schlechten Gewissens zu entwickeln. Verdacht geschöpft habe ich, als sein Rhodesian Ridgeback, der normalerweise Fremden gegenüber sehr zurückhaltend war, meine Kommilitonin mit einem fröhlichen Kläffen begrüßte und sich unbedingt von ihr streicheln lassen wollte. Mein Exfreund hat nichts abgestritten. Er fühlte sich sogar noch im Recht, weil offene Beziehungen en vogue sind und nur langweilige Spießerinnen wie ich eine monogame Beziehung führen wollen. An dem doppelten Vertrauensbruch hatte ich lange zu knabbern. Mit einem Schlag war ich Freund und Freundin los. Mein Vertrauen in die Männerwelt war schwer erschüttert, aber anderen Frauen traute ich auch nicht mehr über den Weg. Statt Rotz und Wasser zu heulen, habe ich mich lieber in die Bücher vergraben und Tag und Nacht gebüffelt. Nach meinem Examen war ich heilfroh, den Scherbenhaufen in Marburg hinter mir zu lassen und ein neues Leben in Bad Nauheim anfangen zu können.

»Affären sind der klassische Beziehungskiller«, konstatiert Alex trocken. »Man schaut sich nur nach neuen Blumen um, wenn der eigene Garten nicht mehr gefällt.«

»Hast du einschlägige Erfahrungen gemacht?«

»Nein. Ich trenne mich lieber rechtzeitig.«

In seinen dunklen Augen lodert ein Feuer, das ich nicht deuten kann. »Man muss viele Frösche küssen, bevor man einen Prinzen findet. Wo hast du deine Angel ausgeworfen?«

Unangenehm berührt male ich mit meinem Zeigefinger Kringel auf die bunt karierte Tischdecke. »*Sweet Dreams* …«

»Manchmal ist *Tinder* die bessere Lösung. Mit einem Wisch ist alles weg.«

Die zynische Bemerkung hat gesessen. »Auf seinem Profil sah mein Date gar nicht so übel aus«, verteidige ich mich lahm. »Er machte einen seriösen Eindruck.«

»Muss wohl ein altes Porträt gewesen sein. Schönheit liegt zwar im Auge des Betrachters, aber auf mich wirkte er so vertrauenerweckend wie *Hannibal Lecter*.« Missbilligend schüttelt er den Kopf. »Von Onlinedating solltest du lieber deine Finger lassen. Hast du diese Methode nötig?«

»In meinem Job laufen mir keine interessanten Männer über den Weg«, lege ich mein Veto ein. »Eine Warteschleife von zwei Jahren reicht mir. Ich will nicht ewig das Stiefkind des Glücks bleiben.«

»In welcher Branche arbeitest du denn?«

»Ich bin Zahnärztin.«

»Hält man in einer Praxis keine Händchen?«

Diese Bemerkung hätte er sich sparen sollen. »Bist du noch bei Trost?«

»Sorry. War nicht böse gemeint«, rudert Alex zurück. »Große Gefühle entstehen also nicht in einer Praxis. Auch wenn man dankbar ist, wenn man die Behandlung erfolgreich abgeschlossen hat.«

»Du bist ein helles Köpfchen, das muss ich dir lassen.«

Alex verzieht keine Miene. »Das ist das Geheimnis meines Erfolges. Hast du wenigstens große Erfolge auf deiner Prinzenjagd verbuchen können?«

»Nein«, gebe ich offen zu. »In den letzten drei Wochen hatte ich Begegnungen der – ähm – besonderen Art.«

»Das klingt lustig. Erzähl mir mehr.«

»Ich finde es eher traurig. Bei meinem ersten Date hat sich der Inhaber einer Werbeagentur in meinen Armen über seine unglückliche Ehe ausgeweint. Zum Trost wollte er mit mir in die Kiste springen. Im Laufe unserer Unterhaltung konnte ich ihn dazu überreden, lieber eine eigene Wohnung zu beziehen und einen Scheidungsanwalt aufzusuchen.«

»Fein gemacht. Das gibt gutes Karma für das nächste Leben. Eine Existenz als Pandabärin ist dir sicher. Wenn du Glück hast, ist Casanova in der Nähe und versüßt dir das Leben.« Mein Retter in der Not ist nicht nur wortgewandt, sondern auch gut informiert. Immerhin kennt er die aktuellen Bestseller. »Mehr davon, Lena. Du machst mich neugierig.«

»Dann will ich dich nicht länger auf die Folter spannen. Vor einer Woche hab ich einen dynamischen Unternehmensberater kennengelernt, der zu viel *50 Shades of Grey* gesehen hatte und mir unbedingt vor dem Beischlaf den blanken Hintern versohlen wollte.«

»Gibt es nicht im Ruhrgebiet den Spruch: Gleich hat der Hintern Kirmes? Auf Schläge stehst du nicht?«

»Sorry, ich hab keinen an der Waffel. Mit Miss Steele möchte ich mich nicht auf eine Stufe stellen lassen. Meine innere Göttin hat bessere Ratschläge für mich«, blaffe ich ihn an. »Ich halte es mit der Bibel: Auge um Auge, Zahn um Zahn. Wer seine Hand gegen mich erhebt und mir wehtut, sollte das Echo ertragen können.«

»Ich bin schockiert. Hast du ihn in die Flucht geschlagen?«

»Nicht ganz. Ich hab ihm einen Rollentausch angeboten. Eine Wurzelresektion ohne Narkose ist eine reizvolle Sache. Ich habe mich lange nicht mehr ausgetobt. Leider konnte er meinem großzügigen Vorschlag wenig abgewinnen und ist beleidigt abgezogen.«

»Du bist eine sehr gefährliche Frau. Wenn dein Dreamboy aus dem Café einen Funken Menschenkenntnis besessen hätte, wäre er schreiend davongerannt.«

»Wer den Schaden hat, braucht für den Spott nicht zu sorgen«, seufze ich. »Heute war der absolute Höhepunkt. Ich verstehe nicht, warum ich die Nieten aus der Lostrommel ziehe. Irgendwie spreche ich immer die falschen Männer an.«

»Vielleicht leidest du an einem Mutter-Teresa-Syndrom.«

»Genau. Ich bin zu gut für diese Welt. Deshalb unterhalte ich mich heute Abend mit dir.« Mit ausgestrecktem Zeigefinger tippe ich auf seine Brust. »Jetzt haben wir genug über mich geredet. Was hast du in dieser Gegend gemacht?«

»Einen Abendspaziergang.«

»Diesen doofen Spruch kannst du dir sparen. Das glaubst du doch selbst nicht.«

»Okay«, gibt er sich geschlagen. »Ich war auch verabredet. Mein Date hat mich eine Stunde lang mit esoterischem Gelaber zugesülzt und wollte mich von den Vorzügen einer makrobiotischen Ernährung überzeugen.«

»Deshalb musstest du hier mit einem Döner kontern.«

»Korrekt.«

»Seit wann bist du Single?«

»Seit mehreren Monaten.«

»Verrätst du mir den Grund für die Trennung?«

»Meine Exfreundin und ich waren zu engagiert, was unser Berufsleben angeht. Unsere Terminkalender ließen sich nicht miteinander vereinbaren. Wenn wir uns sehen wollten, mussten wir ständig mit einem Flugzeug durch die Weltgeschichte düsen. Anfangs war es spannend, dann nur noch nervtötend.«

»Ach?« Meine Neugierde ist geweckt. Ich möchte mehr von ihm erfahren.

Aber Alex hält sich bedeckt. »Ja, Stress hab ich in meinem Beruf mehr als genug. In meiner Freizeit möchte ich mich lieber erholen.«

»Was machst du denn beruflich?«

»Ich arbeite in einem großen Unternehmen, das seinen Sitz mitten in Frankfurt hat.«

Diese Antwort ist schwammig, aber ich gebe mich mit ihr zufrieden. »Wohnst du hier?«

»Nein. Ich habe eine hübsche Wohnung in Bad Homburg. Mit dem Auto brauche ich eine halbe Stunde, wenn ich gut durchkomme.« Er spielt mit einem Bierdeckel. »Wo kommst du her?«

»Aus Bad Nauheim. Aber ich stamme aus Steinfurth.«

»Ach, du hast im Rosendorf gelebt?«

»Ja. Mitten auf dem Land.«

»Interessant. Wie ein Landei kommst du überhaupt nicht rüber. Auch nicht wie ein Rosenresli.«

»Danke für das Kompliment.«

»So war das nicht gemeint«, rudert er zurück.

»Hab schon verstanden. Mach dir bloß nicht ins Hemd. Ich bin auf dem Lande groß geworden und komme aus einem intakten Elternhaus. Meine Eltern sind über 35 Jahre glücklich verheiratet. Sie sind mein großes Vorbild.«

»Ich habe es geahnt.« Alex zwinkert mir zu. »Du bist ein Spießer.«

»Spießig ist das neue cool. Wusstest du das nicht?«

»Nö. Aber wenn du es sagst … Glaubst du an ein Happy End?«

»Theoretisch ja. Ich möchte eine große Liebe, die für das ganze Leben reicht. Verliebt, verlobt, verheiratet – das komplette Paket könnte mir schon gefallen.«

»Und praktisch?«

»Mache ich mein Lebens- und Liebesglück nicht von einem Brautkleid und einem Ring am Finger abhängig. Weiß sehe ich jeden Tag in der Praxis, privat liebe ich es bunt.«

»Dann wird keine Langeweile aufkommen. Was wünschst du dir?«

»Alles. Und nichts.« Ich muss lachen, aber er lässt nicht locker.

»Nee, komm, sag mal.«

»Meinst du das ernst?«

»Ja, klar. Sag mal.«

»Nichts Besonderes. Nur einen ehrlichen, zuverlässigen Partner, der in guten und schlechten Tagen zu mir hält und nicht sofort das Handtuch wirft, wenn die ersten dunklen Wolken am Horizont auftauchen. Was hältst du davon?«

»Das klingt vernünftig. Normale Frauen sind selten geworden.«

»Normale Männer auch. Das kannst du mir glauben.«

»Vielleicht sind wir die Ausnahme von der Regel.«

»Es käme auf einen Versuch an.«

»Traust du dich? Gibst du mir deine Handynummer?«

»Okay.« Ich ziehe einen Kugelschreiber aus der Handtasche, kritzele meine Rufnummer auf einen Bierdeckel und schiebe ihn zu ihm hinüber. »Bitte.«

»Danke. Hier ist meine.«

Ich lasse seinen Bierdeckel in meine Handtasche fallen und starre ihn ungläubig an. Es ist nicht zu fassen. Bei unseren flüchtigen Begegnungen sind wir immer aneinandergerasselt und haben uns fast zerfleischt. Heute sitzen wir gut gelaunt an einem Tisch und unterhalten uns so lebhaft über unsere missglückten Liebesabenteuer, als ob wir uns ewig kennen würden. Sitzt Amor auf dem rotierenden Grillspieß und lacht sich ins Fäustchen, weil Döner tatsächlich schöner macht? Schwirren klitzekleine rosarote Herzchen über der karierten Tischdecke?

Alex schaut mich an.

Ich habe das fatale Gefühl, dass er genau das Gleiche denkt wie ich. Eine leichte Hitze steigt mir in die Wangen und ich schlage die Augen nieder. »Vielleicht sollten wir lieber nach Hause fahren.«

»Dein Wunsch ist mir Befehl. Allein lasse ich dich aber nicht gehen. Ich bring dich zu deinem Auto.« Sofort steht er auf, hilft mir höflich in die Jacke und legt fürsorglich einen Arm um mich. »Wir haben den gleichen Weg, Lena. Vielleicht haben wir auch das gleiche Ziel.«

13. Kapitel

*A*m nächsten Tag habe ich das Gefühl, auf Wolken zu schweben. Vielleicht bin ich aber auch betäubt von der Knoblauchfahne in meinem Mund, die mir vor Augen führt, dass ich nicht vor mich hin geträumt, sondern tatsächlich mit Alex Döner in Frankfurt vertilgt habe. Hoffentlich werde ich ihn wieder los. Ich meine den intensiven Duft. An Alex könnte ich mich gewöhnen. Eigentlich ist er ein feiner Kerl. Immerhin hat er mich aus Micks Klauen gerettet und mir ein Abendessen spendiert. Gut, die Location war für das erste Date nicht der Burner. Nach oben ist noch viel Luft. Aber an diesem Punkt können wir arbeiten. Theoretisch müssen wir uns wiedersehen. Schließlich ist er mein Bruder und gehört zur Familie. Auch wenn ich ganz andere Gefühle für ihn hege. Er ist ein heißer Typ, denke ich, während ich mir einen großen Schluck Mundspülung gönne. Wie mag er wohl aussehen, wenn er gerade aus dem Bett gekrabbelt ist? Trägt er einen ordentlichen Schlafanzug? Oder bevorzugt er die lässige Shirt-und-Shorts-Variante? Oder schläft er lieber nackt? Meine blühende Fantasie geht mit mir durch. Diese Vorstellung ist zu viel für mich. Jedenfalls wenn ich gerade gurgeln möchte. Ich verschlucke mich fast an der Mundspülung, spucke sie in hohem Bogen ins Waschbecken und ringe nach Luft. Verdammt. Selbst beim Zähneputzen bekomme ich Alex nicht aus dem Kopf. Wenn ich in den Spiegel schaue, sehe ich sein markantes Gesicht vor mir. Dabei habe ich gar nichts getrunken.

Auf der Fahrt ins Fitnessstudio schalte ich das Radio ein und singe alle Songs aus voller Kehle mit. Sogar die Hits von *Helene Fischer*. Das ist mir noch niemals passiert. Ich muss krank sein – oder verliebt. Sonst würde ich bei dem Song »Herzbeben« Herzrasen und Tobsuchtsanfälle bekommen. Eins ist klar: Das Handy muss heute in meiner Sporttasche bleiben. Ich darf auf keinen Fall Musik hören. Heute hab ich mich nicht unter Kontrolle. Meine Euphorie kann böse ausgehen. Bestenfalls halten mich die anderen begeisterten Freizeitsportler für eine hübsche Blondine mit einem schweren Schlagertrauma.

»Hey, Lena!«

Es ist gerade mal halb neun, und im Fitnessklub herrscht gähnende Leere. Am Wochenende schlafen die meisten Menschen lieber aus und genießen ein gemütliches Frühstück mit ihrem Partner. Philipp bildet eine Ausnahme. Genauso wie ich. Wir sind Singles. Und schwer vermittelbar, was mich betrifft. Philipp fällt in eine andere Kategorie. Er ist ein Typ, nach dem sich alle Mädchen die Finger lecken würden. Seine positiven Attribute sprechen für sich. Er ist attraktiv, höflich, intelligent, sportlich und zuverlässig. Ich kann selbst nicht verstehen, dass Philipp mir seine Freundschaft anbietet. Ausgerechnet mir. Der abweisenden, spröden, zickigen Lena. Einem Bündel voller Komplexe, das sich hinter einer toughen Maske verbirgt und auf seinen schlechten Ruf als Zicke vom Dienst stolz ist.

Philipp schaut mich an. Er wartet auf eine Antwort. Nachdenklich lasse ich meinen Blick auf ihm ruhen. Mein Herz müsste höherschlagen, wenn ich Philipp sehe. Aber es passiert – nichts. Warum kribbelt es nicht bei mir? Warum stehe ich nicht in Flammen? Bin ich nicht normal?

»Ja, ich war in der Fabrikhalle in Frankfurt.«

Mehr kriege ich nicht raus. Ich sehe mein Gesicht im Spiegel und bekomme einen Schreck. Mensch, ich muss dieses glückselige Lächeln wieder aus meinem Gesicht kriegen. Wenn ich an Alex denke, geht die Sonne auf. Lena, schalte deine Gehirnzellen ein und komm wieder auf den Boden der Tatsachen zurück. Es war nur eine nette Unterhaltung mit Alex. Als Date kann man es nicht bezeichnen. Wir haben uns ja nicht verabredet, sondern sind uns zufällig über den Weg gelaufen. Wahrscheinlich wird es bei diesem einmaligen Treffen bleiben. Wir haben uns gut verstanden, aber wir werden uns nicht wiedersehen. Trotzdem kann ich nicht verhindern, dass mein Herz bis zum Hals klopft, wenn ich an unser Dinner denke. Zum Abschied haben wir unsere Handynummern getauscht. Kein Mann fragt nach einer Rufnummer, wenn er nicht an einer Frau interessiert ist. Also bin ich Alex nicht gleichgültig. Dieser Gedanke macht mich glücklich. Warum reagiere ich so? Was ist mit mir los? Habe ich mich verliebt?

»Wow. Also hat es dir gut gefallen.«

Philipp deutet mein Lächeln in seinem Sinne. »Die Konzerte sollen der Hammer sein.«

»Ja.« Mehr lasse ich mir nicht entlocken.

»Mein Freitagabend war lange nicht so spannend. Ich habe mich mit guten Kumpeln zum Darts verabredet.«

»Ist doch toll.«

»Ich wusste, dass wir auf einer Wellenlänge liegen, Lena. Du bist was ganz Besonderes.«

Ja. Nämlich komplett durchgeknallt. Für Darts habe ich nichts übrig. Aber heute finde ich alles schön. Philipp ahnt nichts von dem Chaos in meinem Kopf. Amor hat ihn verschont. Sein Leben läuft in geordneten, ruhigen Bahnen. Routiniert hat er sein anstrengendes Sportprogramm abgespult und gönnt sich nun eine kleine Verschnaufpause. Lässig legt er sich das Handtuch um seinen Nacken. »Also ich geh jetzt ins Dampfbad.«

Vielleicht sollte ich mich ihm anschließen und mir Alex aus dem Kopf pusten lassen, aber ich will lieber noch weiter vor mich hin träumen, bis meine Hoffnungen wie Seifenblasen zerplatzen. »Ich muss noch weiterstrampeln. Viel Spaß.«

Eine Stunde später stehe ich unter der heißen Dusche. Die harten Strahlen prasseln über meinen Körper, und ich komme wieder zur Vernunft. Welcome back, Lena. Für Liebe ist in deinem Leben kein Platz. Also sieh zu, dass du fertig wirst. Die anderen Mädchen warten schon lange genug.

Als ich mich gerade mit einem Badetuch trocken rubbele, läutet das Handy in meiner Sporttasche. Nanu? Wer will was von mir? An einem Samstag? Mir wird ganz flau im Magen. Hoffentlich ist meinen Eltern nichts passiert. So schnell habe ich noch nie einen Anruf entgegengenommen. »Ja?«

»Hi, Lena. Störe ich?«

Nein. Gar nicht. Ich habe mein Badetuch fallen lassen und stehe splitternackt in der Umkleidekabine. Wenn ich deine erotische Stimme höre, laufen mir kleine Schauder über die Haut, meine Brustwarzen werden hart und ich bekomme weiche Knie. Vielleicht friere ich bloß. Vielleicht aber auch nicht. »Nein.«

»Heute Abend findet ein interessantes Event im Museum für Moderne Kunst in Frankfurt statt. Magst du mich begleiten?«

Ja. Keine Frage. Aber warum gehen wir nicht woanders hin? Von Kunst verstehe ich so viel wie von der Liebe. Nämlich nichts.

»Hast du heute keine Zeit?«, hakt Alex argwöhnisch nach. »Bist du schon verplant?«

Erfahrene Frauen würden Alex zappeln lassen. Ich halte mich lieber an die Wahrheit. »Nein. Wann geht es los?«

»Offiziell um 19:30h. Aber wir sollten schon eine halbe Stunde vorher dort sein.«

»Geht klar.«

Meine Antwort klingt viel zu kühl und geschäftsmäßig. Ich könnte mir in den Hintern beißen. Lena, das ist ein Date. Ein echtes Date. Kein geschäftlicher Termin. Gib dir mehr Mühe. Zeig dich mal von deiner liebenswürdigen Seite. Sag ihm was Nettes. Das macht man, wenn man verliebt ist.

»Okay. Dann treffen wir uns im Foyer«, ergreift Alex das Wort, bevor ich einen neuen Anlauf starten kann. »Er macht eine bedeutungsschwere Pause. »Ich freu mich.«

»Ja.« Mehr kann ich nicht sagen. Er hat unser Gespräch bereits beendet, und ich starre wie hypnotisiert auf das Handy in meiner Hand. Alex hat den ersten Schritt gemacht. Er will mich wiedersehen. Ich könnte in die Luft springen vor Freude – aber verdammt, was erwartet mich im Museum für Moderne Kunst? Was wird dort gezeigt? Und was soll ich bloß anziehen?

In meiner Wohnung schalte ich sofort meinen Laptop ein, um meine kunstgeschichtlichen Lücken zu stopfen. Bis auf die Knochen blamieren will ich mich nicht. Wenige Minuten später bin ich etwas schlauer. Die Ausstellung trägt den interessanten Titel ‚I am a problem.‘ Hoffentlich hat Alex nicht spontan an mich gedacht, schießt mir durch den Kopf. Das Thema spricht mich an. Der Jung-Regisseur und Bühnenbildner Ersan Mondtag hat sich mit den angesagten Themen Selfie-Hype, Veggie-Boom, Schönheits-OPs und Fitnesswahn künstlerisch auseinandergesetzt.

Okay. Mit Selbstoptimierung und Leistungsdruck kenne ich mich aus. Seit den letzten Wochen arbeite ich an meiner äußeren Erscheinung, die eine neue innere Einstellung mit sich führt. Natürlich möchte ich heute Abend eine gute Figur machen. Deshalb muss ich eine kluge Wahl treffen und meine weiblichen Reize ins rechte Licht rücken. Nach kurzem Nachdenken entscheide ich mich für den schwarzen Jumpsuit, der eine zweite Chance verdient hat, bevor ich ihn zum klassischen Fehlkauf erkläre. Beim Night-Clubbing hat er mir kein Glück gebracht, was ich aber den ätzenden Männern in der Diskothek in die Schuhe schiebe. Heute wird es keine Pleite geben. Alex ist der Mann, von dem ich immer geträumt habe. In diesem Punkt bin ich mir sicher.

Tatsächlich lässt sich unser zweites (streng genommen: erstes richtiges) Date gut an. Vielleicht bin ich in meinem sündteuren Outfit etwas aufgebrezelt, aber garantiert nicht overdressed. Alex hat sich für einen klassischen dunklen Anzug entschieden, der ihn wie einen seriösen Geschäftsmann erscheinen lässt. Er sieht gut aus. Fast wie ein Dressman. Immer wieder mustere ich ihn verstohlen, während wir gemeinsam durch die Ausstellung wandern, in der ausgewählte Werke aus der Sammlung des Museums für Moderne Kunst miteinander in Dialog treten. Zugegeben, unsere Kommunikation gefällt mir wesentlich besser. Wir verstehen uns, und ich fühle mich an seiner Seite gut aufgehoben. Doch ich bin eben von meinem Gesprächspartner beeindruckt und deshalb in meiner Wahrnehmung beeinträchtigt. Allem Anschein nach bin ich nicht so multitaskingfähig, wie ich gedacht habe.

»Du bist so schweigsam. Wie gefällt dir die Ausstellung?«

Alex ist stehen geblieben und fixiert mich mit seinen dunklen Augen. Mir wird heiß und kalt zugleich. Ist Alex ein Experte auf diesem Gebiet? Verlangt er von mir eine kritische Analyse? Von dem Zusammenspiel der bildenden und darstellenden Kunst, von Bild, Skulptur, Ton und Performance, habe ich nicht allzu viel begriffen. Diese Ausstellung fällt aus dem Rahmen des Üblichen, und ich bin wohl zu konservativ, um diese Leistung gebührend würdigen zu können. Trotzdem möchte ich weder den Künstler noch Alex vor den Kopf stoßen. Wie kann ich mich elegant aus der Affäre ziehen? Ich greife nach dem einzigen Rettungsanker, der mir noch bleibt, und entscheide mich für eine diplomatische Antwort. »Sie ist interessant.«

»Aha«, sagt Alex trocken. »Aber von dem Callas-Mythos hast du schon gehört?«

»Maria Callas?« Natürlich. Meine grauen Zellen arbeiten wieder. Maria Callas war eine weltberühmte Sängerin, die angeblich einen Bandwurm mit einem Glas Champagner hinuntergespült hat, um den gesellschaftlichen Vorstellungen zu entsprechen, ihr Gewicht drastisch zu reduzieren und eine makellose Figur zu bekommen. »Dieser Eingriff ist lebensgefährlich. Sie hätte sterben können.«

»Sie hat diese radikale Maßnahme überlebt, aber viele Menschen gehen an ihrem zerstörerischen Schönheitswahn zugrunde«, sagt Alex ernst. »Hast du dich schon mal mit diesem wichtigen Thema auseinandergesetzt? Besitzt du einen eigenen Account auf Social Media?«

»Nein.« Diesmal halte ich seinem Blick stand. Trotzdem bin ich nicht von gestern. Nirgendwo kann man die gesellschaftliche Aufforderung zur Selbstoptimierung so gut beobachten wie auf Instagram, das sich zu einer Bühne für geltungssüchtige, narzisstische Menschen entwickelt hat. »Diese künstliche virtuelle Welt ist nicht meine Spielwiese. Ich stehe lieber mitten im echten Leben und halte mich an die Realität.«

»Fake it or you will not make it", spottet Alex. «Im Netz geht heute ohne Photoshop nichts mehr. Vor allem wenn es um ambitionierte Selbstdarstellerinnen geht. Man wird überflutet mit schönen, bunten Bildern, die uns eine perfekte Welt vorgaukeln wollen. Auf diese digitale Inszenierung habe ich schon lange keine Lust mehr. Ich bin heilfroh, dass du diese Gehirnwäsche nicht nötig hast.«

Seine Augen wirken noch dunkler, und ein Schatten liegt auf seinem markanten Gesicht. Ich kann meinen Blick nicht von ihm abwenden. Er ist definitiv nicht glücklich. Hinter seiner selbstbewussten Fassade liegt eine tiefe Traurigkeit verborgen. Er ist eine verletzte Seele, genauso wie ich. Vielleicht ist dies der Grund, warum ich mich so magisch von ihm angezogen fühle. Was mag Alex erlebt oder erlitten haben?

Er hat sich wieder unter Kontrolle und wirft einen Blick auf seine Armbanduhr. »Wollen wir noch etwas trinken?«

»Ja, gern«, signalisiere ich meine Bereitschaft. Der intime Augenblick ist vorbei, und wir setzen unsere Masken auf und spielen unsere zugedachten Rollen. Er gibt den coolen, souveränen Mann von Welt, und ich mime seine nüchterne, schlagfertige Begleiterin. »Aber nur einen alkoholfreien Drink.«

»Selbstverständlich, Frau Doktor.« Lässig legt er seinen Arm um mich und geht mit mir zum Ausgang. »Ich werde dich nicht in Versuchung führen.«

Schade. In diesem Punkt wäre ich durchaus bereit, meine Grundsätze über den Haufen zu werfen. Manchmal möchten sich sogar starke Frauen fallen lassen. Alex scheint die nötige Kraft zu besitzen. Seine sanfte Berührung tut mir gut. Vertrauensvoll greife ich nach seiner Hand und schmiege mich an seine breite Schulter. Die Chemie zwischen uns stimmt. Vielleicht ist unser Weg noch nicht zu Ende.

Nachdem wir uns in einer amerikanischen Szene-Bar noch einen alkoholfreien Cocktail gegönnt haben, stellt Alex die entscheidende Frage. »Kommst du noch mit zu mir?«

Es ist unser erstes Date. Eigentlich ist es albern, aber ich bin ein altmodisches Mädchen und halte mich an die strenge Regel. Kein Sex vor dem dritten Date! Schließlich bin ich kein billiges Flittchen, das auf unverbindliche

One-Night-Stands steht, sondern eine seriöse Frau, die an einer echten Beziehung interessiert ist. Mit Alex könnte ich mir eine gemeinsame Zukunft vorstellen. Deshalb möchte ich nichts überstürzen, sondern unsere Freundschaft langsam angehen. »Sei mir nicht böse. Heute Abend fahre ich allein nach Haus.«

Alex ist gut erzogen. Er zeigt keine Enttäuschung. »Sehen wir uns wieder?«

»Wenn du willst.«

»Natürlich. So schnell wirst du mich nicht los.«

Sein freches Grinsen trifft mich direkt ins Herz. »Wir bleiben in Kontakt. Halte dir bitte den nächsten Samstagabend frei. Ich möchte dich an einen besonderen Ort entführen.«

Am liebsten möchte ich die ganze Woche für dich reservieren, denke ich. Du hast mich mitten ins Herz getroffen. Du bist der einzige Mann, der mich von meinem Weg abbringen darf.

Wir trennen uns mit einem zarten Kuss, der zu den schönsten Hoffnungen berechtigt. Mit einem guten Gefühl im Bauch fahre ich nach Hause zurück. Seit Langem habe ich mich nicht mehr so wohlgefühlt.

In den nächsten Tagen ändert sich mein literarischer Geschmack. Verträumt blättere ich in einem angesagten Liebesroman, den ich in der Buchhandlung meines Vertrauens erworben habe. Auf diesen Luxus habe ich lange verzichtet. In den letzten Jahren habe ich mich lieber an den Pschyrembel gehalten. Mit klar definierten medizinischen Begriffen kenne ich mich aus. Mit romantischen Gefühlen weit weniger. In den vergangenen Jahren lag meine Betriebstemperatur konstant unter null. Ehrlich gestanden, bin ich zu einer Eiskönigin mutiert. Alex' Kuss hat das Eis zum Schmelzen gebracht. Nun habe ich das Gefühl, dass die Schriftstellerin dieses Bestsellers mir direkt aus dem Herzen spricht. Wenn ich über sentimentale Szenen stolpere, tropft es aus meinen Augen. Auch mein Taschenkalender verrät meine Gefühle. Der kommende Samstagabend ist mit knallroten Herzen verziert. Lena in Love. Es ist nie zu spät, ein neues Kapitel im Buch des Lebens aufzuschlagen.

Der Auftakt für unser zweites Date ist vielversprechend. Wir sind an einem romantischen Ort verabredet. Alex hat Karten für die beliebten Burgfestspiele reserviert, die auf einer historischen Wasserburg in Bad Vilbel stattfinden. Wie ausgemacht, treffen wir uns gegen 18 Uhr am Parkplatz und gehen gemeinsam den Weg zur Burgruine hinauf. Petrus meint es gut mit uns. Es ist ein lauer Abend im Juni, und wir können die romantische Kulisse in aller Ruhe genießen. Das Freilufttheater liegt in einem weitläufigen Park an der Nidda, und alle Wege sind festlich illuminiert. Auch die Burg selbst erstrahlt in einem warmen rötlich schimmernden Licht.

»Oh, Alex, das ist traumhaft!« Überglücklich drehe ich mich einmal um meine eigene Achse. »Ich fühle mich wie die Prinzessin auf der Erbse. So etwas Schönes hab ich lange nicht mehr erlebt.«

»Also habe ich richtig getippt. Unter deinem weißen Kittel schlägt ein romantisches Herz!« Alex lacht mich an. »Los, erzähl mir alles. Bist du schon mal hier gewesen?«

»Nein«, gebe ich offen zu. »Ich habe einige begeisterte Berichte in der Zeitung gelesen. Aber das war es auch schon.«

Alex erwischt mich immer auf dem falschen Fuß. Ich laufe zwar nicht mit Scheuklappen durch die Welt, aber ich habe den Eindruck, dass ich völlig unbedarft bin, was Kunst, Musik und Kultur in meiner Heimat angeht. In den letzten Jahren habe ich mich viel zu sehr in meine Bücher vergraben, und nun muss ich langsam in die echte Welt zurückfinden.

»Dann wird es höchste Zeit, dass wir die Lücken schließen!«, sagt Alex. »Das Stück heißt Out of Control.«

»Wie passend!«

»Ja. Ich war mir sicher, dass du dich angesprochen fühlst.« Gut gelaunt zwinkert er mir zu. »Was geschieht, wenn du außer Kontrolle bist?«

»Das hast du bereits erlebt.« Peinlich berührt schaue ich zu Boden. »Dann gehe ich wie eine Rakete hoch.«

»Aber wenn du deine Funken versprüht hast, bist du wieder brav?«, vergewissert sich Alex. Seine dunklen Augen funkeln, und ich frage mich, ob er es ernst meint oder mich veralbern will. Trotzdem nicke ich ihm zu.

»Ja.«

»Fein. Dann steht unserem Glück nichts im Wege. Zumindest am heutigen Abend.«

Inzwischen haben wir den Burghof erreicht. Die Vorstellung ist restlos ausverkauft, und überall drängen sich die Menschen in dichten Trauben. Alex greift nach meiner Hand und zieht mich hinter sich her. Gemeinsam kämpfen wir uns durch die Reihen und nehmen unsere Plätze ein. »Brauchst du ein Sitzkissen? Dann hole ich eins für dich«, erkundigt sich Alex fürsorglich.

»Nein, es geht auch so.«

»Okay.«

Allmählich wird es dunkel, ein kühler Wind kommt auf, und ich fröstele in meinem schwarzen Spitzenkleid. Meinen Mantel habe ich zu Hause gelassen. Ein dummer Fehler, wie sich jetzt herausstellt. Optisch passe ich gut zu Alex, der einen dunklen Anzug tragt. Trotzdem würde ich meine Wahl gern rückgängig machen. Wer schön sein will, muss leiden, aber von erfrieren war nicht die Rede.

»Ist dir kalt?«, fragt Alex besorgt. »Soll ich dich wärmen?«

»Ja, bitte.«

Wir rücken dicht zusammen. Alex legt seinen Arm um mich, und ich kuschele mich an ihn. Auf der Bühne erscheinen die ersten Schauspieler, aber von der Aufführung bekomme ich nicht allzu viel mit. Ich habe nichts getrunken und fühle mich trotzdem wie beschwipst vor Glück. Meine Gedanken kreisen nur um Alex. Ich bin viel zu sehr damit beschäftigt, seine Nähe zu genießen und seine Wärme zu spüren. Gibt es Liebe auf den ersten Blick? Oder auf den zweiten oder dritten?

Nach der Vorstellung trinken wir noch ein Glas Weinschorle im Burghof. Danach gehen wir eng umschlungen zum Parkplatz zurück. Sein SUV steht direkt neben meinem Wagen. Beim zweiten Date sollten wir uns nach einem innigen Kuss voneinander verabschieden und getrennt nach Hause brausen, aber wir tun es nicht. Wir können die Hände nicht voneinander lassen.

Alex steht vor mir, nimmt mein Gesicht in seine Hände und streicht zärtlich mit dem Daumen über meine Lippen. »Lena. Süße Lena. Was machst du mit mir?«

Mein Herz pocht ganz laut. In seinen Augen lodert ein wildes Feuer, das mich verzehren wird. »Wir sollten lieber aufhören …«

»Möchtest du, dass ich aufhöre?«

Er kommt mir immer näher und ich spüre seinen heißen Atem. »Nein.«

»Dann mache ich weiter …«

Das dunkle Timbre in seiner Stimme jagt mir einen Schauer über die Haut. Ich sehne mich nach ihm. Nach seiner Nähe, nach seinen Berührungen. Verdammt, ich will ihn. Mehr als alles auf der Welt.

Ich spüre seinen Atem an meinem Ohr. Zärtlich knabbert er an meinem Ohrläppchen, und ich schließe die Augen. Dann wandern seine Lippen weiter und berühren meinen Mund. Mit einem leisen Stöhne öffne ich mich für ihn. Alex weiß genau, welche Knöpfe er drücken muss. Heiße Wellen des Verlangens jagen durch meinen Körper. Keuchend reiße ich mich von ihm los. Wenn ich nicht die

Notbremse ziehe, kann ich für nichts mehr garantieren. Womöglich falle ich direkt auf dem Parkplatz über ihn her. »Für heute ist es genug, Alex. Lass mir mehr Zeit.«

Sein Gesicht liegt im Schatten. Ich höre nur seine raue Stimme. »Hast du Berührungsängste?«

»Nein.«

Eher im Gegenteil. Verklemmt bin ich ganz und gar nicht, aber das werde ich dir nicht auf die Nase binden. Du merkst es noch früh genug, wie leidenschaftlich ich bin. »Wir setzen unsere Entdeckungsreise am nächsten Wochenende fort.«

»Okay. Du kneifst nicht. Versprochen?«

»Ja«, flüstere ich. »Bis dahin schreiben wir uns.«

14. Kapitel

*D*ie nächste Woche vergeht wie im Flug. Täglich tauschen wir kleine Nachrichten auf dem Handy aus und die eindeutig-zweideutigen Botschaften lassen keinen Zweifel daran, wohin unsere Reise führen wird. Mein ganzer Körper prickelt und vibriert vor Lust, wenn ich an unsere nächste Begegnung denke. Noch nie habe ich mich so auf das Wochenende gefreut.

Als mein Handy am Samstagmorgen Sturm klingelt, möchte ich mir am liebsten das Kissen über den Kopf ziehen. Gähnend nehme ich den Anruf entgegen. »Was ist denn los?«

»Hallo Frau Doktor. Machst du auch Hausbesuche bei einem Privatpatienten?«

Die erotische Stimme von Alex jagt mir einen Schauer den Rücken herunter. Mit einem Schlag fühle ich mich putzmunter. »Hi!«

»Was hältst du von Frühstück bei mir? Gegen 10 Uhr?«

»Sehr gern.« Freudig überrascht springe ich aus meinem Bett. »Gib mir bitte deine Adresse durch. In einer Viertelstunde kann ich losbrausen.«

Wenn es um die Wurst geht, lege ich einen Schnellstart hin. Um 10 Uhr stehe ich frisch geduscht und angezogen in seiner Küche. Auf eine wilde Kriegsbemalung habe ich bewusst verzichtet. Irgendwann muss Alex die unge-schminkte Wahrheit kennenlernen. Entweder mag er mich genauso, wie ich bin, oder man – oder besser: ich – kann auf ihn verzichten. Meine Kleidung habe ich ebenfalls bewusst lässig gehalten, ein glamouröser Schick wäre am frühen Morgen nicht angemessen gewesen. Heute habe ich mein Krönchen zu Hause liegen lassen, um das Leben in einem Jeans-Kleidchen und Sandalen zu rocken. Neugierig sehe ich mich in seiner Penthousewohnung um, die einen ähnlichen Zuschnitt aufweist wie meine eigene. Drei Zimmer, Küche, Bad. Nicht gerade riesig, aber ausreichend für einen Single. Allerdings hat er einen ganz anderen Geschmack. Er ist viel nüchterner eingerichtet, bevorzugt exklusive Marken und scheint klare Linien zu lieben. Seine Küche ist ein Traum in Schwarz und Weiß. Auf einem Sideboard steht ein gerahmtes Foto von einer gertenschlanken Frau in einem hautengen Lederoverall, die sich lässig auf ihr Motorrad stützt und selbstbewusst in die Kamera lacht. Mit ihren schräg geschnittenen grünen Augen und der auffallend kupferroten Mähne wirkt sie wie eine gefährliche exotische Katze, die jeden Moment ihre langen Krallen ausfahren und zum Sprung ansetzen wird.

»Wer ist das?«, kann ich mir nicht verkneifen.

»Meine letzte Freundin. Rebecca.«

»Sie sieht klasse aus.«

»Ja, das muss der Neid ihr lassen. Sie lebt von ihrem guten Aussehen. Als ein gut gebuchtes Fotomodell ist sie ständig in der Weltgeschichte unterwegs und verdient eine Menge Kohle.«

»Warum hast du das Foto nicht weggenommen? Lebst du in der Vergangenheit? Liebst du sie noch?« Irgendwie spüre ich einen leisen Stich im Herzen. Ich kann es selbst nicht verstehen, warum meine Stimme zittert. Warum tut mir der Gedanke weh, dass Alex Gefühle für seine ehemalige Freundin hegt? Verdammt, was hat das zu bedeuten? Bin ich etwa in Alex verliebt? Ich kenne ihn doch nur flüchtig.

»Willst du eine ehrliche Antwort?«

»Ja, bitte.«

»Ich habe sie sehr gern, aber ich liebe sie nicht mehr. Unsere Beziehung war schwierig. Rebecca kann zärtlich schnurren wie ein Kätzchen, aber auch brüllen wie eine zornige Löwin. Dann wackeln die Wände, das kann ich dir sagen.« Er fährt sich nachdenklich durch das dunkle Haar. »Zwei Jahre haben wir um unsere Liebe gekämpft. Dann haben wir kapiert, dass wir das Spiel längst verloren haben. Trotzdem möchte ich Rebecca nicht vergessen. Wir hatten eine gute Zeit zusammen, und wir sind nach einem fairen, offenen Gespräch unter vier Augen friedlich auseinandergegangen. Sie ist nach wie vor ein wichtiger Mensch in meinem Leben, wir telefonieren häufig, sehen uns regelmäßig, und ich wünsche ihr alles Glück dieser Welt.«

»Das klingt zu schön, um wahr zu sein. Ein glücklich getrenntes Paar gibt es sonst nur in Kitschfilmen.« Ich lasse mich auf einen Hocker plumpsen. »Das haut mich um. Jetzt brauche ich einen Kaffee.«

»Willst du keine italienischen Kaffeespezialitäten?«

»Nee, ich bin nicht so exklusiv.«

»Also schwarz? Oder mit Zucker und Milch?«

»Alles bitte. Ich will das volle Programm.« Ich schnappe mir ein Brötchen aus dem Körbchen, greife zum Messer und lasse meinen Blick über den gedeckten Tisch wandern. »Habe ich mich eigentlich schon bei dir für deine spontane Einladung bedankt? Das sieht alles toll aus.«

»Bedien dich ruhig. Möchtest du lieber Aufschnitt oder Käse? Oder liebst du die süße Seite des Lebens? Stehst du auf Nutella und Marmelade?«

»Am liebsten mag ich Negerkussbrötchen«, gestehe ich. »Dieser Ausdruck ist politisch nicht mehr korrekt, aber ich kenn ihn von der Schule.«

»Hast du dir deine Ration in der großen Pause gekauft?«, will Alex wissen und reicht mir eine Tasse Kaffee.

»Ja, ich bin immer heimlich von unserem Schulhof zur Bäckerei gegenüber geschlichen, wenn der Lehrer, der die Aufsicht geführt hat, außer Sichtweite war. Natürlich bin ich ab und zu erwischt worden und habe mir einen Eintrag ins Klassenbuch abgeholt. Ich war kein allzu braves Mädchen.«

»Tinderella, du wirst immer sympathischer.« Er scheint einen Moment lang zu überlegen, dann legt er den Kopf schief und sieht mich fragend an. »Bist du verplant, oder hast du heute etwas Zeit?«

»Wieso?«

»Ich hab ein kleines Attentat auf dich vor. Komm gleich einfach mit und lass dich überraschen.«

Eine Viertelstunde später stehen wir vor seiner Garage. Alex betätigt die Funkfernbedienung – und ich starre auf eine chromglänzende Harley-Davidson.

Der Besitzerstolz ist Alex ins Gesicht geschrieben. Seine Augen leuchten. »Das ist meine Fat Boy. Schau sie dir mal an. Ist sie nicht geil?«

»Toll …«, sage ich gedehnt und betrachte die schwere Maschine von allen Seiten. Dieses Motorrad habe ich mal im Fernsehen gesehen. Wenn ich mich nicht irre, in Terminator II. Aber was für *Arnold Schwarzenegger* wie geschaffen ist, muss mir nicht zwingend gefallen.

»Natürlich ist sie nicht mehr im Originalzustand. In den letzten Jahren habe ich dran rumgeschraubt und sie nach meinen Vorstellungen verändert. Bist du schon mal auf einer Harley-Davidson gefahren, Lena?«

»Nein.«

»Dann wird es allerhöchste Zeit. Hast du Lust, mit mir eine Runde zu drehen?«

»Jetzt?« Erschrocken starre ich ihn an. »Das geht doch nicht.«

»Klar. Was hältst du von einer Tour zum See?«

Gegen einen Ausflug mit Alex habe ich nichts einzuwenden. Wenn es nur nicht gerade auf einem Motorrad wäre …

Alex bemerkt mein Zögern. »Das Wetter ist ideal für eine Tour. Traust du dich nicht?«

»Doch. Aber ich habe ja gar keinen Helm.« Glücklicherweise ist mir eine vernünftige Ausrede eingefallen, mit der ich mich geschickt aus der Affäre ziehen kann.

»Kein Problem. Rebecca hat ihren Helm hiergelassen. Sie hat bestimmt nichts dagegen, wenn du ihn benutzt. Lass mich mal schauen … Ach, da ist er ja!«

»Du lebst gern gefährlich, Alex.« Zögernd stülpe ich mir den Sturzhelm über den Kopf, den er mir in die Hand gedrückt hat. »Ich fahre lieber auf Nummer sicher.«

»No risk, no fun, Lena. Vertrau mir – ich weiß, was ich tue.«

»Das hat *Sledge Hammer* auch gesagt.«

Alex setzt ein Pokerface auf. »Klar. Aber ich versichere dir, dass ich keine Fehler machen werde.«

»Dein Wort in Gottes Gehörgang, Alex. Zeig mir, was du draufhast.«

Wir klatschen uns ab. High five – jetzt gibt es kein Zurück mehr. »Es wird mir ein Vergnügen sein, Lena. Am besten hältst du dich gut an mir fest.«

Während der Fahrt habe ich genügend Zeit, meine Entscheidung zu bedauern. Alex spielt nicht den harten Rocker, sondern fährt in einem sehr moderaten Tempo. Trotzdem setzt mein Herzschlag aus, als er die erste Kurve nimmt und sich das Motorrad schräg in die Kurve legt. Am liebsten möchte ich ganz laut kreischen. Diesem Nervenkitzel bin ich nicht gewachsen. Diese Achterbahn der Gefühle passt ganz und gar nicht in mein ruhiges, wohlgeordnetes Leben. Verzweifelt kralle ich mich an Alex fest und hoffe inständig, dass wir nicht mit gebrochenen Knochen im nächsten Krankenhaus landen.

Zu meiner großen Verblüffung wird es besser, als ich mich an das Vibrieren des Motorrads gewöhnt habe.

Meine Angst vor dem Unbekannten löst sich in Nichts auf. Entspannt lehne ich mich zurück und fange an, die Tour zu genießen. Mit großen Augen schaue ich zur Seite und sehe, wie die malerische Landschaft meiner Heimat an mir vorbeizieht. Wir sind gar nicht so schnell unterwegs, aber ich spüre den kühlen Fahrtwind auf meiner Haut und fühle mich frei und unbesiegbar. Es ist ein erregendes, sinnliches Gefühl, das meinen ganzen Körper erfasst. Allmählich verstehe ich, warum viele Menschen diesen Sport lieben und dem American Way of Life verfallen.

Die Fahrt vergeht viel zu schnell. Nach einer halben Stunde haben wir unser Ziel erreicht. Direkt vor dem Raunheimer Badesee befinden sich über 600 Stellplätze. Trotz der frühen Stunde ist es voll, und die Autos stehen dicht gedrängt aneinander. Unser Platz an der Sonne ist sehr beliebt, aber Alex kurvt etwas herum und findet noch eine Lücke. Als wir von seiner Harley Davidson absteigen, sieht er mich mit einem schwer zu deutenden Blick an. »Wie hat es dir gefallen?«

»Es war hammergeil«, hauche ich mit ersterbender Stimme. Dieser Satz ist nicht gelogen. Zwar bin ich noch etwas wacklig auf den Beinen, aber ich habe mich noch nie in meinem Leben so frei gefühlt wie auf der Harley-Davidson. »Es ist fast so schön wie auf der Power Plate in meinem Fitnessstudio.«

»Ein guter Vergleich. Ich wusste, dass du sehr kreativ bist.«

Alex kann sich kaum das Lachen verkneifen, als er mir meinen Helm abnimmt. »Was machen wir jetzt?«

Seine Berührung jagt mir einen Schauder über die Haut. »Ich weiß nicht.«

»Sollen wir es uns am See gemütlich machen?«

»Super. Ich bin dabei.«

»Hast du keine Angst vor Sommersprossen?«

»Nee. Sommersprossen im Gesicht sind wie Schokoladenstreusel auf Latte macchiato.«

»Schöner Spruch. Ich liebe natürliche, spontane Mädchen.« Alex lacht und greift nach meiner Hand. »Dann nichts wie los, Lena. Gleich sind wir unter Haien.«

Natürlich verstehe ich nur Bahnhof, aber ich zögere nicht eine einzige Sekunde und folge Alex willig vom öffentlichen Parkplatz zum Kassenhäuschen. Wenige Minuten später halten wir unser Ticket in der Hand und schauen uns neugierig um. Über den Raunheimer Badesee habe ich schon viel in der Zeitung gelesen, aber ich war noch nie an diesem Ort. Er ist mitten im Grünen gelegen, umgeben von Wiesen und Wald. An diesem warmen Tag im Juni ist das weitläufige Naturstrandbad verhältnismäßig gut besucht. Viele Besucher haben ihre Strandtücher auf der großen Liegewiese ausgebreitet, und es tut mir geradezu leid, dass wir nicht daran gedacht haben, einen Picknickkorb und unsere Badesachen mitzunehmen.

Der Zugang zum Wasser ist über einen sanft abfallenden Sandstrand möglich. Wenige Meter von mir entfernt sehe ich kleine Kinder mit Eimerchen und Schaufel hantieren, um Kuchen zu backen oder Sandburgen zu bauen. Fasziniert starre ich auf die satte goldgelbe Farbe, die mich magisch anzieht. Längst vergessene Erinnerungen werden in mir wach. Wann habe ich das letzte Mal Gras und Sand unter meinen Füßen gespürt? Es muss mindestens zwei Jahre her sein. Als ich noch mit meinem Ex-Freund zusammen war, haben wir regelmäßig unseren Picknickkorb gepackt und sind mit den Rädern zum Freibad gefahren. Danach habe ich dieses harmlose Vergnügen gemieden wie die Pest und lieber in meiner Studentenbude gehockt, um stundenlang über meinen Büchern zu brüten. Auch im Winter habe ich keinen Schritt vor die Tür gesetzt. Meine Schlittschuhe habe ich in die hinterste Ecke meines Kleiderschrankes gestopft, als meine Beziehung in die Brüche gegangen ist.

Was ist bloß mit mir geschehen? Warum habe ich mich selbst so hart bestraft? Warum habe ich mich von allem Schönen auf dieser Welt ausgeschlossen? Ich kann es mir nicht erklären.

Einen Moment lang zögere ich. »Alex, warte«, rufe ich dann.

Rasch schlüpfe ich aus meinen Sandalen. Der weiche Sand ist viel kühler als ich geglaubt habe. Er kribbelt unter meinen nackten Füßen, aber es ist ein angenehmes Gefühl. Vor Vergnügen möchte ich schreien. »Mach's mir nach. Das ist so geil.«

»Tolle Idee.«

Anerkennend nickt Alex mir zu, krempelt seine Hosenbeine hoch und folgt meinem Beispiel. Wenige Minuten später laufen wir barfuß an allen Sonnenanbetern vorbei zum Steg, um uns ein Paddelboot zu mieten. Ich fühle mich wohl in meiner Haut, als ich auf das unendliche Blau hinausschaue. Wasser ist das Element meiner Wahl. Schwimmen kann ich ziemlich gut. In der Schule habe ich sogar den DRLG-Rettungsschein abgelegt. Falls Alex unser Boot zum Kentern bringt, wäre ich imstande, ihm das Leben zu retten und ihn ans rettende Ufer zu bringen. Diese Idee gefällt mir ausnehmend gut. Dann wäre er für immer und ewig in meiner Schuld. Aber momentan sieht es nicht so aus, als ob Alex einen Schutzengel nötig hat. »Paddeln ist nur was für toughe Typen!«

Herausfordernd grinst Alex mich an und springt mit einem kühnen Satz ins Boot. Dann reicht er mir seine Hand und hilft mir, selbst hineinzuklettern. »Sitzt du bequem?«

»Ja.«

»Okay. Dann lassen wir unseren Hai auf Raubzug gehen. So werden die Boote hier genannt.« Er greift zu den Paddeln und setzt unser Boot mit gleichmäßigen kräftigen Stößen in Bewegung, während ich ihm fasziniert zusehe. Er ist ein gut trainierter Mann, und meine schmutzige

Fantasie läuft auf Hochtouren. Wie er wohl nackt aussehen mag? Huldigt er dem Trend ‚zurück zur Natur‘? Oder ist er rasiert? Hat er Tattoos? Oder hat er ein Faible für Piercings? Am liebsten würde ich ihm seine Kleidung vom Leib reißen und mich von den nackten Tatsachen überzeugen. Von dieser draufgängerischen Seite kenne ich mich selbst überhaupt nicht. Was ist bloß mit mir los? Bin ich sexuell ausgehungert? Oder werfe ich den Ballast der Vergangenheit ab und entdecke meine innere Göttin? Schlummert eine zweite *Ana Steele* in mir?

Alex' ruhige Stimme weckt mich aus meinen erotischen Tagträumen. »Habe ich dir eigentlich schon gesagt, dass ich dich gut finde?«

»Echt?«

»Ja. Klar. Ich genieße es, mit dir zusammen zu sein.« Bevor ich etwas sagen kann, fährt er fort. »Die vergangenen Monate waren sehr unangenehm für mich.«

»Warum?«

Ein Schatten gleitet über sein Gesicht. »Eine Beziehung zu einer Person des öffentlichen Lebens ist sehr schwierig. Das Privatleben existiert faktisch nicht mehr. Du kannst dir nicht vorstellen, wie nervtötend es ist, wenn dich Paparazzi auf Schritt und Tritt belauern. Man verliert die Kontrolle über sein eigenes Leben. Inzwischen hat Rebecca einen Anwalt eingeschaltet, der als Spezialist für Medienrecht in einer großen Kanzlei tätig ist und ihre Interessen vertritt.«

Die Sonne blendet mich, und ich kneife die Augen zusammen. »Wo habt ihr euch eigentlich kennengelernt?«

»Auf einer Party in Berlin. Ich war dort auf einer Tagung und bin von meinem Geschäftspartner in einen angesagten Klub eingeladen worden.« Alex schweigt, und ich möchte ihn nicht zu weiteren Äußerungen drängen, auch wenn meine Fantasie auf Hochtouren läuft.

Ist es die berühmte Liebe auf den ersten Blick gewesen? Hat er die Trennung wirklich überwunden? Oder sind noch tiefe Gefühle im Spiel? Hat er sich aus diesem Grunde nicht von den Erinnerungen von Rebecca trennen können? Ist ihr auffälliger Sturzhelm ein Gebrauchsgegenstand oder bedeutet er ihm mehr, als er mir anvertrauen möchte?

Verlegen lasse ich meine Hand durch das kühle Wasser gleiten, bis mich seine sonore Stimme wieder in die Gegenwart zurückholt. »Rebecca und ich haben uns nichts geschenkt. Sie ist eine anspruchsvolle, verwöhnte Diva, aber ich bin auch alles andere als pflegeleicht. Ich bin kein Familienmensch und brauche meine Freiheit. Manchmal kann ich ein ziemliches Arschloch sein. Aber das hast du ja selbst gemerkt.«

Ja. Leider. Seine nüchterne Feststellung klingt nicht gut. In gewissem Sinne ist er beziehungstechnisch genauso verkorkst wie ich. Vielleicht werden wir in der Liebe Schiffbruch erleiden. Aber ist Selbsterkenntnis nicht der erste Weg zur Besserung?

»Niemand ist fehlerfrei. Das Risiko gehe ich ein.« Meine Stimme klingt etwas belegt.

»Traust du dich wirklich?«

»Ja.«

»Bist du gern mit mir zusammen?«

»Klar. Sonst würde ich nicht hier sitzen. Ich könnte stundenlang mit dir aufs Wasser hinausschauen.«

»Sonst willst du nichts?«

Vor lauter Verlegenheit weiß ich nicht, was ich tun soll.

»Mal schauen, was dieser Tag noch bringen wird. Du machst mich verrückt. Hab ich dir das schon gesagt?« Er lässt das Paddel sinken.

Als er sich zu mir beugt und mit seinem Daumen sanft über meine Lippen streicht, flattern sämtliche Schmetterlinge in meinem Bauch. »Nein …«

15. Kapitel

*W*as machen wir mit dem angebrochenen Tag?«

Das frage ich mich gerade auch. Nach unserer Boots-Tour haben wir uns zwei Flaschen Coca-Cola an einem Kiosk gekauft und uns auf einer verwitterten Holzbank niedergelassen. »Sollen wir heute mal zusammen kochen?«

»Eine ausgezeichnete Idee. Was schlägst du vor?«

Ich muss nicht lange nachdenken. »Wie wäre es mit Schweinefilet auf Blattspinat mit Kartoffelgratin?« Das ist ein Lieblingsrezept meiner Mutter, das sie zu besonderen Anlässen auf den Tisch bringt. Die Zubereitung ist für meine Begriffe kinderleicht, und es schmeckt köstlich. Richtige Kerle lieben Fleisch, das hat meine Mutter beim letzten Besuch betont. Vielleicht sollte ich ihren Tipp fürs Leben beherzigen.

Alex scheint angetan zu sein. »Das klingt fantastisch. Ich mag Frauen mit gutem Geschmack und gesundem Appetit. Hungerhaken sind in jeder Beziehung abtörnend.«

»Das wäre fast ein Grund, dich als Partner fürs Leben zu wählen.«

»Vielleicht fallen dir weitere Gründe ein, wenn du mich näher kennengelernt hast.« Sein Blick lässt meine Knie weich wie Pudding werden. Es wundert mich nicht, dass Alex unser Menü fortschreibt. »Was gibt es zum Dessert?«

»Tiramisu, wenn du magst.«

»Wer kann dazu schon Nein sagen?«

Er zwinkert mir zu. »Lass uns einen Abstecher zum Supermarkt meines Vertrauens machen, wenn wir wieder zu Hause sind – und danach musst du mir beweisen, ob du so tüchtig bist, wie du immer tust.«

Es ist ein gutes Gefühl, mit Alex in der Küche zu stehen. Wir harmonieren perfekt, als ob wir uns seit einer Ewigkeit kennen. Während ich das Kartoffelgratin zubereite, kocht er Espresso für das Dessert.

Dann dämpft er den Blattspinat, brät das klein geschnittene Schweinefilet zusammen mit einer Knoblauchzehe und richtet die Zutaten in einer gefetteten Auflaufform an. »Wie geht es weiter, Lena?«

»Wir bereiten jetzt die Soße zu. Das wird das Tüpfelchen auf dem I.« Flink gebe ich Sahne, Crème fraîche und Kräuterkäse in den Bratenfond, während Alex alle Zutaten sorgfältig verrührt.

»Das ist echtes Teamwork. Was muss ich jetzt tun?«

»Du darfst die Soße über das Schweinefilet und den Blattspinat gießen. Danach muss die Auflaufform noch in den Backofen. Genauso wie mein Gratin. Kannst du den Backofen auf 200 Grad vorheizen? In einer halben Stunde können wir essen.«

»Das klingt gut. Aber ist dieses Gericht nicht eine echte Kalorienbombe?«

»Jede Wette. Aber ich liebe gutes Essen – und ab und zu darf ich sündigen.«

»Kann denn Liebe Sünde sein?« Er nimmt die notwendigen Einstellungen am Backofen vor, während ich in der Besteckschublade wühle und mich mit einem Mixer bewaffne, um Mascarpone, Zucker und Amaretto aufzuschlagen.

»Gut, dann kümmere ich mich um unseren Nachtisch.« Meiner Meinung nach ist Tiramisu das perfekte Dessert für einen romantischen Abend. Es schmeckt köstlich und ist kinderleicht zuzubereiten.

Alex schaute mir interessiert zu. »Darf ich mal kosten?«

»Eigentlich muss ich die Creme ja auf die Löffelbiskuits schichten. Aber wir sind ja unter uns. Deshalb will ich nicht kleinlich sein.« Der Teufel muss mich reiten, denn ich tauche den Zeigefinger in die Tiramisu und halte ihn Alex unter die Nase. »Bitte schön.«

Er lässt sich nicht lange bitten. »Das ist spitze. Es macht Appetit auf mehr.«

»Das finde ich auch.« Entschlossen stelle ich die Schüssel auf die Tischplatte und drücke die Knöpfe am Backofen wieder aus. »Wir können später essen.«

»Wann?«

»Weiß ich noch nicht.« Impulsiv schlinge ich die Hände um seinen Hals. »Wir haben alle Zeit der Welt. Wenn wir wollen, wartet ein ganzes Leben auf uns.«

Unsere Lippen finden sich zu einem langen Kuss. Seine Hände knöpfen mein Sommerkleid auf. Es fällt zu Boden, und ich stehe in Unterwäsche vor ihm. Während er meine Haut liebkost, lasse ich meine Hände unter sein Shirt gleiten, ziehe es ihm über den Kopf und erforsche seinen muskulösen Oberkörper.

»Du bist eine kleine Hexe. Du machst mich verrückt, Tinderella«, keucht Alex und trägt mich auf seinen Armen ins Schlafzimmer.

Mein Herz klopft zum Zerspringen, als er mich behutsam auf die weichen Kissen legt und mir meine Kleidung im Zeitlupentempo abstreift.

»Habe ich dir eigentlich schon gesagt, dass du sehr schön bist?« Seine sanften und zärtlichen Berührungen brennen wie Feuer auf meiner Haut.

Ich will ihn um jeden Preis. Entschlossen richte ich mich auf, drücke ihn aufs Bett und ergreife die Initiative. Meine Zunge wandert von seinen Lippen über seine Kehle bis zu seiner Brust. Dann öffne ich die Knöpfe seiner Jeans und ziehe sie ihm mit einem Ruck aus. Er stöhnt leise auf und zieht mich eng an sich. Atemlos erforschen wir unsere Körper und lieben uns zum ersten Mal.

Der Sex ist großartig. Wir harmonieren in jeder Hinsicht miteinander. Erschöpft sinken wir in die Kissen und kuscheln miteinander. Liebevoll hält Alex mich in seinem Arm, und ich fühle mich geborgen.

»Eigentlich ist es nicht zu fassen. Wir laufen uns durch einen puren Zufall über den Weg und verstehen uns glänzend. Trotzdem wissen wir so wenig voneinander.«

»Diese Lücken lassen sich leicht schließen.«

»Was willst du wissen?«

»Alles.« Vertrauensvoll lege ich meinen Kopf auf seine Brust und lausche seinem Herzschlag. »Erzähl mir einfach von dir. Ich höre aufmerksam zu.«

»Ich fahre gern Motorrad und bin regelmäßig mit meiner Clique auf Tour. Manchmal fahren wir zusammen weg. Unser jährliches Treffen in Faak lasse ich mir niemals entgehen. Was hältst du davon?«

»Wenn du wieder nach Hause kommst, kann ich mit diesem Hobby leben. Hast du etwas dagegen, wenn ich auf meine geliebten Mädelsabende nicht verzichten will?«

»Natürlich nicht. Freundschaften muss man pflegen.«

»Das ist gut.« Ich atme tief durch. »Hast du noch andere Hobbys?«

»Klar. Seit meiner Jugend spiele ich Golf. Wenn das Wetter mitspielt, bin ich auf dem Platz.«

»Ist das nicht sehr elitär?«

»Kann schon sein.« Lässig zuckt Alex mit den Achseln. »Vielleicht bin ich ein Snob. Kennst du den Spruch von *Oscar Wilde*? Ich habe einen ganz einfachen Geschmack – ich bin immer mit dem Besten zufrieden.«

»Okay.« Mein Lachen klingt gezwungen. »Dann bin ich ziemlich bodenständig, denn ich habe eine Schwäche für Handarbeiten. Ich stricke sehr gern, wenn ich abends im Wohnzimmer sitze. Auch wenn ich Fernsehen schaue oder Musik im Radio höre. Ist das zu altmodisch?«

»Nein. Dann weiß ich, was ich zu meinem nächsten Geburtstag bekomme.«

»Wann ist es denn so weit?«, erkundige ich mich sofort.

»Mitte November.«

»Das kann ich schaffen«, sage ich zuversichtlich. »Mir schwebt ein handgestrickter Norwegerpullover für dich vor.«

»Bis dahin ist viel Zeit. Lassen wir uns überraschen. Hast du noch andere Interessen?«

»Klar. Ich gehe für mein Leben gern ins Kino.«

»Super. Ich auch. Dann haben wir ein gemeinsames Hobby, und unser Programm für die nächsten Wochenenden steht fest. Hast du bestimmte Vorlieben?«

»Klar. Ich liebe romantische Filme, die mein Herz berühren. Wenn meine Tränen fließen, kann ich nicht mehr aufhören. Dann heule ich mehrere Packungen Taschentücher voll.« Ich lache ihn schelmisch an. »Das darfst du aber nicht verraten, sonst ist mein Image als nervenstarke Zahnärztin flöten. Große Mädchen weinen nicht.«

»Du bist süß. Dann möchtest du bestimmt *The Danish Girl* sehen?«

»Unbedingt.«

»Gebongt. Wie sieht es mit *The Revenant* aus?«

»Uh. *Leonardo di Caprio* finde ich klasse. Er hat längst einen Oscar verdient. Aber ich bin ein Angsthase und erschrecke mich zu Tode, wenn gewalttätige Szenen gezeigt werden. Du glaubst gar nicht, wie laut ich kreischen kann. Ich schaffe eine höhere Tonlage als *Fay Wright* in *King Kong und die weiße Frau*.«

»Keine Angst, meine Kleine. Ich halte deine Hand und passe auf dich auf.«

»Versprochen?«

»Großes Ehrenwort. Du kannst dich auf mich verlassen.« Er richtet sich auf und küsst mich sanft auf die Stirn. »Ich will dich.«

Ich will noch viel mehr von dir, denke ich. Aber ich spreche es nicht aus. *Ich habe mich in dich verliebt. Ich kann mir eine Zukunft mit dir vorstellen. Am liebsten möchte ich dich für immer und ewig.*

16. Kapitel

Am Sonntagmorgen schaut mich Alex am Frühstückstisch fragend an. »Heute steht Golf auf meinem Terminplan. Gegen 11 Uhr möchte ich los. Möchtest du lieber nach Hause fahren? Oder magst du mich in den Klub begleiten?«

Nachdenklich rühre ich mit dem Löffel in meiner Kaffeetasse. »Das geht wohl nicht.«

»Warum?«

»In dieser Aufmachung kann ich mich doch nicht auf dem Platz sehen lassen«, wende ich ein. Zwar bin ich frisch geduscht und habe mir die Zähne geputzt, wie es sich für eine pflichtbewusste Zahnärztin gehört, aber ansonsten verstoße ich garantiert gegen die Etikette. Meine widerspenstigen Haare sind an der Luft getrocknet, ich habe keinen Hauch Schminke im Gesicht und meine lässige Kleidung entspricht nicht den gängigen Vorschriften. »Ich hab noch nicht mal Golfschuhe.«

»An den Dresscode musst du dich nicht unbedingt halten. Das Problem mit den Schuhen regeln wir. Du hast ziemlich kleine Füße. Irgendwo müsste noch ein altes Paar von Rebecca stehen.« Alex ist nicht zu bremsen. Sofort geht er in die Diele und sucht in einigen Schränken. Dann stößt er einen triumphierenden Schrei aus. »Schau! Größe 39. Passt das?«

»Ja«, sage ich unglücklich. Es gefällt mir nicht, in die Fußstapfen einer fremden Frau zu treten, aber Alex scheint diese merkwürdige Situation nichts auszumachen.

»Super. Zieh sie an. Dann fahren wir gleich los.«

Der noble Golfklub liegt mitten im Grünen. Auf dem Parkplatz stehen überall Schlitten, die zur Luxusklasse gehören. Selbst der SUV von Alex wirkt etwas verloren. Trotzdem wirkt Alex sehr selbstsicher. Er holt seinen Trolley und die Golftasche aus dem Wagen. Dann greift er nach meiner Hand und lächelt mir zu. »Mach nicht so ein ängstliches Gesicht, Lena. Bange machen gilt nicht.«

Mein Lächeln ist etwas gezwungen. »Ich komm schon klar.«

Gemeinsam steuern wir die überdachte Driving Range an.

»Ich werde noch einige Abschläge üben, danach kann es losgehen«, erklärt Alex.

Fasziniert beobachte ich, wie er seinen Handschuh anzieht, einen Schläger auswählt und einen Golfball auf das Tee legt. Dann nimmt er die vorgeschriebene Haltung ein. Seine Füße stehen etwa schulterbreit auseinander. Auf den ersten Blick sieht es merkwürdig aus, als er seinen Oberkörper leicht nach vorn beugt und ganz leicht in die Knie geht. Sein Blick ist konzentriert auf den Ball gerichtet. Er atmet tief durch, holt mit dem Schläger weit aus und schwingt das Eisen durch. Gespannt sehe ich dem Ball hinterher, der durch die Luft gewirbelt wird. Es ist ein guter Schlag. Der Ball fliegt bis zur 200-Meter-Marke.

»Das ist der Hammer!« Anerkennend pfeife ich durch die Zähne. Einige grauhaarige Golfer drehen sich nach mir um, und Alex muss lachen.

»Du bist süß. Willst du auch mal?«

»Das kann ich nicht.«

»Das ist ganz einfach.« Entschlossen drückt er mir das Eisen in die Hand. Dann legt er einen neuen Ball auf das Tee, stellt sich hinter mich, zeigt mir den richtigen Griff und führt langsam meine Arme »Bleib ganz locker, so macht man das …

Ich spüre seinen warmen Atem in meinem Nacken und rieche sein frisches Aftershave.

»Hallo, Alex. Schön, dich zu sehen. Wo ist denn Becky?«, sagt eine eisige Stimme.

Überrascht blicke ich auf. Vor mir steht eine elegant wirkende ältere Frau, die mich mit ihren dunklen Augen durchbohrt. Wenn Blicke hätten töten können, wäre ich garantiert umgefallen.

Alex bleibt ganz ruhig und erwidert ihren Blick, ohne mit der Wimper zu zucken. »In London.«

»Soso. Das hab ich mir doch gleich gedacht.« Sie wirft mir einen verächtlichen Blick zu. Wahrscheinlich hat sie mich gerade in der Rubrik »Flittchen« einsortiert und wird diese wichtige Information im Klubhaus verbreiten. Vorsicht, Lena kommt! Mein guter Ruf ist schneller ruiniert als ich mir vorstellen mag. »Bestell Rebecca liebe Grüße. Sehen wir uns beim Lions Turnier?«

»Bestimmt.«

»Mach dir nichts draus«, flüstert Alex mir ins Ohr als sie uns den Rücken zudreht. »Daran wirst du dich gewöhnen müssen. Becky ist sehr beliebt.«

Ich fühle mich nicht wohl in meiner Haut, als wir auf der weitläufigen Anlage unterwegs sind. Irgendwie habe ich das Gefühl, fehl am Platze zu sein. Alles ist mindestens eine Nummer zu groß für mich. Schweigsam übernehme ich die Rolle des Caddys und ziehe den Trolley hinter mir her, während wir uns über den 18-Loch-Golfplatz bewegen. Normalerweise sind mehrere Spieler in einem Flight unterwegs, aber wir haben Glück und können unter uns bleiben. Alex spielt routiniert und sicher. Meiner Ansicht nach könnte er an einem Profi-Turnier teilnehmen. Mit großen Augen beobachte ich, wie er den Ball genau trifft und durch die Luft sausen lässt. Er landet mitten auf dem Grün, ganz nahe an der Fahne. Von dort aus rollt er zum Loch, dreht sich einmal um seine Achse und plumpst im Zeitlupentempo hinein. »Du spielst klasse!«

»Das ist kein Kunststück, ich habe ja auch mit zehn Jahren angefangen«, sagt Alex lässig und fischt den Ball wieder aus dem Loch heraus. »Übung macht den Meister.«

»Mit zehn Jahren?« Ich glaube, mich verhört zu haben. »In diesem Alter ist mein Vater mit mir ins Freibad gegangen oder hat mit mir Tischtennis gespielt.«

»Für diese Freizeitaktivitäten hatte mein Vater keine Zeit.« Lässig zuckt Alex die Achseln und steckt das Eisen zurück in den Trolley. »Bei ihm drehte sich immer alles um den Job. Auf dem Golfplatz hat er viele Klienten getroffen.«

»Aber deine Mutter«, fange ich an, doch Alex schneidet mir sofort das Wort ab.

»Sie musste ihn bei allen wichtigen Anlässen begleiten. Kinder spielen nur eine untergeordnete Rolle. Das ist in unseren Kreisen so üblich. Lass gut sein, Lena. Wir wollen lieber weitergehen, sonst rücken uns die anderen Spieler zu nah auf die Pelle.«

Das Mittagessen nehmen wir im Biergarten des Golf- klubs ein, der auch für Nicht-Mitglieder geöffnet ist. Die Atmosphäre ist etwas gespannt. Als wir uns an einen freien Tisch setzen, verstummt das muntere Geplauder. Ich spüre die geringschätzigen Blicke der anderen Gäste auf mir ruhen und möchte am liebsten gehen, aber Alex lässt sich nicht beirren, grüßt höflich zu allen Seiten und gibt unsere Bestellung auf. Die Speisen und Getränke sind köstlich, aber mir wäre ein Hamburger mit einer Cola an einer Bude lieber gewesen. Das leise Getuschel macht mich nervös, weil ich mir sicher bin, dass ich mit meiner Vorgängerin Becky verglichen werde und diese Gegen- überstellung nicht zu meinen Gunsten ausfällt. In diesem Punkt darf ich mir nichts vormachen. Mit einem Modell kann ich nicht mithalten. Wahrscheinlich werde ich immer in ihrem Schatten stehen. Aber soll ich deshalb den Kopf in den Sand stecken und alles hinwerfen? Nein, das wäre feige – und das bin ich nicht. Bange machen gilt nicht. Stattdessen werde ich die Zähne zusammenbeißen. Mein neues Credo heißt: eine Chance für die Liebe!

Alex beobachtet mich aus den Augenwinkeln. Er nimmt meine Hand und drückt sie sanft. »Du bist so still. Ist alles gut, Lena?«

»Ja«, sage ich entschlossen und lächle ihn an. »Ich bin glücklich.«

Als ich mich am Sonntagmittag von Alex verabschiede und nach Hause fahre, fühle ich mich müde. Meine Nerven sind bis zum Zerreißen gespannt. Alles in mir vibriert, gerade so, als ob wir auf seiner Harley Davidson durch mein stilles Wohnviertel brettern. Wenn Alex und ich zusammen sind, treffen zwei Welten aufeinander. Der Männertraum von Freiheit und Abenteuer – und das idyllische Leben auf dem Lande. Es ist ein hohes Risiko, Alex zu lieben, aber ich möchte unbedingt auf mein Glück vertrauen und alles auf eine Karte setzen.

Normalerweise hasse ich Montage. Aber dieser Morgen startet verheißungsvoll. Als ich mich in unserer Praxis umziehe, spüre ich das leise Vibrieren meines Smartphones in der Handtasche. Eine Nachricht von Alex! Mein Herz klopft schneller. Seine kurze Botschaft jagt prickelnde Schauer durch meinen Körper.

»Hey, Babe. Bist du schon fleißig?«

Ich lasse meinen Empfindungen freien Lauf. »Ja. Aber ich vermisse dich …«

Die Antwort lässt nicht lange auf sich warten. »Sehr?«

»Klar.« Nach diesem Auftakt wage ich ein Geständnis. »Ich hab heute von dir geträumt …«

»Erzähl es mir.«

Nein, das wäre nicht passend. Vielleicht kann man die wahre Liebe auf Tastendruck finden, aber für Netzgeflüster habe ich nicht allzu viel übrig. Das echte Leben ist mir einfach lieber. »Nur unter vier Augen.«

»Du hast den Teufel im Leib«, stellt Alex sachlich fest.

Ich verkneife mir ein Lächeln. »Könnte sein.«

»Bist du heiß?«

»Du wirst dich verbrennen.«

Alex springt sofort an. »Heute? Gegen 8?«

»Ja.«

»See you.«

»Kann es kaum erwarten. Sei pünktlich«, tippe ich ins Handy, hänge drei Herzen an und drücke auf Senden.

Dann schalte ich das Lieblingsspielzeug aus, verstaue es in meiner Tasche und schließe den Spind. Gerade noch rechtzeitig, denn Aylin lugt neugierig um die Ecke.

»Brauchst du eine Extraeinladung? Deine Patientin hält schon ein Nickerchen im Stuhl. Hörst du das Schnarchen nicht? Wo bleibst du denn?«

»Bin schon unterwegs«, flöte ich, knöpfe meinen Kittel zu und tänzle an ihr vorbei. Irgendwie habe ich das Gefühl, auf einer Wolke des Glücks zu schweben.

»Was ist denn heute mit dir los?« Verwundert schüttelt Aylin ihre langen Locken. »Wenn ich's nicht besser wüsste, würde ich glatt sagen: Du bist verliebt.«

Wie vereinbart steht Alex abends vor meiner Haustür und klingelt Sturm. Seine tiefe Stimme in der Sprechanlage jagt mir eine Gänsehaut über den Rücken. »Bist du zu Hause, Lena?«

»Nee, nur mein Geist.« Strahlend betätige ich den Drücker, reiße die Wohnungstür auf, renne die Treppe hinunter und falle Alex um den Hals. Mit einem weißen Shirt und der schwarzen Jeans sieht er unverschämt sexy aus.

»Was fällt dir ein, mich den ganzen Tag so anzumachen und stehen zu lassen? Dafür hast du Strafe verdient.«

»Au ja.«

Sein Kuss raubt mir den Atem.

»Willst du wieder ein böses Mädchen sein?«

»O ja.« Mir wird heiß bei dem Gedanken, was noch geschehen kann. »Diese Strafe gefällt mir. Sehr sogar.« Entschlossen greife ich nach seiner Hand und gehe mit ihm in meine Wohnung. »Was steht heute auf dem Programm?«

»Sollen wir wieder zusammen kochen? Unsere Premiere hat einfach Appetit auf mehr gemacht.« Er kann das breite Grinsen auf seinem Gesicht nicht verbergen, und ich fühle mich so glücklich wie lange nicht mehr.

»Ja, es gibt noch viel zu entdecken. Das verspreche ich dir.«

»Was steht heute auf der Speisekarte?«

»Lass dich einfach überraschen.«

»Also für Überraschungen bin ich zu haben. Aus deinem Mund klingt diese Ankündigung einfach zu verführerisch.« Neugierig schaut er sich in der Diele um und lässt seinen Blick über die weiß gestrichenen Wände und die frisch geschliffenen Holzdielen gleiten, die in einem hellen Honigton schimmern. An einer Wand hängt ein verschnörkelter Spiegel über einer massiven Holztruhe. Eine ausgediente Milchkanne mit frischen Blumen gibt meinem Zuhause einen individuellen Look.

»Schön hast du es dir gemacht. Sehr nostalgisch.«

»Ja, ich habe eine ausgeprägte Schwäche für den Vintage-Look.«

Er sieht mich überrascht an. »Das hätte ich gar nicht vermutet. Du wirkst so cool und tough.«

»Meine Küche ist modern eingerichtet. Genauso weiß und clean wie meine Praxis. Ansonsten liebe ich Möbel, die eine eigene Geschichte zu erzählen haben und jedem Raum eine besondere Gemütlichkeit verleihen. Deshalb bin ich häufig auf Künstler- und Trödelmärkten unterwegs«, gebe ich unumwunden zu. »Wenn ich etwas sehe, was mir gefällt, bin ich nicht mehr zu bremsen. Ich muss es einfach haben.«

»Dann werde ich künftig die Verhandlungen übernehmen, wenn du erlaubst. Ich bin ganz gut darin, die Preise nach unten zu drücken. Das schont dein Portemonnaie.«

»Willst du deine wertvolle Freizeit opfern und mich wirklich dorthin begleiten?«

»Na klar. Wir sind ein Team. Künftig gehen wir gemeinsam auf Tour. Vergiss nicht: Ich bin ein starker Mann. Willst du mal fühlen?« Demonstrativ lässt er seine Muskeln unter dem Shirt spielen, und ich spüre, wie mir wieder heiß wird.

»Ich weiß. Ich habe mich selbst von deiner – äh, Leistungsfähigkeit überzeugen können.«

»Dann weißt du, dass ich nicht lüge. Außerdem fahre ich einen praktischen Geländewagen. Dann kannst du alles kaufen, was dein Herz begehrt, und deine Schätze sicher nach Hause transportieren.«

»Das wäre fast ein Grund, mit dir zusammenzubleiben.«

»Ja, ich lege meine Muskelkraft und mein Auto in die Waagschale. Ich bin mal gespannt, was du dir einfallen lässt.«

»Ich bin für meine Kochkünste berühmt. Wie wäre es mit einem grünen Smoothie? Gemüse soll sehr gesund sein, habe ich mir sagen lassen. Ein Bananen-Spinat-Smoothie wird dich umhauen, das verspreche ich dir.«

»Die Farbe Grün mag ich nur an der Ampel. In einem Glas beleidigt sie mein Auge. Schätzchen, mit diesen frechen Bemerkungen strapazierst du meine Nerven.« Er zieht mich an sich und hebt mich so mühelos hoch, als ob ich ein winziges Püppchen wäre. »Gewisse Ähnlichkeiten mit Miss Steele sind nicht zu leugnen. Du gierst geradezu nach Strafe.«

»Oh, Mister Grey, ich war ein unartiges Mädchen …« Kokett werfe ich den Kopf in den Nacken. »Zum Schlafzimmer nimmst du bitte die zweite Tür rechts.«

»Dein Wunsch ist mir Befehl. Eine Lady lässt man nicht warten.«

Nein, Alex spannt mich nicht auf die Folter, sondern verwöhnt mich wie eine Prinzessin. Er weiß genau, wie man Frauen glücklich machen kann, und zieht für mich das volle Programm durch. Nach dem Sex lässt er sich erschöpft auf die weichen Kissen meines weißen Himmelbettes fallen. »So, die erste Runde haben wir geschafft.«

Der Teufel muss mich in seinen Klauen halten, denn mir rutscht heraus: »Ich mag Boxen. Von mir aus können wir über zwölf Runden gehen.«

»Holla. Du hast dir viel vorgenommen.« Auffordernd klopft er mit der Hand auf die Decke. »Komm her, mein unersättliches Mädchen. Von einer feinen Lady hätte ich ein anderes Benehmen erwartet. Diese viktorianische Bettwäsche ist ja ein Traum.«

»Das gute Stück stammt von *Laura Ashley*«, gestehe ich und kuschle mich an seine breite Brust. »Ich liebe den englischen Landhausstil. Ab und zu gönne ich mir etwas Neues. Auch wenn ich eigentlich gar keine Massenware mag. Meine Tagesdecke ist ein Unikat.«

»Lass mal schauen.« Alex unterzieht sie einer kritischen Betrachtung. »Ist das Patchwork?«

»Gut geraten. Eigentlich ist es ein Quilt.«

»Hast du dieses Kunstwerk selbst gemacht?«

»Na klar. Das ist ganz einfach, glaub es mir. Die Mutter meiner Schulfreundin Isabelle hat mir alles beigebracht, was man wissen muss. Man kann eine Nähmaschine benutzen, aber am liebsten nähe ich von Hand.«

Meine Gedanken wandern in die Vergangenheit. Als Isabelle und ich die Schulbank gedrückt haben, hat ihre Mutter viele Stunden geopfert, um uns in die Geheimnisse von komplizierten Handarbeiten einzuweihen. Dafür hat meine Mutter uns in ihrer Küche schalten und walten lassen, wie wir wollten, und ist nur in absoluten

Notfällen eingeschritten. Manchmal ist unsere Versuchs-
küche gelungen, manchmal war es gut, dass wir gesund
und widerstandsfähig waren. Als wir uns später von
diesen braven Hobbys verabschiedeten und das süße
Partyleben für uns entdeckten, haben sich unsere Väter
abgesprochen, um uns zu den Diskotheken zu fahren und
zur vereinbarten Zeit wieder abzuholen. Wenn ich richtig
drüber nachdenke, war es eine sehr behütete und glückliche Kindheit und Jugend, von der viele Gleichaltrige nur
träumen konnten.

»Ich wusste, dass ich mir ein Multitalent geangelt
habe.« Zärtlich küsst Alex mich auf die Nasenspitze und
holt mich wieder in die Gegenwart zurück. »Du bist so
süß, Lena. Hinter deiner frechen Fassade versteckst du
eine romantische Seele. Warum zeigst du nicht, wie du
wirklich bist?«

Verlegen schlage ich die Augen nieder. »Ich kann es
nicht erklären …«

»Hast du Angst, wieder verletzt zu werden?«

»Vielleicht …«

Die Stimme von Alex hat einen bestimmten Klang.
»Leg den Schalter nicht wieder um. Lass deine Gefühle zu.
Für mich bist du die perfekte Mischung aus einem süßen
Mädchen und einer starken Frau. Hat dir das schon mal
ein Mann gesagt?«

»Nein.«

»Dann sag ich es dir jetzt.«

»Ich glaub dir nicht, Alex.«

»Dann beweise ich es dir …« Er richtet sich auf, schließt
mich in seine Arme und gibt mir die Antwort, auf die ich
gewartet habe. Seine weichen Lippen suchen meinen
Mund. Diesmal sind seine Küsse nicht hart und fordernd,
sondern liebevoll und zärtlich, und ich schnurre leise wie
ein Kätzchen. Eigentlich stehe ich auf eine härtere Gang-
art, aber die romantische Version gefällt mir genauso gut.

Behutsam wandert sein Mund meinen Hals entlang, liebkost meine Brüste und verweilt an meinem Nabel. Als er sich einer empfindlichen Region widmet, schließe ich vor Entzücken die Augen, strecke mich ihm willig entgegen und überlasse mich seinen sanften Berührungen, die mich binnen weniger Minuten zum nächsten Höhepunkt treiben.

17. Kapitel

*I*n der nächsten Woche sagt Alex unsere Verabredung kurzfristig ab. »Leider habe ich keine Zeit. Sei bitte nicht böse, aber ich muss noch etwas Dringendes erledigen.«

»Warum sollte ich denn böse auf dich sein?« Wenn ich enttäuscht bin, will ich es mir nicht anmerken lassen. Alex hat das Recht auf seinen persönlichen Freiraum. Klammern ist ungesund für jede Beziehung. Das habe ich in der letzten Klatschzeitschrift im Salon meines Vertrauens gelesen, und ich bin entschlossen, meine neuen Erkenntnisse in der Praxis anzuwenden. Schließlich lerne ich gern dazu, das habe ich schon im Studium unter Beweis gestellt.

»Danke dir. Ich melde mich wieder. Versprochen.«

Bilde ich mir das ein oder klingt seine Stimme erleichtert? Aber bevor ich darüber nachgrübeln und nachhaken kann, hat er das Gespräch schon weggedrückt. Shit happens. Mit dem Handy in der Hand lasse ich mich auf mein Sofa sinken und grüble über ein alternatives Programm nach. Am Freitag werde ich mit meinen Mädels in einem Straßencafé abhängen und das Wochenende mit einem kühlen Drink einläuten. Danach möchte ich in aller Ruhe im Netz surfen und nach einem geeigneten Geschenk für meine beste Freundin fahnden. Eine vage Idee geistert in meinem Kopf herum. Mein Präsent soll etwas mit meinem Beruf zu tun haben, aber auch die Institution Ehe aufs Korn nehmen. Das bin ich meinem schlechten Ruf als Zicke vom Dienst schuldig. Außerdem muss ich mich informieren, was gerade auf den Brettern, die die Welt bedeuteten, gespielt wird. Isabelle liebt Musicals, und ich bin mir sicher, dass der Traumprinz ihre Interessen teilt und sie auf jedes Event begleiten wird. Mit zwei Konzertkarten kann ich also gar nichts falsch machen. Am Samstag sollte ich meine hausfraulichen Fähigkeiten unter Beweis stellen und meine Wohnung zum Glänzen bringen. Sonst muss ich mich schämen, wenn Alex mir den nächsten Besuch abstattet. In der Woche neige ich eher zum Schlendrian, und so sieht es leider auch aus. Die Bügelwäsche türmt sich wieder zu einem Mount Everest empor, und bevor ich einen Sherpa benötige, will ich lieber selbst tätig werden. Staub wischen muss ich auch unbedingt, bevor man ein hässliches Wort auf meiner Kommode hinterlassen kann. Am Sonntag könnte ich mich von meiner liebenswürdigen Seite zeigen und meine Eltern zu einem Ausflug überreden. Am Sprudelhof ist wieder ein Antik- und Sammlermarkt angesagt, der zum Stöbern und Feilschen einlädt. Danach könnten wir im Kurpark von Bad Nauheim einen gemütlichen Spaziergang unternehmen. Es ist Juli, und die schönsten Rosen stehen in voller Blüte. Meine Mama wird sich über ein vertrauliches Gespräch unter Frauen freuen, und Papa muss dringend an die frische Luft. Hach! Ich bin stolz auf mich. Das Wochenende ist gerettet!

Meine Eltern sind freudig überrascht und gehen bereitwillig auf meinen Vorschlag ein, als ich sie telefonisch von meinen Plänen informiere. Als vorbildliche Tochter hole ich sie pünktlich um 11 Uhr mit dem Auto ab und parke in unmittelbarer Nähe des Sprudelhofes. Wir schlendern über den Markt und verschaffen uns einen ersten Überblick. Meine Mutter bleibt sofort bei den ausgefallenen Windspielen aus Metall hängen. Ein farbenfrohes Exemplar im Shabby Chic hat es ihr angetan, und ich fühle mich magisch zu einem Motorrad aus Metall hingezogen, das mich – mit genügend gutem Willen – an eine Harley-Davidson erinnert und meinem langweiligen Balkon eine ganz neue Note geben könnte. Wir prüfen die

Qualität und verhandeln hartnäckig mit dem Verkäufer, um den Preis nach unten zu drücken. Nach zwei Stunden ist meine Mutter in Hochstimmung. Sie hat einige hübsche Accessoires ergattert, mit denen sie ihren weitläufigen Bauerngarten verschönern möchte, und Papa zeigt sich von seiner ritterlichen Seite, indem er geduldig alle Tüten schleppt. Unser erfolgreicher Beutezug muss gebührend gefeiert werden. Um die Mittagszeit suchen wir ein beliebtes Restaurant auf, das inmitten des idyllischen Kurparks gelegen ist.

Mit geübtem Blick erobert Mama einen freien Tisch, studiert kritisch die Speisekarte und gibt unsere Bestellung auf. »Eine ausgewogene Ernährung ist wichtig. Dreimal den Salat spezial, vegetarisch. Dazu nehmen wir drei Mineralwasser ohne Kohlensäure.«

Verwundert sehe ich sie an. »Ist das alles?«

»Das haben wir dir zu verdanken. Seit deinem letzten Besuch hat deine Mutter Fleisch von unserer Speisekarte gestrichen.« Papa wirft einen sehnsüchtigen Blick auf den Nebentisch, wo gerade Bratwurst mit hausgemachter Soße und Pommes frites serviert wird. »Sie ist völlig durchgedreht und hat sich das Buch von deinem neuen Freund gekauft.«

»Ein Buch?«, frage ich verblüfft. »Von meinem Freund?«

»Ja, von diesem Attila.«

»Hildmann.«

»Sag ich doch.«

»Er ist so ein schöner Mann. In der letzten *Bild der Frau* war ein interessanter Artikel über ihn«, schwärmt Mama. »Wirklich, ich kann Lena gut verstehen, dass sie sich in ihn verliebt hat. Sportlich durchtrainierte Männer sind eine Freude fürs Auge, und wir Frauen haben etwas Schönes an unserer Seite verdient. Der Mann, der dort drüben in der Ecke sitzt, sieht auch sehr gut aus. Er erinnert mich an Attila.«

Irritiert blicke ich in die angegebene Richtung – und wünsche mich im nächsten Augenblick ganz weit weg. Was ich sehe, gefällt mir überhaupt nicht. Ein sonnengebräunter schwarzhaariger Mann streichelt zärtlich den Bauch einer sehr attraktiven rothaarigen Frau und haucht ihr liebevoll ein Küsschen auf die Wange. Dann erheben sie sich und verlassen Händchen haltend das Restaurant. Mir wird kalt ums Herz, und mein Magen krampft sich vor Schmerz zusammen. Denn ich habe den Mann erkannt. Es ist Alex. Mein Alex.

»Ist dir nicht gut, Lena?«

Mama hat Argusaugen. Ihr entgeht nichts. »Du bist so blass.«

»Weil sie nichts Vernünftiges mehr zu essen bekommt«, konstatiert Papa zufrieden. »Man kann Lena ansehen, dass sie sich in dieser Beziehung nicht wohlfühlt.«

»Das ist Blödsinn«, gibt Mama sofort Kontra, aber Papa lässt nicht locker.

»Nein. Ihr neuer Freund ist nicht gut für sie. Lena sollte lieber mit ihm Schluss machen.«

Sofort steigen mir Tränen in die Augen, und Mama ist entsetzt über meine Reaktion. »Schau, was du angerichtet hast. Jetzt ist sie schneeweiß geworden. Lena, hör nicht auf Papa. Er soll sich nicht in dein Leben einmischen. Du bist erwachsen und musst deine eigenen Entscheidungen treffen.«

»Alles gut, Mama.« Ich hole ein Taschentuch aus meiner Handtasche, wische mir die Tränen ab, putze mir die Nase und bemühe mich nach Kräften, die Fassung zu bewahren und nicht aus der Rolle zu fallen. »Ich komme schon klar. Macht euch bitte keine Sorgen um mich.«

In der Nacht schlafe ich sehr schlecht. Die Szene geistert immer wieder im Kopf herum, und ich finde keine schlüssige Erklärung. Am nächsten Morgen fühle ich mich völlig zerschlagen. Trotzdem bin ich froh, dass ich mich am Montagmorgen wieder in die Arbeit stürzen muss.

Aylin sortiert eifrig die frisch eingetroffenen Hochglanz-Magazine, als ich unsere Praxis betrete. »Wie war das Wochenende? Wollen wir mal wieder shoppen gehen? Wir müssen doch modisch am Ball bleiben. Schauen wir mal, welche Schuhe in der neuen »*Glamour*« angesagt sind.« Interessiert greift sie nach der aktuellen Ausgabe und blättert die ersten Seiten um. »Wow, was für eine tolle Frau. Exklusives Interview: Rebecca Herzog im Glück.Topmodel erwartet ihr erstes Kind von ihrer großen Liebe.

»Rebecca?« Mit zitternden Händen reiße ich ihr die Zeitschrift aus der Hand und starre fassungslos auf die fette Schlagzeile, während die Buchstaben vor meinen Augen tanzen. Das Covergirl schenkt mir ein höhnisches, selbstgefälliges Lächeln und zeigt ihre schneeweißen perfekten Zähne. Mit ihrer makellosen Schönheit scheint sie mir sagen zu wollen: Glaubst du wirklich, dass du gegen mich eine ernsthafte Chance hast? Schau mal in den Spiegel – und dann sieh mich an. Welcher vernünftige Mann begnügt sich mit Massenware, wenn er einen Luxusartikel in seinen Händen hält?

Diese bittere Erkenntnis trifft mich wie ein Schlag in den Magen. Ich fühle mich wie im falschen Film. Rebecca und Alex haben sich wieder versöhnt, während ich die Arschkarte gezogen habe und aus dem Rennen bin. Mein Herz ist auf der Strecke geblieben. Wieder einmal.

»Interessierst du dich für Stars? Seit wann liest du überhaupt die Klatschpresse?«

»Tu ich ja gar nicht. Ich schau mir nur das Cover an. Das Model ist sehr schön, nicht wahr?«

»Ja, sie hat den Jackpot im Genpool geknackt«, bemerkt Aylin unschuldig. »Ihr Lover ist zu beneiden.«

Zum ersten Mal bin ich froh, dass ich Aylin noch kein Sterbenswörtchen von Alex erzählt habe. Betont lässig lege ich das Magazin auf den Haufen Zeitschriften zurück. »Lass uns an die Arbeit gehen. Der erste Patient kommt in fünf Minuten. Auf eine komplizierte Wurzelbehandlung habe ich gerade richtig Lust.«

Abends klingelt mein Handy. Ich sehe die Rufnummer auf dem Display. Es ist Alex. Seine Stimme klingt unbeschwert. Ein schlechtes Gewissen scheint er nicht zu haben. »Hi, Lena. Hast du ein schönes Wochenende gehabt? Wie geht es dir?«

»Interessiert dich das überhaupt noch?«

»Wie bist du denn heute drauf?«

»Ziemlich gut. Ich bin viel an der frischen Luft.«

»Ach?«

»Ja, am Sonntag war ich im Kurpark.« Meine Stimme ist schneidend wie Glas. »Besonders gern bin ich im Restaurant. Man trifft dort viele gute Bekannte.«

»Shit. Das tut mir leid.« Alex zieht hörbar die Luft ein. »Ich wollte es dir sagen. Rebecca ist schwanger.«

»Das habe ich gesehen.«

»Hör zu, das hat nichts mit uns zu tun.«

Ich schnaufe empört in den Hörer. Mit den gleichen Worten hat mein letzter Freund sein ständiges Fremdgehen schönreden wollen. Halten Männer Frauen für doof? Können sie sich nichts Besseres einfallen lassen? »Diesen Spruch kann ich nicht mehr hören.«

»Lena, es ist nicht, wie du denkst.«

»Woher willst du wissen, was ich denke?«, gebe ich patzig zurück. »Kannst du hellsehen oder was?«

»Das Baby ist nicht von mir.«

»Von wem dann?«

Alex weicht aus. »Das darf ich nicht sagen.«

»Du erwartest nicht von mir, dass ich dir das glaube?«

»Was ist los mit dir, Lenchen? Bist du heute mit dem falschen Bein aufgestanden? Mach mir bitte keinen Stress, den habe ich gerade auf der Arbeit genug.«

»Stell dir vor, ich auch.«

»Lena, du bist doch sonst so unkompliziert. Ich habe Rebecca hoch und heilig versprochen ...«

Mir platzt der Kragen. Rebecca, immer wieder Rebecca. Was ist mit meinen Gefühlen? Zähle ich gar nicht? Warum muss ich in dieser Dreiecksbeziehung die zweite Geige spielen? »Ich will nie wieder in meinem Leben angelogen werden. Nie mehr! Hast du das kapiert? Melde dich wieder, wenn du mir die Wahrheit sagen kannst. Ansonsten brauchst du dich hier nicht mehr blicken lassen.« Entschlossen drücke ich das Gespräch weg und lasse mich langsam auf meinen Ohrensessel sinken.

Die erste Träne kullert mir die Wange hinunter, und als ich sie fortwischen will, kann ich mich nicht mehr beherrschen. Eine heiße Woge von Selbstmitleid überflutet mich. Wenige Minuten später heule ich wie ein Schloss- hund. Verdammt, Alex kann doch nicht einfach in mein Leben treten, wichtig für mich werden und dann wieder verschwinden, als ob nichts geschehen ist. Warum muss das Leben so schwierig sein? Meiner Ansicht nach bin ich eine moderne Frau, die mit beiden Beinen fest auf der Erde steht. Ich will von meinem Partner überhaupt nicht auf Händen getragen werden, sondern in seinem Herzen. Aber wenn mein Lover auf mehreren Hochzeiten tanzt und seiner Exfreundin einen wichtigeren Platz in seinem Herzen einräumt als mir, kann es mit der großen Liebe nicht allzu weit her sein. Habe ich wieder zu viele Gefühle für den falschen Mann investiert und erhalte postwendend die Quittung für meine Naivität?

18. Kapitel

An Schlaf ist in den nächsten Tagen nicht zu denken. Stattdessen wälze ich mich hin und her, nicke kurz ein, fahre wieder hoch und werfe entnervte Blicke auf meinen Wecker. Jeden Morgen bin ich todmüde. Ein flüchtiger Blick in den Spiegel über dem Waschbecken genügt: Mit meinem blassen Gesicht und den schwarzen Ringen unter den Augen sehe ich nicht nur aus wie ein Zombie, sondern ich fühle mich genau so, als ob ich gerade mein Grab verlassen hätte. Eigentlich müssen alle Patienten in der Praxis schreiend vor mir davonlaufen. Das sind rosige Aussichten für mein weiteres Berufsleben. Müde schlurfe ich in die Küche. Hunger habe ich zwar nicht, aber ohne eine solide Grundlage darf ich nicht aus dem Haus gehen. Also schalte ich meine Kaffeemaschine ein und füttere meinen Toaster. Aber nicht einmal diese Maßnahme kann meine Lebensgeister wiederbeleben. In der Praxis schiebe ich Dienst nach Vorschrift, bin kühl zu Aylin und sehne das Wochenende vorbei.

Am Samstagmorgen ist meine Stimmung auf dem Nullpunkt. Alex hat nichts von sich hören lassen. Noch nicht mal einen zweiten Anruf bin ich ihm wert. Ich könnte heulen, beiße aber die Zähnen zusammen und versuche mir die Vorteile des Single-Lebens vor Augen zu führen. Theoretisch kann ich das ganze Wochenende in meinem geliebten Jogginganzug verbringen, ohne einen einzigen Fuß vor die Tür zu setzen. Niemand drückt mir spontane Pläne für diesen Tag aufs Auge und zwingt mich zu anstrengenden Aktivitäten zu zweit. Stattdessen darf ich machen, was ich will. Ist das nicht toll? Heute scheint sogar mal die Sonne. Also kann ich sofort meinen Balkon ansteuern, mich auf meine Sonnenliege fallen lassen, einen anspruchslosen Roman lesen und an den richtigen Stellen leise seufzen. Das Singleleben ist gar nicht so schlecht. Jedenfalls, wenn man es sich schönredet, wie ich es gerade tue.

Tief in meine Gedanken versunken wandere ich mit meinem Kaffeebecher in der Hand von der Küche zu meinem Balkon, der mit 10 Quadratmetern relativ großzügig bemessen ist. Er ist zur Straßenseite hin ausgerichtet, aber diese Tatsache hat mich noch nie gestört. Hier ist alles ruhig, und ich freue mich über Mittag- und Abendsonne. Seit meinem Ausflug zum Sprudelhof hat sich hier viel getan. Meine Mutter hat mir einen Hanging Basket aufgeschwatzt, und das neue Windspiel im frisch bepflanzten Blumenkasten dreht sich ganz leicht im Wind. Auch die Balkonkästen können sich sehen lassen. Weil ich meinem grünen Daumen nicht über den Weg traue, ist meine Wahl auf anspruchslose, pflegeleichte Pflanzen wie Petunien und Geranien gefallen, die wirklich überall gedeihen und nichts übel nehmen. Die weiß gestrichene Wand zum Nachbarbalkon habe ich durch ein Rankgitter verschönt, das von der Clematis Nelly Moser bewachsen wird. Bei meinem Einzug in dieses Mietshaus habe ich von Urban Gardening geträumt und viele Fachzeitschriften gewälzt. Aber leider ist es bei der Lektüre geblieben. Bis heute habe ich meinen Balkon von der praktischen Seite betrachtet. Bei gutem Wetter kann ich draußen frühstücken, nach Feierabend die Füße hochlegen und den Sonnenuntergang beobachten, am Wochenende ein ausgiebiges Sonnenbad nehmen und mit einem leichten Wein den Abend ausklingen lassen. Aber worauf soll ich anstoßen? Und mit wem?

So, jetzt bin ich glücklich am Ausgangspunkt meiner Überlegungen angelangt. Meine gute Laune ist im Keller.

Was Alex wohl gerade macht? Ob er schon aufgestanden ist? Welche Pläne hat er für den heutigen Tag geschmiedet? Wird er einen einzigen Gedanken an mich verschwenden? Wird er sich auf ein Treffen mit seinen Freunden freuen? Oder von einem Wiedersehen mit Rebecca träumen? Oder ist alles ganz anders? Gibt es eine harmlose Erklärung? Ist meine blühende Fantasie mit mir durchgegangen? Sehe ich Gespenster? Habe ich in meiner Eifersucht über- reagiert? Warum bin ich nicht ruhig geblieben? Warum habe ich Alex nicht ausreden lassen? Warum müssen wir uns das Leben so schwer machen?

Frustriert trete ich an die Balkonbrüstung und lasse meinen Blick über die ruhige Straße wandern. Fremde Menschen zu beobachten, wird mich bestimmt auf andere Gedanken bringen. Wie spannend ist das Leben der anderen? Um 10 Uhr ist noch nicht allzu viel los. Einige Mütter sind unterwegs und schieben Buggys mit quäkenden Kleinkindern. Wahrscheinlich sind sie auf dem Weg in den Park, damit ihr Nachwuchs Sandkuchen und andere Köstlichkeiten produziert. An der Ampel steht eine alte Frau mit einem Rollator, die auf dem Weg zum Supermarkt um die Ecke sein könnte. Auf der gegenüber- liegenden Straßenseite kümmert sich ein junger Mann um sein Rennrad. Er hat es aufgebockt, dreht an den Pedalen, schüttelt den Kopf und wühlt in einem Kasten. Wahr- scheinlich sucht er nach geeignetem Werkzeug. Normaler- weise lassen mich meine Nachbarn kalt, aber dieser Typ sieht sexy aus. Verboten sexy. Mein Blick saugt sich an seinen muskelbepackten, tätowierten Oberarmen fest. Auch seine Kehrseite, die in einer verwaschenen Jeans steckt, ist nicht von schlechten Eltern. Sein knackiger Po ist richtig zum Reinbeißen. Genau wie bei Alex.

In diesem Moment richtet sich der Fremde auf und schaut direkt in meine Richtung. Lässig hebt er die Hand und winkt mir zu. Sind wir uns schon mal über den

Weg gelaufen? Kennt er mich womöglich? Glaubt er, dass ich needy bin und auf ihn abfahre? Um Himmels willen! Entsetzt fahre ich zurück und mein Gesicht wird heiß. Hoffentlich hat er mir meine ordinären Gedanken nicht von meinem Gesicht abgelesen. Dann kann ich mich in meiner Siedlung nicht mehr sehen lassen. Vor lauter Schrecken lasse ich fast meine Kaffeetasse über die Brüstung fallen. Dieses Malheur ist der schlagende Beweis für meine geistige Unzurechnungsfähigkeit. Aber wenigstens funktionieren meine Reflexe noch. Im letzten Moment gelingt es mir, die Tasse vor dem Absturz zu retten. Puh. Ich habe noch einmal Glück gehabt. Gut, die Plörre ist in einem hohen Bogen über die Geranien im Blumenkasten gelaufen, aber dieses Malheur werden die Blumen schon überleben. Schließlich sind sie genauso hart im Nehmen wie ich.

Die nächste Woche scheint nicht vergehen zu wollen. Bei meinem nächsten Großeinkauf im Supermarkt bleibe ich gegen meinen Willen bei der Ecke mit den Zeitschriften hängen und starre wie ein hypnotisiertes Kaninchen auf die Auslage. Das ebenmäßige Gesicht von Rebecca lächelt mir von jedem Cover entgegen, und die Schlagzeilen springen mir sofort ins Auge. Eigentlich will ich keine einzige Illustrierte kaufen, geschweige denn lesen. Trotzdem stopfe ich mir einige Klatschblätter in den Einkaufswagen, begrabe sie unter frischem Obst und Gemüse und rede mir erfolgreich ein, dass ich ein Opfer der Umstände bin und ein Recht auf vollständige Information verdient habe. Zu Hause verstaue ich meine Lebensmittel, klemme mir die Zeitschriften unter den Arm, setze mich mit klopfenden Herzen in meinen geliebten Ohrensessel und vertiefe mich in die Artikel. Nach wenigen Minuten rollen die ersten Tränen über meine Wange, und ich tue mir von ganzem Herzen leid. Mehr zu wissen ist nicht unbedingt ein

Vorteil. Schon die zahllosen Bilder von Rebecca haben mir ins Herz geschnitten. Ihr gesellschaftlicher Background macht es mir nicht eben leichter, meine Niederlage zu ertragen. Meine Minderwertigkeitskomplexe wachsen von Minute zu Minute. Rebecca scheint ein Glückspilz zu sein, der sich immer auf der Sonnenseite des Lebens bewegt. Sie stammt aus einer wohlhabenden Familie und hat ein vornehmes Internat am Bodensee besucht. Zu meiner Bestürzung klimpert sie nicht nur auf dem Klavier herum, wie es sich für alle höheren Töchter gehört, sondern beherrscht mehrere Instrumente und hat sich nach ihrem Abitur ganz regulär für das Studium der Musik an einem Konservatorium eingeschrieben. Ihren sensationellen Erfolg als Fotomodell verdankt sie einem Zufall. Auf einer Urlaubsreise ist sie einem Talentscout begegnet, der sie an eine internationale Modelagentur vermittelt hat. Seit ihrem ersten sensationellen Coverfoto auf einer bekannten Zeitschrift ist sie aus der Szene nicht mehr wegzudenken. Auch in der Liebe hat sie das große Los gezogen. Nach ihren eigenen Angaben ist sie glücklich liiert. Angeblich sei es Liebe auf den ersten Blick gewesen, und sie hätten sofort gewusst, dass sie den Rest ihres Lebens zusammen verbringen wollten. Nichts und niemand könne sie jemals trennen, so lautet ihr letztes öffentliches Statement.

Ph. Wer's glaubt, wird selig. Empört schnäuze ich in mein Taschentuch. Diese Heile-Welt-Story der Pressefuzzis ist zu viel. In diesem Moment möchte ich gern das Summa cum Laude im Staatsexamen gegen ein Summa cum Liebe tauschen. Manche Frauen bekommen alles im Leben geschenkt, und wenn mal etwas nicht so klappt, wie sie es sich erträumen, spielen sie die Baby-Trumpfkarte aus. Meine Wut braucht ein Ventil. Deshalb schnappe ich mir einen Kugelschreiber und gestaltete das Titelcover einer Zeitschrift nach meinem Gusto. Mit einer riesigen Zahnlücke und einigen ekligen Warzen im Gesicht gefällt mir Rebecca viel besser. Dann schäme ich mich für meine hässlichen Gedanken, knülle die Zeitschrift zu einer Kugel zusammen und werfe sie mit den anderen Illustrierten ins Altpapier.

Theoretisch bin ich über meine Konkurrentin im Bilde. Faktisch stehe ich auf verlorenem Posten. Von Alex habe ich nichts mehr gehört. Seit unserem Telefonat hüllt er sich er sich in Schweigen, und ich bin zu stolz, den ersten Schritt zu tun. Schließlich habe ich mir nichts vorzuwerfen. Im Gegenteil: Ich habe mich korrekt verhalten. Nach unserer ersten gemeinsamen Nacht habe ich sofort meinen Account auf *Sweet Dreams* gelöscht. Alles andere wäre mir wie ein Verrat an Alex vorgekommen. Ich gehöre nicht zu den Frauen, die seelenruhig von einem One-Night-Stand zum nächsten hüpfen. Wahrscheinlich bin ich zu konservativ erzogen worden. Für mich gibt es nur ganz oder gar nicht. Wenn ich mich für einen Menschen entscheide, bin ich bereit, den ganzen Weg mit ihm zu gehen und alles für ihn zu tun. Komme, was wolle.

Was soll ich nun tun? Mit gerunzelter Stirn erwäge ich die verschiedenen Optionen. Die einfachste Lösung wäre, mich in meinen vier Wänden zu vergraben, meinen verletzten Gefühlen freien Lauf zu lassen, in Selbstmitleid zu baden und eine Packung Pralinen sowie eine Flasche Wein zu vernichten. Allerdings bin ich für dieses kindische Verhaltensmuster einige Tage zu alt. Außerdem würde es mich in meiner positiven Entwicklung weit nach hinten werfen. Meine Waage nimmt mir jede Eskapade übel. Zurück auf Start – nein, das will ich nicht mehr. Stattdessen sollte ich lieber meinen guten Willen mobilisieren, um meinen Liebeskummer zu bewältigen und aus einem negativen Erlebnis eine positive Erfahrung zu machen. Genau, ich werde mich nicht länger in meinen vier Wänden einigeln, sondern lieber unter andere Menschen gehen. Bei dem schönen Wetter könnte ich mein Fahrrad aus dem Keller holen, es zu neuem Leben erwecken und meine nähere Umgebung bei einer Tour durch die Wetterau erkunden. Meine Heimat ist mehr als eine Radtour wert. Alles Weitere wird sich im Laufe des Tages finden.

19. Kapitel

*A*uf der Mauer, auf der Lauer sitzt die kleine Lena …«, feixt eine sonore Stimme hinter mir. Vor »Schreck fällt mir fast mein Eis aus der Hand, mit dem ich mich für meinen sportlichen Einsatz in einem nahe gelegenen Café belohnt habe. Nach einer mehrstündigen Fahrt bin ich mitten in den malerischen Rosenfeldern gestrandet, die von den weltberühmten Rosenschulen meiner Heimatstadt gehegt und gepflegt werden. Der Ausblick von meinem lauschigen Sitzplatz unter einem alten, knorrigen Apfelbaum ist überwältigend. Wohin ich auch schaue, überall schmücken weiße und rosarote Blütenträume die zartgrünen Hänge, und der herrliche Duft ist meilenweit zu riechen. Steinfurth trägt nicht umsonst den stolzen Namen »Das Rosendorf«. Über der Blütenpracht habe ich völlig vergessen, dass ich nicht allein auf dieser Welt bin. Überrascht fahre ich herum. »Was machst du denn hier, Philipp?«

»Blümchen pflücken.«

Mein Trainingspartner und Best Buddy grinst über das ganze Gesicht, während er sich ungeniert zu mir setzt. In einer verblichenen Jeans und einem gestreiften Poloshirt weist er keinerlei Ähnlichkeit mehr mit dem aufmerksamen und korrekten Banker auf, der mir nach meinem Missgeschick im Fitnessstudio auf die Füße geholfen hat. Wenn ihm eine verstrubbelte Haarsträhne mitten in die Stirn fällt, sieht er richtig cool und verwegen aus. Steckt vielleicht noch eine ganz andere Seite in ihm?

»Sah ein Knab ein Röslein stehen …«, flachse ich gut gelaunt zurück. »Hast du unserem berühmten Rosengarten in Steinfurth einen Besuch abgestattet?«

»Bingo. Ich habe aber nicht nur geschaut, sondern auch gekauft und unsere heimische Wirtschaft angekurbelt.«

»Stehst du auf Rosen? Darf ich dich umtaufen? Was hältst du von Florian, der Blumenfreund?«

»Als Pflanzenflüsterer habe ich mich noch nicht gesehen, aber nur zu, Lenchen. Tu dir keinen Zwang an.«

Er nimmt mir meine frechen Sprüche nicht übel. »Meine Mutter hat morgen Geburtstag, und ich wollte ihr eine kleine Freude machen. Deshalb habe ich einen Abstecher in die nächstgelegene Rosenschule unternommen.«

»Was hast du denn gekauft?«, will ich sofort wissen. »Creme, Parfüm oder Seife? Oder setzt du lieber auf Gelee oder Marmelade?«

»Neugierig bist du gar nicht.«

»Nee, nur wissbegierig. Sonst hätte ich es im Leben nicht so weit gebracht.«

»Ich habe mich für eine Containerrose entschieden, die man im Garten einpflanzen kann. Genau gesagt: für Souvenir de Malmaison. Weil meine Mutter für die französische Kaiserin Josephine schwärmt.«

»Eine große Frau.«

»Ja. Sie passte perfekt zu ihrem kleinen Mann.« Er blinzelt in die Sonne. »Du lässt es dir gut gehen und die Sonne auf den Pelz brennen?«

»Ja, ich musste mal an die frische Luft.«

»Und dir was gönnen.« Es ist keine Frage, sondern eine Feststellung. »Vorsicht, du tropfst.«

»Oje! Das Roseneis ist so lecker.«

»Das klingt ziemlich bizarr.« Angewidert schüttelt er sich. »Roseneis – das habe ich noch nie gehört.«

»Es ist nie zu spät, neue Erfahrungen zu machen«, belehre ich ihn mit wichtiger Miene. »Theoretisch würde ich dir ja anbieten, von meinem Eis zu kosten.«

»Aber?«

»Ich möchte nicht aufdringlich sein. Du sollst keine falschen Schlüsse ziehen.«

»Wie kommst du auf diese absurde Idee?« Irritiert starrt er mich an, dann klatscht er sich mit der Hand vor den Kopf. »Ach, ich verstehe. Eva hat Adam einen Apfel angeboten – und du versuchst es mit einem Eis.« Er lacht laut. »Wenn ich darf – gern.« Vorsichtig kostet er von meinem Eis und nickt mir anerkennend zu. »Gar nicht so schlecht. Aber ich bleibe lieber bei Amarena-Kirsch und Stracciatella.«

»Ha, du bist doch so konservativ, wie ich es von einem Banker aus Frankfurt erwarte. Trinkst du überhaupt unseren herrlichen Äppelwoi?«

»Das Stöffche? Brr. Muss nicht sein.« Philipp verzieht sein Gesicht. »Ich komme lieber anders in Stimmung. Soll ich dich von meinem Temperament überzeugen?«

»Ich bitte darum.«

Philipp wirft einen Blick auf seine Armbanduhr. »Es ist fast 17 Uhr. Hast du schon Pläne für den heutigen Abend?«

»Nein.« Herausfordernd werfe ich meinen Zopf in den Nacken. »Was hast du mit mir vor? Lass hören.«

»Was hältst du von einem netten Abend in einer Bar?«

Mehr als von einem einsamen Abend in meinen vier Wänden. »Das ist eine tolle Idee. Muss ich mich aufstylen?«

»Nicht nötig«, beruhigt er mich. »Das ist kein Schickimicki-Schuppen.«

»Prima. Dort würde ich mich nicht wohlfühlen.« Ich atme auf. »Dann werde ich mal meinen Sturzhelm aufsetzen, in die Pedale treten und auf dem schnellsten Weg nach Hause düsen.«

»Wann darf ich dich abholen?«

»Gegen 19 Uhr?«, überlege ich. »Ist das okay?«

»Natürlich.«

Seine Augen leuchten, während ich ihm meine Adresse ins Handy diktiere. »Ich freu mich.«

»Ich mich auch!«

In meiner Wohnung lege ich einen Blitzstart hin. Entschlossen springe ich unter die Dusche und wasche mir meine verschwitzten Haare mit einem teuren Shampoo. Danach creme ich mich sorgfältig mit einer gut duftenden Bodylotion ein und mache mich auf die Suche nach einer raffinierten Unterwäsche. Unter keinen Umständen will ich einen simplen Baumwollschlüpfer tragen, wie es *Bridget Jones* passiert ist. Lieber vertraue ich auf meine Neuerwerbung, eine edle Kreation von *La Perla*, die mir die erfolgreiche Geschäftsfrau Shirin ans Herz gelegt hat. Sie hat zwar ein kräftiges Loch in meine Kasse gerissen, aber weil sie meine weiblichen Kurven ins rechte Licht rückt, will ich ausnahmsweise lieber klotzen statt kleckern. Nun muss ich noch ein geeignetes Outfit für mein Date mit Philipp finden. Unschlüssig stehe ich vor dem Kleiderschrank und mustere meine Garderobe. Wenn ich mich recht erinnere, hat Philipp von einer urigen Location gesprochen. In diesem Falle sind ein schlichtes Shirt und ein Minirock die beste Lösung. Flache Ballerinas werden den »Girl-next-Door-Look« perfekt machen.

Gesagt, getan. Als ich gerade meine widerspenstige Mähne kopfüber föhne, brummt mein Handy auf dem Waschtisch. Ich schalte den Fön aus, nehme mein Lieblingsspielzeug in die Hand und starre auf das Display. Gleichzeitig erscheint eine SMS. »Sorry, bin geschäftlich in Berlin. Weiß noch nicht, wann ich zurückkomme. See you.«

Diesen Satz hätte er sich sparen können. Deutlicher kann er nicht mehr zum Ausdruck bringen, dass ich ihm gleichgültig bin. Wenn in seinem Leben kein Platz für mich ist, will ich ihn auch nicht mehr in meinem Dasein dulden. Entschlossen drücke ich das Gespräch weg. Von Alex möchte ich nichts mehr hören und sehen. Ich brauche meine Ruhe. Sonst nichts. Mit diesem frommen Wunsch knalle ich das Handy auf den Waschtisch zurück, aber das ist ein böser Fehler. Das sensible Gerät nimmt mir meinen Temperamentsausbruch übel. Mit einem lauten Plumps rutscht es über den Rand des Waschtisches hinaus, segelt in die Tiefe und landet mitten im Klo. Fluchend sinke ich in die Knie und angele mit den Fingerspitzen nach meinem Lieblingsspielzeug. Es ist klatschnass. Angewidert tupfe ich es trocken, lege es auf die Heizung und drehe den Regler auf die höchste Stufe. Auch wenn ich ganz genau weiß, dass diese Methode nichts mehr hilft. Wahrscheinlich hat mein Smartphone durch schlechte Behandlung einen Schaden fürs Leben genommen. Genauso wie ich.

Eine Viertelstunde später mustere ich mich kritisch im Spiegel. Meine Haare fallen in glänzenden, sanften Wellen über meine Schultern. Nun muss ich nur noch ein wirkungsvolles, aber zurückhaltendes Make-up in Nudetönen auftragen. Als ich gerade meine Lippen mit einem dezenten Lipgloss betone, höre ich die Klingel. Überrascht werfe ich einen Blick auf meine Armbanduhr. Ist es wirklich schon 19 Uhr? Die Zeit ist wie im Flug vergangen.

Mit klopfendem Herzen greife ich nach meiner Handtasche, drücke auf den Summer, verlasse meine Wohnung und laufe die Treppen hinunter. Ein merkwürdiges Kribbeln macht sich in meinem Bauch bemerkbar, als ich Philipp erblicke. Er ist frisch rasiert, duftet nach einem teuren Rasierwasser und hat sein sportliches Outfit gegen ein modisches Hemd und eine schlichte Jeans getauscht. Anerkennend pfeift er durch die Zähne, als er mich von oben bis unten mustert, und ich kann nicht verhindern, dass mir das Blut in die Wangen schießt. »Hi.«

»Darf ich dich heute entführen?«

»Mit dem größten Vergnügen.« Mit einem strahlenden Lächeln hake ich mich bei ihm ein und lasse mich zu seinem Auto führen. »Ich bin gespannt, wohin unsere Fahrt geht.«

Philipp hat nicht zu viel versprochen. Die Bar ist klein, aber originell im Stil einer typisch amerikanischen Milchbar eingerichtet. Automatisch fühle ich mich in die 50er-Jahre zurückversetzt. Das ausgefallene Ambiente gefällt mir auf den ersten Blick. An den weiß gekalkten Wänden hängen nostalgische Spiegel, die mit einprägsamen Werbeslogans bedruckt sind, und schwarz-weiße Fotografien von berühmten Persönlichkeiten, die in dieser Epoche für Aufsehen gesorgt haben. Elvis, James Dean, Audrey Hepburn und Marilyn Monroe sind heute noch weltberühmt. In einer Ecke sehe ich eine Jukebox stehen. Es ist eine originale Wurlitzer, die längst vergessene Songs zum Leben erweckt. An der Retrobar zaubert ein Barkeeper einen farbenprächtigen Cocktail. Alle Gäste machen einen heiteren, gelösten Eindruck. Sie scheinen sich hier wohlzufühlen, und ich deute es als ein gutes Omen für unser erstes Date.

»Wie gefällt es dir?«

»Super. Ich steh auf Retrocharme.« Ich schenke ihm ein anerkennendes Lächeln. »Du hast einen guten Geschmack. Hier lässt es sich aushalten.«

Er nimmt meine Hand und zieht mich zu einem Nierentisch, der aus den 1950er-Jahren stammen muss. »Möchtest du etwas trinken?«

»Klar. Einen Milchshake.«

»Nicht doch.« Philipp streicht mir sanft über die Wange. »Fällt dir nichts Besseres ein?«

»Doch.« Seine Berührung ist angenehm. »Dann wähle ich ein Glas Weißwein. Ach, und einen Florida Garden Salad hätte ich gern.«

Als er mich anlächelt, klopft mein Herz schneller. »Das ist eine vernünftige Grundlage. Ich schließe mich dir gern an.«

Eine Stunde später tönt uns die sonore Stimme von Elvis entgegen. Ein Nostalgiker hat die Jukebox gefüttert.

Der Rock'n Roll fährt mir in die Beine, und ich springe vom Stuhl auf und ziehe Philipp mitten auf die Tanzfläche. »Zeig mal, was du kannst, Superman.«

»Ich wusste gar nicht, dass du so gern tanzt, Supergirl.«

»Tanzen macht sogar Sportmuffeln Spaß«, verrate ich ihm und wirbele ausgelassen um ihn herum. »Ist eine tolle Art, Kalorien zu verbrennen, findest du nicht auch?«

»Ich könnte mich glatt daran gewöhnen.«

»An das Tanzen? Oder an mich?«

»Die Antwort auf diese Frage kennst du bestimmt.« Energisch zieht er mich im Rhythmus der Musik näher an sich heran und blickt mir tief in die Augen. »Oder bist du heute auf den Kopf gefallen, Frau Doktor?«

Wider Erwarten bereitet mir die Rolle der lasziven Verführerin großen Spaß. Eigentlich kenne ich mich selbst nicht mehr. Ich gehe auf alle Wortgefechte ein, kichere ausgelassen und flirte auf Teufel komm heraus. Vielleicht will ich mir selbst beweisen, dass ich nicht auf Alex angewiesen bin, sondern jeden anderen Mann haben kann, den mein Herz begehrt.

Um 22 Uhr legt Philipp fürsorglich einen Arm um mich und bringt mich zu seinem Auto. In seinem Blick liegt ein Ausdruck, den ich nicht deuten kann. »Wie geht unsere Reise jetzt weiter?«

»Mal überlegen …«

»Muss ich dich überzeugen?« Er legt eine Hand an meine Wange, und ich genieße das leise Kribbeln in meinem Bauch. Dann beugt er sich zu mir und küsste mich erst langsam, dann immer intensiver. Seine Hände spielen mit meinen Haaren, während seine Lippen langsam von meinem Kinn aus den Hals entlangwandern. »Gut so?«

»Mhm …«

Seine Hände gleiten unter mein Shirt und streicheln meine Haut. Die Berührungen fühlen sich gut an. Vielleicht wird mich ein One-Night-Stand mit Philipp über den Verlust von Alex hinwegtrösten. Wenige Minuten lang schwanke ich, ob ich meinem spontanen Impuls nachgeben soll. Dann schäme ich mich für meine selbstsüchtigen Gedanken. Philipp hat etwas Besseres als mich verdient. Er ist aufrichtig, hilfsbereit, zuverlässig und mir sehr zugetan, aber ich liebe ihn nicht. Deshalb darf ich nicht mit seinen Gefühlen spielen und ihn durch eine egoistische Aktion verletzen. Wenn ich heute Nacht die unsichtbare Grenze zwischen uns überschreite, werde ich ihn als Freund für immer verlieren – und das möchte ich nicht. Einen weiteren schmerzlichen Verlust kann ich nicht verkraften.

»Ich kann nicht …«, flüstere ich und löse mich von ihm, während die erste Träne über meine Wange rollt. »Es tut mir leid.«

Philipp reagiert anders, als ich erwartet habe. Er macht mir keine Szene, sondern bleibt ganz ruhig und wirft mir einen besorgten Blick zu. »Was ist los mit dir? Ist alles okay?«

Wahrscheinlich liefere ich heute Gesprächsstoff für die ganze Woche, aber mir ist alles egal. Die Dämme brechen, und im nächsten Moment hänge ich heulend in seinem Arm.

Sanft streichelt Philipp mir über den Rücken. »So schlimm?«

»Noch viel schlimmer.«

»Willst du drüber reden?«

»Nein.«

»Später?«

»Vielleicht …«

»Okay.«

Ich höre sein Herz ruhig und gleichmäßig schlagen, während ich meinen Kopf an seine Brust lehne. Seine Ruhe gibt mir Sicherheit.

Philipp zieht ein Taschentuch aus seiner Jeans und tupft mir behutsam meine Tränen ab. »Hör mal, Lena, du bist mir nicht egal. Ich möchte dich nicht verlieren. Wir sind Freunde.«

Ja. Keine Lover, aber Freunde. Gute Freunde. Vielleicht ist echte Freundschaft mehr wert als flüchtiger Sex.

»Wenn ich etwas für dich tun kann, sag es.«

»Habe ich einen Wunsch frei? Wie im Märchen?«

»Ja.«

Vielleicht sind seine Worte das Stichwort, auf das ich gewartet habe. Tränenüberströmt schaue ich ihm tief in die Augen. »Begleitest du mich zur Traumhochzeit meiner besten Freundin?«, hauche ich.

20. Kapitel

*I*ch bin ganz neidisch«, sagt Aylin am folgenden Mittwochnachmittag, als ich mich von ihr in den »Urlaub verabschiede. »Der Countdown für deinen großen Tag läuft. Wann geht es los?«

»Morgen früh um 8 Uhr. Von Frankfurt aus sind es rund fünf Stunden. Hoffentlich gerate ich nicht in einen Stau.«

»Ach, das wird schon«, meint Aylin optimistisch. »Hast du ein anstrengendes Programm vor dir?«

»Das kann man wohl sagen. Am Freitag ist die standesamtliche Trauung. Danach gibt es einen offiziellen Sektempfang. Um 18 Uhr beginnt die Party in unserem Hotel. Am nächsten Tag findet die kirchliche Trauung statt. Dazu sind aber nur die engsten Angehörigen eingeladen worden.«

»Puh, dann musst du an jedem Tag wie aus dem Ei gepellt ausschauen. Was ziehst du zu den verschiedenen Anlässen an?«

»Auf der standesamtlichen Trauung trage ich ein schlichtes Kostüm, für die offizielle Feier habe ich mir ein zartblaues schulterfreies Vintage-Abendkleid aus Chiffon gekauft. Das Brautjungfernkleid für die kirchliche Hochzeit ist ein Geschenk von Isabelle.«

»Wow!« Aylin ist beeindruckt. »Deine beste Freundin ist sehr großzügig. Hast du schon eine Ahnung, wie es ausschauen wird?«

»Na klar. Möchtest du mal sehen?«

»Frag nicht so dumm. Raus damit!«

Mit großen Augen betrachtet Aylin die traumhafte Zeichnung, die ich in einem Brief von Isabelle erhalten habe. Angeblich soll das bodenlange Brautjungfernkleid, das in einem exklusiven Studio genäht wurde, mir auf den Leib geschneidert werden. Meine aktuellen Maße musste ich per Mail an das Atelier durchgeben. Büste, Taille, Hüfte, Schulter – mir schwindelt, wenn ich daran denke, was ich alles von mir preisgegeben habe. Die letzten Handgriffe soll eine Schneiderin vor Ort vornehmen.

»Besser geht's nicht. Pippa Middleton wird gegen dich verblassen. Hast du ein Glück!«

»Das wird sich zeigen. Hoffentlich platzt der Stoff nicht, wenn ich mich bücken muss.« Mit einem Anflug von Galgenhumor zwinkere ich ihr zu. »Ich habe schon darüber nachgedacht, ob ich vor meiner Abreise zum Juwelier gehen sollte.«

»Willst du die Geschichte vom Aschenputtel umdrehen und selbst goldene Ringe kaufen?«

»Erraten. Dann könnte ich auf diesem gesellschaftlichen Event versuchen, jedem Tanzpartner meinen Ring an den Finger zu stecken. Wer die Ringprobe besteht, ist der Richtige fürs Leben.«

»Schön wär's. Ich drücke dir auf jeden Fall ganz fest die Daumen, dass du deinen Mister Right findest.« Aylin küsst mich aufmunternd auf die Wange. »Schickst du mir eine Nachricht, wenn du gut angekommen bist?«

»Versprochen.«

Auf meine Landpartie habe ich mich gut vorbereitet. Nachdem mein altes Handy seine Taufe nicht überlebt hat, ist mir nichts anderes übrig geblieben, als mir ein neues Smartphone zu kaufen, von meinem Missgeschick zu erzählen und meine Freunde um ihre Nummern zu bitten. Durch das Malheur ist meine Kontakteliste geschrumpft, aber wenigstens schleppe ich keine Karteileichen mehr mit mir herum. Alex ist im Netz auf Nimmerwiedersehen verschwunden – und das ist gut so. Auf Netzgeflüster lege ich keinen gesteigerten Wert mehr. Lieber setze ich auf meine echten Freunde im realen Leben, auf die ich mich in jeder Lebenslage verlassen kann. »Gegen Mittag sind wir dort. Dann melde ich mich per WhatsApp.«

»Super. Pass gut auf dich auf, Lenchen.«

Am nächsten Morgen muss ich nicht lange warten. Als ich die Haustür hinter mir ins Schloss gezogen habe, höre ich das vertraute Geräusch eines heranfahrenden Wagens, der wenige Meter von mir entfernt zum Stehen kommt. Ich werfe einen raschen Blick auf meine Armbanduhr und schmunzele in mich hinein. Es ist 8 Uhr, und wie immer ist Philipp auf die Sekunde pünktlich. Er hält seine Versprechen. Wenn man so will, ist er der letzte Gentleman.

»Guten Morgen, Lenchen.« Er nimmt mich in den Arm und haucht mir ein Küsschen auf die Wange, dann schnappt er sich meinen Koffer. Auch meine Kosmetiktasche darf ich nicht tragen. »Gib mal her.«

»Ich kann selbst …«, fange ich an, aber er fällt mir sofort ins Wort.

»Alles einem guten Freund überlassen und das Leben genießen.«

»Danke schön.«

Irritiert schaue ich zu, wie er mein Gepäck im Kofferraum seines Wagens verstaut, mir galant die Wagentür öffnet und mich einsteigen lässt. »So viel Aufmerksamkeit bin ich gar nicht gewöhnt.«

»Dann wird es höchste Zeit, Lena«, sagt Philipp trocken und schließt die Wagentür hinter mir. Er geht um das Auto herum, klemmt sich hinter das Steuer, legt den Sicherheitsgurt an und steckt den Zündschlüssel ins Schloss. »Meine Kutsche steht zu deiner Verfügung, Prinzessin. Wohin darf die Reise gehen?«

»Nach Österreich.«

»Mit dem größten Vergnügen.« Er ist die Ruhe selbst. »Ich habe dir noch gar nicht gesagt, wie fantastisch du aussiehst.«

»Danke.« Verlegen schaue ich auf meine frisch manikürten Fingernägel. Gestern habe ich mehrere Stunden in dem Salon von Shirin verbracht und mich von ihr nach allen Regeln der Kunst verwöhnen lassen. Geduldig hat sie mir gezeigt, wie ich meine glatt geföhnte Mähne, die in den letzten Wochen tüchtig gewachsen ist und wieder über meine Schultern fällt, ganz leicht abwandeln und mit wenigen Handgriffen zu einem schlichten Chignon stecken kann. Mit Haarklemmen kämpfe ich mehr als mit Instrumenten in der Praxis, aber nach unserem intensiven Training dürfte nichts mehr schiefgehen. Kaum zu glauben, aber wahr: Styling macht Spaß. Heute bin ich in ein modisches Sommer-kleid geschlüpft, das meine Kurven auf eine dezente Weise betont. Ich fühle mich wohl in meiner Haut, aber ich bin es noch nicht gewöhnt, regelmäßig Komplimente für mein Aussehen zu bekommen. »Das ist sehr lieb von dir.«

»Ich freue mich auf unsere Fahrt ins Blaue«, sagt Philipp, während er seinen Wagen durch den dichten Stadtverkehr lenkt. Er ist ein besonnener Fahrer, und ich fühle mich wohl an seiner Seite. Entspannt lehne ich mich in meinem Sitz zurück und lausche der leisen Musik im Radio. »Ehrlich?«

»Klar. Allerdings werde ich wohl dumm sterben müssen. Bis zum heutigen Tag hast du mir nichts von deiner besten Freundin erzählt.«

»Wirklich nicht?«

»Nö.«

»Sorry.« Betroffen blicke ich ihn an. »Isabelle und ich haben uns in der ersten Klasse der Grundschule kennengelernt. Bis zum Abitur waren wir unzertrennlich. Dann haben sich unsere Wege getrennt. Isabelle hat sich für eine kaufmännische Berufsausbildung entschieden, während ich in einer Zahnarztpraxis arbeiten wollte.«

»Was ist dann passiert?«, will Philipp wissen, und ich schließe für einen Moment die Augen. Die Antwort fällt mir schwer.

»Als wir unser Prüfungszeugnis in der Tasche hatten, ist Isabelles Vater an einem Herzinfarkt gestorben. Ihre Mutter hat sich dazu entschlossen, einen klaren Schnitt zu machen. Sie ist in ihre alte Heimat nach Bayern zurückgekehrt.«

Einige Minuten lang ist es still.

»Es gehört viel Mut dazu, alle Brücken hinter sich abzubrechen und ein neues Leben anzufangen. Wie hat Isabelle reagiert?«

»Sie wollte ihre Mutter nicht allein lassen.«

»Das war sehr anständig von ihr.«

»Ja. Aber ich war sehr traurig über diese Entscheidung, weil wir uns nicht mehr sehen konnten.« Meine Gedanken gleiten in die Vergangenheit. »Ich habe mich für Zahnmedizin in Marburg eingeschrieben, und Isabelle ist nach München gegangen.«

»Was hat sie studiert?«

»Bibliothekswissenschaften. Sie wollte unbedingt eine Laufbahn im Öffentlichen Dienst einschlagen.«

»Dann ist sie sehr auf Sicherheit bedacht«, konstatiert Philipp, und ich pflichte ihm sofort bei.

»Ja, das kann man so sagen. Isabelle ist sehr attraktiv, hat sich aber nie allein auf ihr gutes Aussehen verlassen. Sie ist ein sehr gewissenhafter, vernünftiger und zuverlässiger Mensch. Ganz im Gegensatz zu mir.«

Philipp kommentiert mein Statement nicht. »Was macht ihre Mutter?«

Ich muss schlucken. Ein Riesenkloß sitzt in meinem Hals, und meine Stimme zittert. »Sie lebt nicht mehr. Nach dem Tod ihres Mannes ist sie krank geworden, hat viel abgenommen und unter ständigem Nasenbluten gelitten.

Auf Drängen von Isabelle ist sie zu ihrem Hausarzt gegangen. Er hat sie ins Krankenhaus einweisen lassen, wo man eine chronische Leukämie festgestellt hat. Leider haben die Ärzte nichts mehr für sie tun können.«

»Das ist schlimm.«

»Ja. Isabelle hat sie bis zu ihrem Tod gepflegt.«

»Armes Mädchen.« In Philipps Stimme schwingt tiefes Mitgefühl. »Der Verlust muss sie tief getroffen haben.«

»Ja«, bestätige ich. »Sie hat nicht über ihre Gefühle gesprochen, sondern alles mit sich selbst ausgemacht. Auf der Beerdigung habe ich sie zuletzt gesehen. Das ist drei Jahre her.«

»Ich finde es gut, dass ihr den Kontakt gehalten habt.«

»Na ja«, druckse ich herum. »Er ist sehr lose geworden in der letzten Zeit. In Marburg war ich sehr mit einer verkorksten Beziehung beschäftigt, und als ich wieder nach Bad Nauheim zurückgekehrt bin, habe ich mich in die Arbeit gestürzt und alle Kontakte zu meinen alten Bekannten einschlafen lassen. Wir haben uns ab und zu eine Karte zu den üblichen Feiertagen geschickt – das war's auch schon. Die Einladung zur Hochzeit hat mich überrascht.«

»Hat sie dir überhaupt nichts von ihrem Traummann erzählt?«

Philipp klingt überrascht, und ich ziehe einen Flunsch. »Nein. Als ich die Einladung bekommen habe, bin ich aus allen Wolken gefallen. Ich kann es nicht nachvollziehen, dass sie sich ausgerechnet an einen Mann binden will, der sein Leben bereits hinter sich hat.«

»Das ist aber hart ausgedrückt.«

»Immerhin ist er dreißig Jahre älter als sie«, trumpfe ich auf. »Das sagt doch alles.«

»Vielleicht hat sie einen Vaterkomplex?«

Irritiert starre ich ihn an. »Darüber habe ich noch nie nachgedacht. Aber wenn du' s sagst, könnte etwas dran sein. Ihr eigener Vater ist viel zu früh verstorben, und Isabelle sehnt sich nach einer heilen Welt.«

»Wer tut das nicht?« Philipp lässt sich nicht aus der Reserve locken. »Wer weiß, wie viele Traumata du mit dir herumschleppst.«

»Tausende. Das möchte ich überhaupt nicht wissen«, platze ich heraus. »Wenn ich meine Schwächen feiern würde, käme ich aus der Party nicht mehr heraus. Trotzdem denke ich, dass Isabelle die falsche Entscheidung trifft. Kannst du mir erklären, warum sie sich an ihre Urlaubsbekanntschaft binden und ihre besten Jahre mit einem Superhirn verschwenden will?«

»Aus Liebe.«

»Was das auch immer bedeuten mag.«

Über meine zynische Antwort bin ich selbst erschrocken, aber Philipp lässt sich auf keine Grundsatzdiskussion ein. »Vielleicht hat ihr Traummann dafür gesorgt, dass sie sich wieder in dieser Welt wohlfühlt?«

Diese Antwort gibt mir mehr zu denken, als ich zugeben möchte. Philipp hat den Nagel auf den Kopf getroffen. Über das Schicksal von Isabelle habe ich mir nie den Kopf zerbrochen. In den vergangenen Jahren bin ich nur um mich selbst gekreist, und nun ist es nicht anders. Für mich zählt nur meine eigene Meinung. Mit meiner Empathie ist es nicht weit her. Was nutzt mir mein Intellekt, wenn ich kein Herz für meine Mitmenschen besitze?

Verlegen wechsele ich das Thema. »Sag mal, wollen wir mal einen anderen Sender im Radio suchen? Bei dieser lahmen Musik schläfst du nachher noch am Steuer ein.« Energisch drücke ich auf einen Knopf und plaudere mit Philipp über weitere belanglose Dinge, während wir unsere Fahrt nach Österreich fortsetzen.

Als wir unseren Wagen vor dem Parkplatz unseres Hotels parken, glaube ich, mitten in einem modernen Märchen gelandet zu sein. Die Sonne lacht von einem strahlend blauen Himmel, die Wiesen leuchten in einem satten Grün und der Panoramablick ist einmalig. Im Hintergrund sehe ich die schneebedeckten Gipfel der Berge. Die Hotelanlage liegt mitten in der freien Natur und erinnert mich an ein kleines Dorf in den Bergen. Nein, korrigiere ich mich und reibe mir verwundert die Augen. Es ist vielmehr Disneyland in Österreich. Auf ein riesiges Areal sind urige Holzhütten, schicke Chalets und romantische Schlösschen verteilt worden. Überall gibt es zahlreiche Attraktionen wie im Vergnügungspark. Über Geschmack lässt sich bekanntlich streiten, aber diese Kombination erscheint mir gewöhnungsbedürftig. Mir fehlen nur noch die lebensgroßen Märchenfiguren, die sich unter die zahlenden Gäste mischen. Ich würde mich nicht wundern, wenn Heidi mit ihrem Geißenpeter den Kinderspielplatz aufmischt oder Sissi in ihrem feinsten Reitdress aus dem Reitstall stapft.

Auch Philipp kann seine Überraschung nicht verbergen. »Ein richtiges Traumhotel.«

Mit gemischten Gefühlen steuern wir die Rezeption an und erleben eine angenehme Überraschung. Unsere Gastgeber haben weder Kosten noch Mühen gescheut, um unseren Aufenthalt zu einem Traum werden zu lassen. Unsere Romantiksuite ist sehr elegant eingerichtet und mit achtundsechzig Quadratmetern großzügig bemessen. Sie verfügt über ein exklusives Wohnzimmer mit schneeweißem Kachelofen und ein separates Schlafzimmer, und von dem Balkon aus sehe ich die schroffen Felsen und Grate des Wilden Kaisers. Ich bin kein Bergfex, aber dieser atemberaubende Anblick lässt sogar mein Herz höherschlagen.

»Hast du unser Badezimmer gesehen?«, hauche ich entzückt. »Wir haben sogar eine begehbare Dusche und einen Whirlpool!«

»Wir residieren standesgemäß, wenn du mich fragst.« Philipp bleibt nüchtern. »Immerhin sind wir hier im

Romantik-Schlössl untergebracht. Der Gast ist König. Alles andere wäre eine Enttäuschung.«

»Ich fühle mich wie im Märchen. Kannst du mich bitte mit Eure Königliche Hoheit ansprechen?«

»Sissi!«

»Franzl!« Lachend falle ich ihm um den Hals, ziehe ihn an mich und walze mit ihm ausgelassen durch unsere Suite. »Ich mag dich gern. Du bist der perfekte beste Freund. Du hast genauso 'nen Knall wie ich.«

»Danke für das Kompliment«, erwidert er und übernimmt wieder die Führung, ohne mit der Wimper zu zucken. Er ist ein guter Tänzer, der über ein angeborenes Gefühl für Rhythmus verfügt. Es wird ein Vergnügen sein, mit ihm über das Parkett zu schweben. »Verrate mir mal, was du noch in petto hast. Ich habe einen weißen Vintage-Vogelkäfig besorgt, den ich mit einem Briefumschlag gefüttert habe. Etwas Besseres als ein Geldgeschenk ist mir nicht eingefallen. Schließlich kenne ich meine Gastgeber noch nicht. Was willst du eigentlich verschenken?«

»Einen Erste-Hilfe-Koffer.«

»Du nimmst mich auf den Arm, oder?«

»Nein.« Ausgelassen drehe ich mich um meine eigene Achse und lasse mich auf unser riesengroßes Bett plumpsen. »Wenn du dich um mein Gepäck kümmerst, kannst du meine Überraschung mit eigenen Augen sehen. Ich habe einen großen Alukoffer gekauft und mit schwarzen Buchstaben und einem roten Kreuz verziert. Er enthält alles, was man für eine moderne Ehe benötigt.«

»Ich hätte mir denken können, dass du deinem Beruf treu bleibst.

Philipp öffnet den Kleiderschrank, um seine Garderobe zu verstauen. »Was ist denn drin?«

»Eine große Tüte mit Russisch Brot.«

Sein Gesicht ist ein einziges Fragezeichen. »Falls ihnen mal die Worte fehlen sollten?«

»Genau. Dann habe ich Plüschhandschellen gekauft. Anketten ist aber nur im Ernstfall erlaubt.«

»Weiter!«

»Ein Tütchen Brausepulver, damit das Liebesleben immer prickelnd bleibt. Eine Dose Energydrink, um immer auf Wolke sieben schweben zu können. Ein Päckchen Streichhölzer, damit das Feuer der Leidenschaft nie ausgeht. Eine Packung Schmerztabletten, falls es mal zu hoch hergegangen ist. Eine Packung Brillenputztücher für den klaren Durchblick. Eine Dose Raumdeo, wenn mal dicke Luft herrschen sollte. Eine Dose Wattestäbchen, damit nichts überhört oder falsch verstanden wird. Ein schicker Notizblock und ein Kugelschreiber, falls sie sich mal nichts mehr zu sagen haben.«

»Das klingt gefährlich.«

»Deshalb habe ich noch eine weiße Fahne eingepackt. Love, peace and understanding – mein Lebensmotto.« Ausgelassen hopse ich auf dem Bett herum. »Außerdem habe ich noch einen Gutschein für zwei Musicalkarten gekauft. Die Schöne und das Biest – ist das nicht passend?«

»Du bist ein freches Biest, Lena.« Philipp bricht fast vor Lachen zusammen. »Bist du sicher, dass Isabelle nichts übel nimmt?«

»Ja.« In diesem Punkt bin ich auf der sicheren Seite. »Wir kennen uns eine halbe Ewigkeit, wir haben viel zusammen erlebt, und wir hätten es kaum miteinander ausgehalten, wenn wir uns nicht verstehen und vertrauen würden. Natürlich sind wir nicht immer einer Meinung, und wir nehmen uns gegenseitig auf die Schippe. Aber wenn wir uns mal richtig böse sind, schweigen wir lieber und gehen uns für eine Weile aus dem Weg, statt uns mit unbedachten Worten zu verletzen oder hinter unserem Rücken mit Dritten übereinander zu lästern. Dieses schlechte Benehmen kenne ich nicht von meinen Freundinnen. Auch

Aylin, Shirin und Ebru würden sich niemals so verhalten. Dafür lege ich meine Hand ins Feuer.«

»Wenn du es sagst, wird es stimmen. Du hast an alles gedacht. Gibt es irgendetwas, was ich für dich tun kann?«

»Natürlich.« Ich springe wieder auf, nehme ihn in die Arme und küsse ihn freundschaftlich auf die Wange. »Ich habe einige knallrote Luftballons in Herzform gekauft, die ich an den Koffer binden möchte, wenn wir ihn ver-schenken. Hoffentlich kannst du gut pusten.«

21. Kapitel

*V*or dem Wiedersehen mit Isabelle habe ich Bammel wie zuletzt bei meinem Staatsexamen. Aber als wir uns eine halbe Stunde später in der Halle unseres Hotels treffen, um einen Aperitif zu nehmen und gemeinsam zu Tisch zu gehen, ist alle Scheu verflogen. Isabelle erwartet uns schon ungeduldig an der Treppe. Sie trägt ein schlichtes Kleid und hat ihre Locken zu einem lässigen Zopf gebunden.

In ihrem ebenmäßigen Gesicht lese ich Staunen und Stolz. »Du hast dich so sehr verändert, Lena. Ich habe dich gar nicht mehr erkannt.«

Ihre Worte tun mir gut. Mir steigen Tränen in die Augen, als wir uns in die Arme fallen und uns liebevoll umarmen. Isabelle hat sich nicht verändert. Sie ist immer eine Schönheit gewesen und wird es bis zu ihrem letzten Atemzug sein. Nur in ihre dunkelblauen Augen ist ein neuer Ausdruck getreten, den ich noch nicht an ihr gesehen habe. Sie wirkt erwachsener, reifer und strahlt vor Glück von innen heraus.

Auch ihr zukünftiger Mann macht einen positiven Eindruck auf mich. Er ist schlank, hochgewachsen und hält sich sehr gerade. Mit seinem Gardemaß überragt er alle anwesenden Herren. Sein distinguiertes Aussehen erinnert mich an *Sky Dumont*, und seine Stimme ist genauso angenehm, warm und tief. »Herzlich willkommen, Lena. Ich bin Werner.«

»Hallo.«

»Ich freue mich, dich kennenzulernen. Isabelle hat mir viel von dir erzählt.«

»Hoffentlich nur Positives.«

Sein Lächeln ist herzlich und offen. »Selbstverständlich. Meine Frau redet niemals schlecht über andere Menschen. Allerdings hat Isabelle mir verschwiegen, dass du dich zu einer strahlenden Cinderella entwickelt hast. Dein Mann ist zu beneiden.«

»Vielen Dank für das Kompliment.« Verlegen senke ich den Blick, während Philipp die ihm zugedachte Rolle ausfüllt, sein Revier markiert und demonstrativ einen Arm um meine Taille legt. Eigentlich müsste ich den Irrtum aufklären, aber ich schaffe es einfach nicht.

Währenddessen hängt sich Isabelle an den Arm ihres zukünftigen Mannes. »Lasst uns zu Tisch gehen. Dann können wir alte Erinnerungen auffrischen und in aller Ruhe plaudern. Wir haben heute ein leichtes Menü ausgewählt. Das ist doch in eurem Sinne, oder?«

Der Chef de Cuisine versteht sein Handwerk. Die hausgemachten Spezialitäten sind hervorragend. Sie sehen fantastisch aus und schmecken noch viel besser. Insgeheim bin ich fast froh, dass wir nur wenige Tage hier verweilen. Bei einem längeren Aufenthalt in diesem Luxushotel würde ich meinen Appetit kaum zügeln können, sondern nach Herzenslust schlemmen und wie eine Tonne in die Zahnarztpraxis zurückrollen. Während ich mir das Dessert auf der Zunge zergehen lasse, beobachte ich meine gut gelaunten Gastgeber. Optisch gesehen sind sie ein harmonisches, schönes Paar, trotz des nicht wegzuleugnenden beträchtlichen Altersunterschiedes. Auch charakterlich gesehen scheinen sie sich gut zu ergänzen. Isabelle sprüht vor Charme und verzaubert durch ihr lebendiges, temperamentvolles Wesen, während ihr zukünftiger Mann einen ruhigen, geerdeten Eindruck macht und Erfahrung, Reife und Zuverlässigkeit ausstrahlt. Ich kann ihre Wahl mit einem Mal verstehen und bin mir sicher, dass sie den richtigen Mann fürs Leben gefunden hat.

»Wie gefällt euch das Hotel? Seid ihr mit eurer Unterkunft zufrieden?«, durchbricht Isabelles muntere Stimme meine Gedankengänge.

»Es ist zu schön, um wahr zu sein. Kneif mich bitte, damit ich merke, dass ich nicht träume«, sage ich ehrlich und zucke im nächsten Moment zusammen. »Autsch! Nicht so fest. Jetzt bekomme ich garantiert einen blauen Fleck. Aber eines verstehe ich nicht. Ihr lebt in München. Warum findet die Hochzeit in Tirol statt?«

»Aber das liegt auf der Hand.«

»Nein. Nicht für mich.«

»Stehst du wirklich auf der Leitung?«

»Ja, es tut mir leid, aber ich habe keinen blassen Schimmer.«

»Vielleicht darf ich dich aufklären. Juristisch gesehen, bin ich ein klassischer Wiederholungstäter«, schaltet sich ihr zukünftiger Mann ein. »Vor zehn Jahren habe ich dieses Hotel für mich entdeckt. Von München aus ist es nur ein Katzensprung. Der Blick auf die Berge ist einzigartig. Jeden Morgen grüßen der Zahme und der Wilde Kaiser. Kann ich mir mehr Nähe zur Natur wünschen?«

Wer mich morgens grüßt, ist mir ziemlich gleichgültig. Hauptsache, er hält danach die Klappe. Zu einem Gespräch bin ich immer nur nach dem Frühstück aufgelegt. Wahrscheinlich sehe ich noch nicht restlos überzeugt aus.

»Außerdem werden hier unsere Wünsche erfüllt«, fährt er in einem lockeren Plauderton fort. »Im Sommer spielt man Golf, im Winter fährt man Ski. Isabelle kann den Reitstall nutzen, Tennis spielen und sich nach Herzenslust im Wellness- und Spa-Bereich verwöhnen lassen.«

»Weil wir uns hier ganz in der Nähe kennen- und liebengelernt haben, war ich sofort mit Werners Vorschlag einverstanden«, ergänzt Isabelle und drückt liebevoll die Hand ihres Mannes. »Eine Schneekönigin mochte ich allerdings nicht werden. Für eiskalte Händchen habe ich nichts übrig. Aus diesem Grunde habe ich auf einer romantischen Hochzeit im Sommer bestanden.«

»Verstehe ich. Fotos auf einer grünen Wiese sehen stilvoller aus. Weiß auf Weiß hebt sich nicht genug ab«, kann ich mir nicht verkneifen, zu sagen.

»Auf diesen trockenen Kommentar habe ich gewartet, Lenchen.« Isabelle schmiegt sich zärtlich an ihren Mann. »Ach, ich bin so glücklich. Morgen ist der große Tag. Ich kann es kaum erwarten.«

»Eigentlich hatte ich mir fest vorgenommen, einen weiten Bogen um den Altar machen. Es wäre mir fast gelungen, aber dann ist mir Isabelle vor die Füße gefallen – und alles war ganz anders.« Zärtlich küsst Werner sie auf die Stirn. »Ich hätte es mir nie träumen lassen, aber mir geht es genauso. Ich zähle schon die Stunden bis zu unserer Hochzeit.«

»Das glaube ich euch aufs Wort.«

Zustimmend lasse ich meinen Blick auf dem verliebten Paar ruhen. »Der Countdown läuft.«

»Leider muss ich dich noch etwas plagen, Lena. Die letzte Anprobe ist fällig. In einer halben Stunde hast du ein Rendezvous mit der Schneiderin.« Isabelle wirft einen um Entschuldigung bittenden Blick auf Philipp. »Hoffentlich hat dein Freund nichts dagegen.«

»Mach dir keine Gedanken. Ich verstehe schon. Wer schön sein will, muss eben leiden.« Philipp erhebt sich höflich und rückt meinen Stuhl zurecht. »Wenn du erlaubst, werde ich meine Freiheit genießen. Ich möchte mir eine kleine Auszeit vom Alltag gönnen und meine Bahnen im Pool ziehen.«

»Schwimm nicht so weit raus«, ermahne ich ihn gut gelaunt. »Wir treffen uns in zwei Stunden in der Sauna.«

»Ich kann es kaum erwarten.« Er drückt mich an sich. »Ciao, meine Prinzessin auf der Erbse.«

»Tschüss, mein Fröschlein.«

22. *Kapitel*

*A*ls ich mich im Spiegel betrachte, bin ich zum ersten Mal in meinem Leben sprachlos. Mein Kleid schimmert in einem edlen Champagnerton und sieht schlicht, aber edel geschnitten aus. Das Oberteil ist hochgeschlossen, aus feinster Spitze gehalten und wird am Rücken durch viele kleine Perlenknöpfe geschlossen. Ein kleiner Gürtel aus Satin betont die Taille, während der Rock in einer klassischen A-Linie fällt. Fasziniert betrachte ich mich vor dem bodentiefen Spiegel von allen Seiten. Falls ich wider Erwarten selbst einmal heirate, will ich unbedingt dieses Kleid tragen. Dann muss ich mir nur noch einen zarten Schleier zulegen – nein, auf dieses lästige Accessoire kann ich verzichten. Ein bunter Blumenkranz im Haar genügt mir vollauf. Dann ist der Boho-Stil perfekt.

»Ihre Haare müssen Sie zu einer lockeren Flechtfrisur zusammenstecken lassen«, ermahnt mich die Schneiderin, während sie an mir herumzerrt.

Ich bin überrascht, dass sie mit Nadeln im Mund überhaupt sprechen kann.

»Die Stylisten wissen Bescheid. Ihr Termin im Beautysalon ist bereits reserviert. Sie müssen um 7:30 Uhr morgens erscheinen. Die Benachrichtigung finden Sie auf dem Nachttisch in Ihrer Juniorsuite. Gegen 9:30 Uhr kommen Sie zu mir, damit ich Ihnen beim Umkleiden helfen kann. Bitte seien Sie unbedingt pünktlich.«

»Selbstverständlich«, verspreche ich. Von mir aus dürfen die Hairstylisten und Make-up-Artisten mit mir tun, was sie wollen. Wahrscheinlich werde ich alles versprechen, weil ich mich zum ersten Mal in meinem Leben geradezu überirdisch schön finde.

Trotzdem bin ich nach der langwierigen Anprobe heilfroh, dass ich einen normalen Beruf ergriffen habe. Fotomodell wäre nicht meine erste Wahl gewesen. Posieren und Stillstehen liegen mir einfach nicht. Dafür bin ich einfach zu lebhaft und ungeduldig. Ich kann mich glücklich schätzen, dass ich nicht mit dem Hintern wackeln, sondern mich auf mein Hirn verlassen muss. Die Schneiderin lässt mich in Gnaden gehen. Sie wird die letzten Änderungen in ihrem Atelier vornehmen. Nun habe ich mir eine Belohnung verdient. Rasch husche ich in unsere Juniorsuite und sammle meine Badeutensilien zusammen. Das Hotel ist so freundlich, uns eine praktische Tasche zur Verfügung zu stellen, in die ich meine Siebensachen hineinstopfen kann. Dann mache ich mich auf den Weg in den Wellness- und Spa-Bereich. Es ist eine kleine Abenteuerreise, sozusagen Verlaufen mit System. Das Hotel ist verschachtelt gebaut, und ich irre lange Zeit orientierungslos in dem Gebäude herum, bis ich mein Ziel erreicht habe und mich umkleiden kann. Aber eigentlich ist mir alles gleichgültig, denn ich schwebe noch immer auf Wolken und falle Philipp freudestrahlend um den Hals, als wir uns am verabredeten Treffpunkt begegnen. »Wie geht's?«

»Steif gefroren.« Philipp kann ein Feixen nicht unterdrücken. »Ich habe den Eispalast getestet. 5 Grad und unsagbar schön.«

»Brr …« Als ich darüber nachdenke, läuft mir eine Gänsehaut über den Rücken. »Komm, lass dich aufwärmen.«

»Willst du das Eis um mein Herz zum Schmelzen bringen, Lena? Nur zu, ich würde mich freuen.«

»Na ja«, druckse ich herum. »Meine Vorstellungen gingen eher in Richtung Soledom, Brechl-Sauna oder Infrarotkabine. Heizt dir das nicht genug ein?«

»Wenn ich dich hüllenlos vor mir stehen sehe, muss ich mich glatt im Außenschwimmbecken abkühlen.«

»Du bist ein Spinner!« Liebevoll gebe ich ihm einen Nasenstüber. »Hast du noch nie eine nackte Frau gesehen?«

»Natürlich. Aber eben nicht dich.«

»Dann pass bloß auf, dass du gleich nicht blind wirst.« Munter greife ich nach seiner Hand und ziehe ihn hinter mir her. »Los, jetzt wollen wir jede Menge Spaß haben.«

Zwei Stunden später liegen wir erschöpft auf unseren Liegen im Entspannungsraum, lauschen der chilligen Musik und flüstern miteinander. »Was hältst du von unserer Unterkunft?«

»Sehr schön. Auch wenn mir persönlich der Zuckerbäckerstil überhaupt nicht gefällt.«

»Ja, der Architekt hat wohl nicht seinen besten Tag gehabt, als er an seinem Reißbrett stand. Hier ist alles durcheinandergeraten. Die Anlage erinnert mich an den Spruch: Hering ist gut, Schokolade ist gut – wie gut muss beides zusammen sein.«

»Kitsch as Kitsch can. Aber wenn's der zahlenden Kundschaft gefällt, muss man sich zurechtbiegen lassen.« Lässig zuckt Philipp mit den Schultern. »Außerdem stört mich die Größe des Hotelkomplexes. Masse ist nicht gleichzusetzen mit Klasse. Aber ich kann nachvollziehen, dass der Hotelier die Zahl der Gäste konstant hochhalten muss, damit sich seine enormen Investitionen langfristig rechnen.«

»Das gilt aber auch für die Robinson-Klubs.«

»Genau. Das Konzept ist nicht schlecht, aber nichts für mich.«

»Wie verbringst du deinen Urlaub?« Ich bin neugierig geworden. »Erzähl mir von deinen Erlebnissen. Was magst du am liebsten?«

»Schwer zu sagen. Meine Kindheit habe ich in Holland verlebt. Meine Großeltern waren eingefleischte Campingfans, und wir waren ständig an der Nordsee.«

»Dann bist du abgehärtet. Das Klima ist ja eher rau.«

»Kann man so sagen. Auf jeden Fall kann ich auf einer Luftmatratze schlafen und von Dosenfraß leben«, erinnert sich Philip. »Meine Eltern haben lieber ein Ferienhaus gemietet. Trotzdem war Luxus für meinen Bruder und mich ein Fremdwort.«

»Du Armer.« Ich bin voller Mitgefühl. »Meine Eltern haben mich nach Österreich oder in die Schweiz verschleppt. Bei unseren stundenlangen Wanderungen kam ich mir vor wie eine Ziege. Hohe Berge mag ich nicht mehr sehen.«

»Das gibt's nicht!« Philipp will sich ausschütten vor Lachen. »Soll ich lieber die Vorhänge zuziehen, wenn wir in unserer Suite sind?«

»Sagt man nicht: Was dich nicht umbringt, macht dich stärker?« Stirnrunzelnd betrachte ich den künstlichen Sternenhimmel über uns. »So schlecht habe ich es gar nicht getroffen, wenn ich darüber nachdenke. An dieses sorglose Luxusleben könnte ich mich glatt gewöhnen.«

»Man muss alles mitnehmen«, philosophiert Philipp. »Versuchungen sollte man nachgeben. Wer weiß, ob sie wiederkommen.«

»Hihi. In dem Punkt stimme ich *Oscar Wilde* zu. Ich möchte nichts missen, was ich in den vergangenen Monaten erlebt hab.« Liebevoll streiche ich ihm durch das feuchte, verwuschelte Haar. »Also: Raus mit der Sprache. Würdest du wieder hierhin zurückkommen?«

»Bestimmt. Aber mit dem Wiedersehen lasse ich mir viel Zeit, denn es gibt noch viele Ziele auf der Welt, die ich entdecken will.«

»Stimmt. Wir sind jung und neugierig, und das ganze Leben liegt vor uns.« Impulsiv drücke ich seine Hand. Mit Philipp an meiner Seite kann gar nichts mehr schiefgehen. Wir haben mehr gemeinsam, als ich je geglaubt habe. Nichts geht über einen guten Freund. Eigentlich ist er das Beste, was mir in der letzten Zeit passiert ist.

Nach dem Dinner wollen Isabelle und ich einen kleinen Spaziergang unternehmen, während Werner und Philipp eine Partie Billard bevorzugen.

Vergnügt hakt sich Isabelle bei mir ein, während wir das Hotel verlassen und durch die gepflegte Gartenanlage promenieren. »Endlich haben wir mal Zeit für ein vertrauliches Gespräch unter Frauen.«

»Es wird höchste Zeit«, stimme ich ihr zu. Der feine weiße Kies knirscht leise unter den dünnen Sohlen meiner Pumps, und der würzige Duft von frisch gemähtem Gras kitzelt in meiner Nase. »Jetzt hört wenigstens kein Feind mit.«

»Über unsere Männer können wir uns nicht beschweren. Werner hat mein Herz im Sturm erobert – und Philipp könnte mir auch gefallen.«

»Ein Harem ist nicht erlaubt«, kontere ich und drohe ihr mit dem Finger. »Halt dich fern von meinem besten Kumpel, sonst hängt dein Haussegen schief, bevor du unter der Haube bist.«

»Bist du eifersüchtig? Kündigst du mir die Freundschaft?«

»Nein. Niemals. Wer soll dich denn retten, wenn du in dein Unglück rennst?«

»Das klingt aber komisch.« Isabelle bleibt vor einem filigranen Springbrunnen stehen, der selbst um diese Uhrzeit noch leise vor sich hinplätschert, und sieht mich mit einem merkwürdigen Blick an. »Hast du etwas gegen meine geplante Hochzeit einzuwenden? Magst du Werner nicht?«

»Sagen wir es mal so: Ich kann deine Wahl verstehen«, erkläre ich diplomatisch. »Aber ansonsten halte ich mich raus und wasche meine Hände lieber in Unschuld.«

»Ach, Lenchen. Du glaubst gar nicht, wie glücklich ich bin.« Mit träumerischem Blick schaut Isabelle zum wolkenlosen Himmel. »Morgen werde ich meinen besten

Freund heiraten, mit dem ich lache, für den ich lebe und den ich liebe. Manchmal kann ich mein Glück überhaupt nicht fassen.«

Liebevoll lege ich ihr den Arm um die Schultern. »Ich gönne es dir. Ehrlich. Wann hast du gemerkt, dass es Liebe ist?«

»Eigentlich wusste ich es schon, als wir uns das erste Mal in die Augen geschaut haben«, antwortet Isabelle wie aus der Pistole geschossen. »Auch wenn mir alle Knochen im Leibe wehgetan haben.«

»Also hat der Blitz bei euch eingeschlagen?«

Sie knabbert an ihrer Unterlippe. »Das kann man so sagen. Im Urlaub waren wir unzertrennlich. Wahrscheinlich haben wir für großen Gesprächsstoff in den Alpen gesorgt.«

»Das ist eine besondere Situation«, gebe ich zu bedenken. »Wenn man frei von den normalen Verpflichtungen ist, zeigt man immer sein Sonntagsgesicht.«

»Das sehe ich genauso«, erklärt Isabelle mit fester Stimme. »Deshalb wollten wir uns unbedingt in unserem Alltag erleben. Als wir wieder in München waren, hat Werner mich angerufen und gebeten, die Bücher in seiner Bibliothek zu katalogisieren. Das war eine abendfüllende Beschäftigung, kann ich dir sagen.«

Ich stoße einen kleinen Seufzer aus. »Ich hätte es mir denken können. Das Glück wohnt zwischen zwei Buchdeckeln.«

»Wo sonst?«, bemerkt Isabelle trocken. »Schließlich müssen wir uns tagtäglich mit dicken Wälzern herumschlagen. Ich kümmere mich um die Belletristik, und Werner vertraut auf die Hilfe der Herren *Palandt* und *Stowasser.*«

»Gemeinsames Leid verbindet«, frotzele ich. »Habt ihr noch weitere Berührungspunkte gefunden?«

»Klar. Mehr als du glaubst. Wir lieben klassische Musik, interessieren uns für bildende Kunst, besuchen

Ausstellungen, Theateraufführungen oder Konzerte. Aber das sind nur Hobbys, die ich auch mit anderen Freunden teilen könnte. Am wichtigsten finde ich, dass wir die gleichen Normen und Werte schätzen.«

Diese Schlussfolgerung kann ich nicht nachvollziehen. »Wie kann das sein? Dein zukünftiger Mann ist sehr vermögend und bewegt sich in ganz anderen Kreisen.«

Isabelle bleibt ruhig. »Sicher. Aber trotzdem ist er ein feiner Mensch mit einem guten Charakter, auf den man sich in jeder Lebenslage verlassen kann. Er schätzt ein ruhiges Familienleben.«

»Damit hat er sich aber viel Zeit gelassen«, spotte ich gutmütig. »Werner ist ja ein richtiger Womanizer, dem alle Frauen zu Füßen liegen. Ich kann mir nicht vorstellen, dass er wie ein Eremit in den vergangenen Jahren gelebt hat.«

»Warum hätte er das tun sollen?« Isabelle lächelt. »Natürlich hat Werner sein Leben in vollen Zügen genossen – und es ist richtig so. Ich finde es besser, dass er sich vor unserer Ehe ausgetobt hat, als wenn er sich nach anderen Frauen umschaut, wenn wir uns das Jawort gegeben haben.«

In diesem Punkt muss ich Isabelle zustimmen. »Unbedingt.«

»Siehst du. Treue ist mir wichtig. Sonst wären wir nicht zusammengeblieben.«

Ja. Davon bin ich überzeugt. Isabelle ist garantiert nicht käuflich. Wenn sie liebt, dann aus ganzem Herzen – und nicht mit dem Blick auf das Portemonnaie. Aber trotzdem muss ich noch einmal nachhaken. »Hast du keine Angst vor dem neuen Leben, das dich an seiner Seite erwartet?«

»Ach nein.« Ihr Lachen spült meine Sorgen weg. »Natürlich werde ich am Anfang viele Fehler machen, wenn ich gesellschaftliche Verpflichtungen wahrnehmen muss. Aber das ist nicht schlimm. Dann können Werner und ich gemeinsam darüber lachen. Wir haben uns lieb – und das ist doch die Hauptsache. Findest du nicht auch?«

Nach unserem anstrengenden ersten Tag sind Philipp und ich erschöpft und todmüde. Deshalb verzichten wir auf alle weiteren Aktivitäten und ziehen uns wieder auf unsere Juniorsuite zurück, um unseren Abend in aller Ruhe ausklingen zu lassen. Seufzend schlüpfe ich aus meinen Schuhen und werfe Philipp einen fragenden Blick zu. »Wollen wir knobeln, wer zuerst ins Bad darf?«

»Ladys first.« Philipp ist und bleibt ein echter Gentleman. Auch wenn uns nichts als aufrichtige Freundschaft verbindet. Deshalb fühle ich mich verpflichtet, mich erkenntlich zu zeigen und ihm den Vortritt zu lassen. »Wahrscheinlich dauert es aber länger. Ich möchte unbedingt den Whirlpool ausprobieren.«

»Dann springe ich rasch unter die Dusche, wenn du nichts dagegen hast. Soll ich dir schon das Wasser in die Wanne lassen?«

»Das wäre lieb von dir.«

»Dafür nicht. Möchtest du in der Zwischenzeit Musik hören? Auf meinem Smartphone habe ich alles, was gerade angesagt ist. Hast du besondere Wünsche?«

»Blank & Jones. Als ich mal auf Norderney war, habe ich einen Abstecher in die Milchbar gemacht und dort ein Konzert erlebt. Seitdem mag ich diese Musik.«

»Gebongt.«

Eine Stunde später fühle ich mich nach dem entspannenden Bad im Whirlpool wieder wohl in meiner Haut. Glücklich schlüpfe ich in mein bequemes Schlafshirt, gehe in unser romantisches Schlafzimmer und mache es mir in dem riesigen Bett bequem.

Unschlüssig steht Philipp in T-Shirt und Boxer-Shorts an der Schwelle. »Sag mal, darf ich eigentlich im Bett schlafen oder muss ich auf der Couch übernachten?«

Eine berechtigte Frage, auf die ich eine klare Antwort geben muss. Ich rette mich in einen beliebten Standardspruch: »Wir sind erwachsene Menschen.«

»Eben.«

»Ich bin streng katholisch erzogen worden«, informiere ich Philipp über meine moralischen Grundsätze. »Sex ist für mich nur in einer ehelichen Verbindung möglich.«

»Erwartest du von mir, dass ich dir einen Antrag mache?«

»Nö.« Grinsend schnappe ich mir ein Paradekissen und werfe es nach ihm. »Ich wollte bloß wissen, wie weit du für einen Platz an meiner Seite gehen würdest.«

»Lena, du bist unmöglich.« Philipp klemmt sich das Kissen unter den Arm und kommt kopfschüttelnd näher. »Was hättest du getan, wenn ich heimlich vorgesorgt und einen Ring aus der Tasche gezogen hätte?«

»Ach was. So weit geht kein Mann in meinem Leben.« Lockend klopfe ich auf die seidenweiche Tagesdecke. »Komm schon, ich tue dir nichts.«

»Leider.« Philipp lässt sich an meiner Seite nieder, und ich kuschele mich zufrieden an seine Brust.

Sein Herz schlägt ruhig und gleichmäßig, und ich fühle mich so geborgen und so wohl wie schon lange nicht mehr. »Hättest du je geglaubt, dass wir mal zusammen in einem Bett landen?«

Sanft streicht er mir über das Haar. »Nein. Dieses Erlebnis übersteigt meine kühnsten Erwartungen.«

»Du bist ein Esel.«

»Du bist so freigiebig mit Kosenamen.«

»Aber nur zu Menschen, die ich sehr gern mag.«

Seine Stimme ist ganz leise, eigentlich ein Flüstern. »Dann hast du mich gern?«

»Na klar. Du bist der beste Freund, den ich mir wünschen kann. Wäre ich sonst mit dir zusammen?«

»Weißt du, was ich mir wünsche?«

»Sag es mir«, will ich sagen, aber dann überwältigt mich die Müdigkeit und mir fallen die Augen zu. Morgen ist schließlich auch noch ein Tag.

23. Kapitel

*D*er nächste Tag hält uns in Atem. Beim Frühstück bekomme ich vor lauter Aufregung kaum einen Bissen herunter, obwohl ich überhaupt nicht die wichtigste Person auf dieser Hochzeit bin. Vor dem Hochzeitsmarathon graust mir, und ich kann nicht fassen, dass Isabelle und Werner so locker und unbeschwert wirken und sich auf die Fahrt mit dem schneeweißen Rolls-Royce zu ihrer standesamtlichen Trauung freuen. Meine Anspannung lässt erst nach, als wir gegen 11 Uhr das Rathaus erreicht haben. Das nüchterne Trauungszimmer ist durch zwei schlichte Schilder aufgepeppt, die links und rechts an der Tür auf großen Standtafeln platziert sind. Ich kann mir ein Schmunzeln nicht verkneifen und stoße Philipp an.»Schau mal!«

»He stole my heart«, raunt Philipp mir ins Ohr. »So I'm stealing his last name. Diese Idee gefällt mir. Besser kann man eine Hochzeit nicht auf den Punkt bringen.«

»Wobei aber nicht gesagt ist, für welchen Familiennamen man sich entscheidet. Niemand möchte sich verschlechtern.« Wieder muss ich das letzte Wort haben. Glücklicherweise erspart sich Philipp jeglichen Kommentar.

Stattdessen beschäftigt er sich mit einer anderen wichtigen Frage. »Wann wollen wir eigentlich unsere Geschenke überreichen?«

»Wenn wir mit Sekt auf das glückliche Paar anstoßen«, entscheide ich. »Könntest du dann unauffällig zu unserem Auto verschwinden, die Luftballons aufblasen und mit meinem Koffer wiederkommen?«

»Ach, Lena. Manchmal hast du etwas Gewisses. Es lässt sich nicht leugnen, dass du daran gewöhnt bist, deine

Assistentin tagtäglich in der Praxis herumzuscheuchen.«
Philipp zupft an einer losen Strähne, die sich aus meinem
Chignon gelöst hatte. »Wie heißt denn das magische
Zauberwort?«

»Bitte. Aber wenn dir die berufliche Variante lieber ist:
Sofort!«

Nach der standesamtlichen Trauung folgt ein offizieller
Empfang. Isabelle hat sich eine hübsche Überraschung
einfallen lassen und ein Catering-Unternehmen beauf-
tragt, zuckersüße Cake Pops, die als Braut und Bräu-
tigam gestaltet sind, an die geladenen Gäste zu verteilen,
während wir mit Sekt oder Orangensaft auf das glückliche
Paar anstoßen. Ich habe eine leise Ahnung, dass an diesem
Tag reichlich Alkohol fließen wird, verschmähe den Sekt
und nehme stattdessen nur ein Glas Orangensaft.

Isabelle folgt meinem Beispiel und wählt ebenfalls
die alkoholfreie Variante. Ihre Begründung klingt ein-
leuchtend: »Ich darf nichts trinken. Sonst überstehe ich die
nächsten Tage nicht.«

Das ist das Stichwort, auf das ich gewartet habe.
Demonstrativ drücke ich ihr meinen Erste-Hilfe-Koffer in
die Hand, den Philipp wie verabredet in der Zwischenzeit aus unserem Wagen geholt hat. »Falls du es vergessen haben solltest: Ich bin Ärztin und stehe dir gern zu
Diensten.«

Mit offenem Mund starrt Isabelle mich an, dann kann
sie sich vor Lachen nicht mehr halten und greift nach der
Hand ihres Mannes, der gerade einen Bekannten begrüßt
und ein Präsent entgegengenommen hat. »Schau nur,
Werner, unsere Hochzeit steht unter einem guten Vor-
zeichen. Jetzt kann nichts mehr schiefgehen.«

Abends folgt eine Party in unserem Hotel, die nach
dem Motto »Fairytales can come true« gestaltet ist. Die
gesamte Dekoration ist in zarten Pastelltönen gehalten.
Auf den stilvoll eingedeckten Tischen prangen zahllose

Rosenarrangements, und alle Stühle sind mit weißen Hussen geschmückt, die jeweils von einer Schleife aus Rosen und Efeu gehalten werden. An der illuminierten Decke schweben zahllose Luftballons in Weiß und Rosa, und sogar die angrenzende Terrasse ist mit einigen Lichterketten geschmückt. Als die Liveband die ersten Takte von *Young at heart* von *Frank Sinatra* spielt, das sich Isabelle und Werner ausdrücklich gewünscht haben, steigen mir Tränen in die Augen, und Philipp muss mir mit seinem Taschentuch aushelfen, weil ich wieder mal an alles, nur nicht an das Naheliegende gedacht habe.

Die nächsten Stunden vergehen wie im Flug. Die Liveband spielt die schönsten klassischen Lovesongs, und wir tanzen vergnügt und genießen das wunderschöne Ambiente. Dienstbeflissen präsentieren die Kellner ihre silbernen Tabletts und servieren uns köstliche Appetithäppchen. Hummersüppchen mit Macis-Blüte, Paella-Salat, Graved-Lachs-Schnittchen, Zucchinipralinen, Mango-Spieße mit Garnelen, Surf-and-Turf-Schaschlik und gefüllte Blätterteigtaschen sehen verlockend aus und laden zum Probieren ein. Leider werde ich aber davon nicht satt, und der großzügig ausgeschenkte Champagner lässt mich unsicher auf meinen hohen Hacken werden. Wenn ich mir noch mehr Schampus genehmige, werde ich allmählich Schlagseite bekommen. Außerdem strapaziert der steife Small Talk der High Society meine Nerven. »Lass uns auf die Terrasse gehen«, raune ich Philipp ins Ohr. »Hier sind mir zu viele Menschen.«

»Hast du Platzangst?«

»Vielleicht. Auf jeden Fall muss ich dringend frische Luft schnappen.«

»Okay. Ich wollte sowieso eine Zigarette rauchen.« Er will in der Tasche seines Sakkos nach einem Päckchen Zigaretten suchen, aber ich schlage ihm spielerisch auf die Finger. »Lass stecken. Rauchen ist schlecht für die Zähne.«

Widerstrebend gibt er sein Vorhaben auf und lässt die Hände sinken. »Eine Ärztin als Freundin zu haben, ist verdammt nervig.«

Erstaunt hebe ich den Kopf. »Warum?«

»Du weißt alles besser.«

Diesen Spruch habe ich oft in meinem Leben gehört. Zu oft für meinen Geschmack. Trotzdem versuche ich, ihn von meinen Prinzipien zu überzeugen. »Glaub mir. Frauen mit gutem Geschmack küssen keine Aschenbecher.«

»Du bist so vernünftig. Schlägst du nie über die Stränge?«

»Doch. Heute. Du darfst mir einen Cocktail an der Bar holen. Ich bin so außer Rand und Band, dass ich nicht mehr Nein sagen kann.« Sanft hauche ich ihm ein Küsschen auf die Wange. »Bitte. Ich warte draußen auf dich.«

»Weil du es bist, Lenchen. Was möchtest du denn haben?«

»Lass mich überlegen.« Schnell greife ich nach einer Getränkekarte, die perfekt auf die Hochzeit abgestimmt worden ist. Sämtliche Cocktails sind entweder in Blau- oder Rosatönen gehalten. »Was soll ich bloß nehmen? Blue Eyes? Blushing Bride? Flirtini? Hot Romance? Das klingt alles toll. Kannst du nicht die Entscheidung treffen, Philipp?«

»Okay. Ich lass mir was Schönes einfallen. Am besten einen Drink, der perfekt zu deinem Abendkleid passt. Du siehst heute fantastisch aus.«

»Danke schön«, hauche ich entzückt. »Das Kompliment gebe ich gern zurück. Ein dunkler Anzug steht dir hervorragend.«

Auch Männer lieben Komplimente.

Sein Lächeln zeigt mir, dass ich den richtigen Ton getroffen habe. »Man tut, was man kann, wenn man eine entzückende Begleitung hat. Bis gleich.«

Mein elegantes Kleid im Vintage-Look ist der beste Kauf meines Lebens gewesen. Die A-Linie betont meine schlanke Figur, und der Carmen-Ausschnitt setzt meine Schultern ins rechte Licht. Meine langen Haare trage ich zu einem strengen Chignon frisiert, was den edlen Look wirkungsvoll unterstreicht. Sogar Isabelle, die mit einer schlichten eleganten Robe auf den zeitlosen Grace-Kelly-Look gesetzt hat und in einer ganz anderen Liga spielt, hat mir ein anerkennendes Kopfnicken geschenkt. Natürlich liegt Schönheit im Auge des Betrachters, aber ich fühle mich großartig, als ich auf die Terrasse hinausgehe und auf die gepflegte Grünanlage blicke. Leider hält meine Hochstimmung nicht lange an.

»Schau an. Frau Doktor gibt sich die Ehre. Bist du der zahnärztliche Notdienst? Machst du heute Hausbesuche?«

Vor Schreck bleibt mir fast das Herz stehen. »Was machst du denn hier?«

»Das könnte ich dich auch fragen.« Alex trägt einen makellosen schwarzen Nadelstreifenanzug und sieht mich mit einem Blick an, der unanständige Erinnerungen in mir wachruft und mir das Blut in die Wangen steigen lässt.

»Ich habe mich nicht in die High Society eingeschlichen«, trumpfe ich auf. »Ich habe eine offizielle Einladung.«

»Stell dir vor. Ich auch.« Alex lehnt sich lässig an die Brüstung. »Mein Patenonkel wollte mir unbedingt seine Auserwählte vorstellen.«

Fassungslos starre ich ihn an. »Dein Patenonkel?«

»Ja. Mein Patenonkel und mein Vater sind seit ihrer gemeinsamen Studienzeit eng befreundet. Sie führen eine gemeinsame Kanzlei.«

»Lass mich raten: Du bist ebenfalls Jurist.«

»Korrekt.«

»Und du hast dich zufällig auf Medienrecht spezialisiert?«

»Zufällig.«

»Das ist aber praktisch«, knurre ich gereizt und gehe langsam auf ihn zu. »Manchmal kann man das Angenehme mit dem Nützlichen verbinden. Bist du allein hier? Wo ist denn Rebecca?«

Er lässt sich nicht aus der Reserve locken, sondern bleibt kühl. »Sie ist unpässlich und muss sich schonen.«

»Das tut mir aber leid.« Meine Bemerkung klingt gehässig, und Alex durchbohrt mich mit seinen Blicken.

»Ich glaub dir kein Wort.«

Die Luft zwischen uns ist zum Schneiden dick.

Eine freundliche Stimme durchbricht die Stille. »Hier ist der versprochene Flirtini, Lenchen.«

»Danke, Philipp.«

»Dieser Cocktail passt wie die Faust aufs Auge. Ist er dein neuer Lover?«, sagt Alex anzüglich und mustert Philipp abschätzig von oben bis unten. »Jetzt weiß ich, warum du dich nicht mehr gemeldet hast. Dornröschen verschwendet keine Zeit mehr, nachdem es wachgeküsst worden ist. Jetzt ist *Sex and the City* angesagt.«

»Pardon?« Verständnislos schaut Philipp von mir zu Alex und wieder zurück. »Kennt ihr euch?«

»Flüchtig.«

»Sehr flüchtig.« Alex gönnt mir ein mokantes Lächeln. »Wir hatten einen One-Night-Stand. Nothing of importance. Forget it.«

Meine Sicherungen knallen durch. Meine rechte Hand macht sich selbstständig und landet mit einem lauten Klatschen auf seiner Wange. »Dann wirst du nicht vergessen haben, dass ich sehr schlagfertig bin.«

»Nein.« Alex reibt sich die Wange, an der sich meine fünf Finger abzeichnen. »Das hat gesessen. Auf eine Wiederholung lege ich keinen Wert.«

Auch wenn es weiter in mir brodelt, habe ich mich wieder im Griff. »Mein Bedarf ist ebenfalls gedeckt.« Meine Stimme zittert nicht, sondern klingt eiskalt. »Ich verstehe nicht, wie ich dir vertrauen und mich auf dich einlassen konnte.«

»Ist das dein letztes Wort?«

»Ja. Es gibt nichts mehr zu sagen. Lass mich einfach in Ruhe.«

»Gut. Diesen Gefallen tu ich dir gern. Dann wünsche ich euch einen schönen Abend.« Mit einer angedeuteten höflichen Verbeugung dreht er sich auf dem Absatz um, kehrt in den Saal zurück und mischt sich unter die tanzenden Gäste. Binnen weniger Sekunden ist er aus meinem Blickfeld entschwunden.

»Wenn du denkst, dass ich wegen dir eine einzige Träne vergießen werde, hast du dich geschnitten«, zische ich hasserfüllt und balle die Fäuste. »Ich laufe Männern gern entgegen, aber niemals hinterher.« Ich wende mich Philipp zu und nehme meinen Drink entgegen. Meine Augen brennen vor Zorn. Ich setze das Glas an die Lippen, leere es in einem Zug und stelle es auf der Brüstung der Terrasse ab. »Merci. Das war längst überfällig. Und jetzt lass uns tanzen.«

»Nein«, Philipp hält mich am Arm fest. Sein Gesicht ist ernst. »Heute gehst du nirgendwo mehr hin.«

»Lass mich los!«

Aufgebracht wirbele ich herum, aber Philipp lässt sich auf keine weitere Diskussion ein. »Ich weiß nicht, was zwischen diesem Mann und dir vorgefallen ist, Lena. Du musst mir nichts erzählen, wenn du nicht willst. Es geht mich nichts an. Aber dieser eine Auftritt reicht mir. Du hast die Kontrolle verloren und bist völlig ausgetickt. Von dieser Seite kenne ich dich nicht. Und ich lege keinen Wert auf eine Wiederholung. Verstanden?«

Ich hole tief Luft, um zu einer Verteidigungsrede anzusetzen.

»Ich bin dein Freund, Lena«, schneidet Philipp mir das Wort ab. »Ich lasse meine Freunde nicht im Stich, sondern fühle mich für sie verantwortlich. Du bist kein schlechter Mensch, aber du hast zu viel getrunken. Wenn du betrunken bist, weißt du nicht, was du tust. Deshalb werde ich dich jetzt dahin bringen, wo du hingehörst. Nämlich ins Bett.«

»Ich will nicht …«, protestiere ich lautstark, doch Philipp lässt sich nicht erweichen.

»Spiel nicht die Zicke, Lena. Heute hast du genug Porzellan zerschlagen. Ich bin sicher, dass du jedes böse Wort, das du deinem Bekannten an den Kopf geschmissen hast, bereuen wirst, wenn du wieder nüchtern bist.«

Philipp hat mich noch niemals strammstehen lassen. Wenn er wütend auf mich ist, muss ich mich wirklich gründlich danebenbenommen haben. Fassungslos starre ich ihn an.

»Lass uns auf unser Zimmer gehen. Wir brauchen unsere Ruhe. Morgen ist ein anstrengender Tag«, sagt er ruhiger.

24. Kapitel

A m nächsten Morgen habe ich einen Kater. Nein, das ist zu tiefgestapelt. Eine ganze Katzenfamilie hat es sich in meinem Schädel gemütlich gemacht. Am liebsten möchte ich meinen Kopf im Beautysalon abgegeben, aber aus anatomischen Gründen ist diese Maßnahme unmöglich, und ich muss meinen Körper aus dem kuscheligen Bett schwingen. Die Dusche macht mich nicht munterer, obwohl ich den Temperaturregler gnadenlos zwischen heiß und kalt hin- und herschwenke. Mein Frühstück beschränke ich auf schwarzen Kaffee, mehr bekomme ich um diese Uhrzeit unter keinen Umständen hinunter. Dann trete ich den schweren Gang in den Beautysalon an. Teilnahmslos lasse ich sämtliche Verschönerungsmaßnahmen in einem Rekordtempo über mich ergehen und wundere mich hinterher, dass mir eine zweite Ausgabe von *Heidi Klum* aus dem Spiegel entgegenblickt, während ich mich wie ein Zombie fühle. Wahrscheinlich ist irgendwo ein Fehler im System.

Philipp ist so klug, mich nicht anzusprechen, als wir uns in der Halle wiedersahen. Er wirkt frisch und munter und sieht in seinem dunklen Anzug wie aus dem Ei gepellt aus. Ich fühle leisen Neid in mir aufsteigen, weil er sich ausschlafen und anschließend in aller Seelenruhe das üppige Frühstücksbuffet genießen konnte. Männer haben es wirklich leichter.

»Was ziehst du denn für eine Schnute?« Verwundert sieht er mich an, und ich zuckte schuldbewusst zusammen.

»Ach, ich weiß es auch nicht«, murmele ich leise. »Diese Hochzeit auf dem Lande ist mir einige Nummern zu groß. Alles ist so anstrengend.«

»Freust du dich nicht auf die Kutschfahrt in einem Landauer?«

»Nein.« Eine Gänsehaut läuft mir den Rücken hinunter. Wenn es nach mir ginge, würden wir die wunderschöne Pfarr- und Wallfahrtskirche »Zu unserer lieben Frau« in Oberaudorf, die zum Erzbistum München und Freising gehörte, lieber auf anderem Wege erreichen. »Hoffentlich unterläuft mir kein grober Patzer. Stell dir vor, was alles schiefgehen kann. Wenn ich aus der Kutsche klettere, auf die Schleppe trete und Isabelle zu Fall bringe, verklagt mich ihr Mann nachher noch …«

»Mach dir keine Gedanken«, sagt Philipp und legt mir einen Arm um die Schultern. »Alles wird gut.« Er findet immer die richtigen Worte. Sogar als ich mich gestern nach allen Regeln der Kunst danebenbenommen und Alex coram publico geohrfeigt habe, hat sich Philipp anständig verhalten. Er hat mir zwar die Meinung gegeigt, aber nicht die Freundschaft aufgekündigt, wie es jeder andere Mann getan hätte. Mein schlechtes Gewissen drückt mich gewaltig. Es ist erlaubt, mit frechen Worten um sich zu werfen, doch auf schlagende Argumente sollte ich in meinem fortgeschrittenen Alter verzichten. Eigentlich müsste ich über meinen Schatten springen und Alex um Entschuldigung bitten. Leider kann ich ihn nicht unter den anwesenden Gästen entdecken. Verlässt er sich auf seine Erfahrungen aus der Cowboy-und-Indianer-Phase und hat sich ein sicheres Versteck gesucht, wo ich ihn niemals aufspähen werde? Oder hat er die Nase gestrichen voll, seine Koffer gepackt und die Flucht vor mir ergriffen?

»Schau, da kommen Isabelle und Werner.«

Gespannt fahre ich herum, und ich sehe eine elfengleiche Gestalt an der Seite eines großen stattlichen Mannes in den Salon treten. Mir stockt der Atem. Isabelle ist eine wunderschöne Braut. Sie trägt ein hautenges Brautkleid aus feinster Spitze, das ihre perfekte Figur betont. Die Stylisten haben sich selbst übertroffen. Ihre Frisur verzaubert durch pure Eleganz. Die blonden Haare sind am Oberkopf toupiert, und die Haarlängen lockig im Nacken zusammengesteckt. Auch ihr Mann sieht in einem klassischen Frack wie aus einem Modemagazin geschnitten aus, aber Isabelle überstrahlt alles. Der Mermaidstyle ist wie geschaffen für sie. Sie ist gertenschlank und sieht blendend aus. Nur die klitzekleine Wölbung am Bauch wundert mich … Moment mal. Ich werde stutzig, strenge meine grauen Zellen an und lasse die vergangenen Ereignisse Revue passieren. In den vergangenen Tagen hat Isabelle auf sämtliche alkoholischen Getränke verzichtet und stets Mineralwasser getrunken. Ist ihre Erklärung, sie müsse einen klaren Verstand bewahren, ein Vorwand? Hat sie in der Schwangerschaftslotterie gespielt und einen Volltreffer gelandet? Man kann mir alles vorwerfen, aber eine Petze bin ich nicht. Deshalb werde ich kein Sterbenswörtchen verraten und ihr die Daumen drücken, dass sich ihr größter Wunsch erfüllt.

»Manchmal werden Märchen wahr«, raunt mir Philipp ins Ohr, drückt meine Hand und holt mich in die Gegenwart zurück. »Heute sind wir live dabei.«

25. Kapitel

W ollen wir das Schicksal sprechen lassen?« Über-
mütig wirbelt Isabelle herum und wirft ihren
Brautstrauß, während die anderen weiblichen
Gäste laut kreischen. »Wer wird die nächste Braut?«

Irgendwie sehe ich das Unglück kommen. Auch wenn
ich mich keinen einzigen Zentimeter bewege, fliegt das
Bukett in meine Richtung und landet direkt in meinen
Armen. Vor Entsetzen versinke ich fast im Boden. »O nein.«

»O doch«, kommentiert Philipp trocken, der meine
Reaktion genau beobachtet hat. »Bleib locker, Lena. Es hat
nichts zu bedeuten.«

»Hat es doch.« Beschämt vergrabe ich mein Gesicht in
den Blumen. »Jeder wird sich an mich erinnern. Das ist
genauso schlimm wie im Film *Die Braut, die sich nicht traut*.«

»Wenn ich mich richtig erinnere, gab es aber in diesem
Streifen ein Happy End.« Philip lässt nicht locker. »*Julia
Roberts* hat *Richard Gere* bekommen.«

»Bei mir führt aber nicht Hollywood Regie«, zische ich.
»Amor hat einen Knick in der Optik. Sein Pfeil ging ins
Leere. Eine White Wedding ist für mich ausgeschlossen.«

Klick, klick, klick! Alarmiert hebe ich den Kopf und
schaue direkt in die Kamera des Fotografen, der die
denkwürdige Szene für die Nachwelt festgehalten hat.

»Mach was!« Mit einem Schreckensschrei fahre ich
herum und rüttele an Philipps Arm. »Rette mich! Schnell!«

»Was ist denn?«, murmelt Philipp schlaftrunken und
reibt sich die Augen. »Ist es schon acht Uhr? Müssen wir
aufstehen?

»Oh.« Betreten lasse ich ihn los und werfe einen Blick
auf meinen Wecker auf dem Nachttisch. Es ist noch nicht

mal sieben Uhr. Am liebsten möchte ich mir die seidene Bettdecke über den Kopf ziehen. »Verzeih mir, ich habe schlecht geträumt.«

»Hast du zu viel von der dreistöckigen Torte gegessen? Ich habe es kommen sehen. Du wolltest unbedingt jede Etage probieren. Die Champagner-Trüffel-Variante hatte es dir angetan …«

»Mhm …« Meine Erinnerung an diesen Kalorienexzess ist nur noch verschwommen vorhanden. Vermutlich habe ich auch fleißig gebechert, um mein schlechtes Gewissen zu beruhigen. Alex hat mir keine Gelegenheit für einen Gang nach Canossa gegeben. Seinem Patenonkel zuliebe hat er an der kirchlichen Trauung teilgenommen, sich aber im Hintergrund gehalten und in die letzte Bank gesetzt. Nach dem Ende des Gottesdienstes hat er so getan, als ob er mich nicht kennt. Mit eisiger Miene ist er an mir vorbeigeschritten, um dem glücklichen Brautpaar zu gratulieren. Ich wusste nicht, wie ich mich verhalten sollte, und habe die ganze Zeit über auf die Blumenkinder aufgepasst, die nach ihrem erfolgreichen Einsatz außer Rand und Band waren und lauter Unfug im Kopf hatten. Wenig später war Alex spurlos verschwunden, und ich habe ihn nicht mehr wiedergesehen. Wir sind im Bösen auseinandergegangen, und er wird mich als die schlimmste Zicke in Erinnerung behalten, die ihm jemals über den Weg gelaufen ist. Und was das Schlimmste ist: Er hat mit dieser Auffassung recht.

Um mein schlechtes Gewissen zu betäuben, habe ich mich in sinnlose Aktivitäten gestürzt. Allem Anschein nach gehören Alkohol- und Kalorienexzesse dazu. Hoffentlich habe ich nicht so schlimm über die Stränge geschlagen, wie es den Protagonisten im Film *Hangover* geglückt ist.

Während ich über meine Sünden am vergangenen Tag nachgrübele, gähnt Philipp hemmungslos. »Oder sind dir die klassischen Lieder in der Kirche auf die Nerven gegangen?«

»Erinnere mich nicht daran«, murmele ich gequält. »Ave Maria und Laudate Dominus erinnern mich an meine verhassten Lateinstunden an meinem altsprachlichen Gymnasium. Mensch, hat mich unser Pauker mit seinen grammatischen Übungen getriezt.«

»Armes Mädchen. Lass dich trösten.« Ein amüsiertes Lächeln huscht über das Gesicht von Philipp. Impulsiv nimmt er meine Hände und zieht mich an sich. »Wie hat dir die Hochzeit gefallen? Bist du auf den Geschmack gekommen?«

»Gut. Sehr gut«, hauche ich und schmiege mich in seinen Arm. »So gut, dass ich eine Wiederholung für mich definitiv ausschließe. Ich stehe nicht gern im Zentrum der allgemeinen Aufmerksamkeit.«

»Manchmal muss man gewisse gesellschaftliche Verpflichtungen erfüllen.«

»Nee. Ich pfeife auf Konventionen. Das ist nichts für mich.«

»Aha. Was schwebt dir denn vor?«

»Weiß ich noch nicht. Vielleicht brenne ich einfach mit meinem Liebsten durch, wenn es so weit ist. Eine Hochzeit an einem einsamen Strand stelle ich mir sehr romantisch vor.«

»Du bist ein ziemlicher Freigeist, Lena.« Missbilligend zieht Philipp seine Brauen zusammen. »Willst du deinen Eltern diesen Affront antun?«

Nein, das will ich nicht. Meine Eltern sind großzügige, tolerante und weltoffene Menschen. Sie haben alles für mich getan und mir eine glückliche, sorglose Kindheit und Jugend geschenkt. Ich liebe sie über alles. Auch wenn ich nicht immer die Tochter bin, die sie verdient hätten.

»Wir werden schon den richtigen Weg finden, wenn es so weit ist. Aber noch ist kein Traumprinz auf einem weißen Pferd in Sicht. Können wir dieses Thema später ausdiskutieren?«

»Ach, Lenchen, du bist schwer zu handeln. Manchmal muss man dich zu deinem Glück zwingen. Sogar mit ungeputzten Zähnen.« Unvermittelt beugt er sich über mich, nimmt mein Gesicht in seine Hände und küsst mich auf den Mund.

Er ist so zärtlich, dass mein Herz vor Aufregung klopft. Was hat diese überstürzte Reaktion zu bedeuten? Will Philipp die Friedzone verlassen? Möchte er mit mir schlafen? Aber wir stehen doch gar nicht aufeinander. Wir sind nicht verliebt, sondern »nur« ziemlich beste Freunde. Sende ich falsche Signale? Wie soll ich mich bloß verhalten? Unvermittelt lässt er mich wieder los, schlägt die Decke zurück und schwingt sich aus dem Bett. Verblüfft sehe ich ihm nach.

An der Tür zum Badezimmer dreht er sich noch einmal um. Seine Stimme ist ganz rau. »Ich kann warten, Lena. Aber spiel bitte mit offenen Karten und spann mich nicht zu lange auf die Folter. Das ist nicht fair.«

Unser letztes gemeinsames Frühstück verläuft in einer angespannten Atmosphäre. Auf den Tischen türmen sich Delikatessen, die mein Herz höherschlagen lassen. Am liebsten möchte ich beherzt zugreifen, aber mein Verstand funktioniert noch so weit, dass ich mit gesenkten Augen am Wurst- und Käsebuffet vorbeischlendere, bis ich an der Vollwerttheke angekommen bin. Traurig schaufele ich Bircher Müsli in ein Schälchen und gönne mir einen Klecks Naturjoghurt, während ich aus den Augenwinkeln beobachte, wie Philipp zielsicher die Event-Cooking-Station ansteuert, wo man sich verschiedene Eierspeisen nach seinen Wünschen zubereiten lässt. Brr. Das kann ja heiter werden.

Grummelnd kehre ich zu unserem Tisch zurück. Meine Ausbeute ist sehr übersichtlich.

»Was ist denn mit dir los?«, erkundigt sich Isabelle teilnahmsvoll, die sich gerade eine Semmel schmiert und mit frischem Aufschnitt belegt. »Du isst ja wie ein Spatz. Hast du Magenschmerzen?«

Oja. Mein Magen knurrt, als mir der Duft von gebratenen Würstchen und Rührei in die Nase steigt. Offensichtlich liebt Werner ein deftiges Frühstück. Eigentlich sollte ich ihn verklagen. Sein Benehmen ist unbedingt grenzwertig, wenn man selbst Kalorien zählen muss.

»Nein. Mir geht es gut. Guten Appetit.« Schnell schiebe ich mir einen Löffel Müsli in den Mund, um nicht zu einem weiteren Statement gezwungen zu werden.

Glücklicherweise kehrt Philipp gerade von seiner Tour zum Buffet zurück und lenkt die allgemeine Aufmerksamkeit auf sich. »Wow. Dein Schokoladencrêpe sieht aber gut aus.«

Hmpf. Mir läuft das Wasser im Mund zusammen, und ich schnappe mir die Teekanne. »Möchte jemand schwarzen Tee?«

»Nein, danke schön, wir bevorzugen Kaffee«, sagt Werner und schaut auf Philipps Teller. »Schau an, du hast sogar frisches Obst zur Dekoration bekommen. Sehr lecker.«

»Finde ich auch«, sagt Philipp zufrieden, setzt sich zu uns und greift zu seinem Besteck. »Heute genieße ich das perfekte Sonntagsfrühstück.«

»Lena leidet bestimmt unter Reisefieber«, sagt Isabelle mitfühlend. »Ihr Armen müsste ja heute wieder zurückfahren. Wir bleiben noch einige Tage hier. Dann starten wir in die Flitterwochen.«

»Wohin geht es denn?«, erkundige ich mich interessiert. »Habt ihr eine Kreuzfahrt gebucht? Oder fliegt ihr in die Karibik?

»Der lange Flug wäre uns zu anstrengend.« Liebevoll legt Werner einen Arm um seine Frau. Er trägt ein kariertes Hemd zu einer schlichten Blue Jeans und wirkt viel nahbarer als in den vergangenen Tagen. »Wir wollen lieber la Dolce Vita in Italien genießen.«

»Das hört sich gut an«, sage ich. »Verrate mir bitte mehr.«

»Wir werden eine kleine Rundreise unternehmen«, erzählt Werner bereitwillig. »Unsere Tour führt uns zum Gardasee, in die Toskana und nach Venetien.«

»Stell dir vor, wir werden Vicenza und Padua besuchen und eine Aufführung in der Arena von Verona erleben. Werner hat schon Karten reserviert«, jubelt Isabelle. Mit ihren wilden blonden Locken und dem zart geblümten Sommerkleid wirkt sie wie ein glückliches kleines Mädchen, das sein Glück nicht fassen kann. »Wir werden sogar Venedig besuchen. Dann können wir gemeinsam über den Markusplatz und die Rialtobrücke schlendern. Davon habe ich immer geträumt.«

»Dann dürft ihr euch auf eine Gondola Venezia freuen«, rutscht mir heraus. »Das kenne ich nur aus der Eisdiele. Es muss herrlich sein.«

»Macht es uns nach. Oder habt ihr euren Jahresurlaub bereits verplant?« Werners Vorschlag ist lieb gemeint, aber er kommt zum falschen Zeitpunkt.

Vor Schreck fällt mir der Löffel aus der Hand und landet mit einem Klirren auf dem Boden. Philipp und ich wechseln einen einzigen Blick. Unser Schweigen spricht Bände.

Nach einer gefühlten Ewigkeit steht Philipp auf. »Wir werden darüber nachdenken, wenn wir wieder zu Hause sind«, sagt er höflich. »Vielen Dank für eure Gastfreundschaft. Bitte entschuldigt mich, ich möchte mich um unser Gepäck kümmern, damit wir in einer halben Stunde losfahren können.«

Kurze Zeit später stehe ich wehmütig im Foyer und betrachte nachdenklich die hohe gläserne Vase, die bis zum Rand mit kleinen handgeschriebenen Zetteln gefüllt ist. Alle Gäste haben sich an die Bitte gehalten, die unsere Gastgeber auf einer kleinen Tafel ausgesprochen haben: *Leave a message in a bottle for Isabelle and Werner to open in a year.* Was mag in einem Jahr sein?

Als ich meine beste Freundin zum letzten Mal liebevoll in die Arme nehme, steigen mir Tränen in die Augen. Irgendwie habe ich sehr nah am Wasser gebaut in den vergangenen Tagen. »Ich danke dir für alles, Isabelle. Es war so schön, dich nach dieser langen Zeit wiederzusehen.«

Auch Isabelle kann ihre Gefühle nicht verbergen. »Ich danke dir, dass du hierhergekommen bist. Du hast mich sehr glücklich gemacht.« Impulsiv drückt Isabelle meine Hände. »Wir werden in Verbindung bleiben. Du kommst uns regelmäßig in München besuchen, hörst du? Ich möchte nicht noch einmal so lange auf dich warten müssen.«

»Nein, ich werde so oft vorbeikommen und euer Familienleben stören, bis dein Mann seine Leibwächter ruft und mich aus eurer Villa hinauswerfen lässt.«

»Das wird niemals geschehen, Lena. Werner ist sehr gastfreundlich, und wir haben zwei Gästezimmer mit eigenem Bad. Du wirst uns überhaupt nicht stören.« Isabelle lacht. »Du darfst gern deinen Freund mitbringen, wenn du möchtest. Philipp ist ein netter Junge. Ich mag ihn. Aber ich glaube nicht, dass er der Richtige für dich ist. Du stehst nicht in Flammen.«

Das Blut steigt in mir in die Wangen, und ich sehe betreten auf meine Schuhspitzen. »Ja.«

»Eigentlich würdest du gut zu Alexander, dem Patensohn meines Mannes, passen«, überlegt Isabelle. »Ich habe euch auf der Party gesehen, als ihr auf der Terrasse geplaudert habt.«

Hoffentlich hat sie nicht die schlagenden Argumente bemerkt, die wir ausgetauscht haben. Verlegen beiße ich mir auf die Lippen.

»Werner hat mir viel von Alexander erzählt. Er hat es nicht leicht gehabt im Leben. Seine Mutter ist tödlich verunglückt, als er zwölf Jahre alt war«, fährt Isabelle ungeniert fort.

Davon habe ich noch nichts gehört. Der Verlust muss ihn hart getroffen haben. Die Narben auf seiner Seele sind deutlich zu erkennen. Ich kann meine Bestürzung nicht verbergen. »Das ist schlimm.«

»Das kannst du laut sagen. Sein Vater konnte sich nicht um ihn kümmern, weil er beruflich ständig unterwegs war. Deshalb musste Alexander ein Internat in der Schweiz besuchen.«

Eine Schulzeit in einem fremden Land stelle ich mir nicht sehr angenehm vor. Automatisch kehren meine Gedanken zu Rebecca zurück. Auch sie ist in ein Internat abgeschoben worden. Wahrscheinlich hat sie seine bitteren Empfindungen nachvollziehen und ihn in diesem Punkt verstehen können. Aber kann man sich gegenseitig Halt geben, wenn kein Partner ein intaktes Familienleben kennengelernt hat? Eine brennende Frage mag ich mir nicht verkneifen. »Kennst du ihn näher?«

»Ach, das wäre wohl zu viel gesagt. Wir haben uns bei einigen Charityveranstaltungen getroffen. Anfangs hielt ich ihn für einen Draufgänger. Aber inzwischen bin ich sicher, dass sich hinter seiner harten Fassade ein weiches Herz verbirgt. Er spendet regelmäßig Geld für wohltätige Zwecke und setzt sich für karitative Organisationen ein.«

Diese Lobrede gefällt mir nicht. Wahrscheinlich, weil sie meinem schlechten Eindruck von Alex widerspricht.

»Vielleicht will er nur sein schlechtes Gewissen beruhigen.« Kopfschüttelnd betrachte ich sie. »Du siehst immer nur das Gute im Menschen.«

»Dafür malst du alles Schwarz in Schwarz. Ich bin lieber ein Optimist als ein Pessimist«, verteidigt sich Isabelle. »Vergiss nicht, wie gut es uns geht. Wir sollten nicht so viel um uns selbst kreisen, sondern lieber an andere Menschen denken, die nicht so viel Glück haben.«

In diesem Punkt muss ich ihr zustimmen. Ich habe keinen ernsthaften Grund, mich über mein Schicksal zu beklagen. Ich bin in guten Verhältnissen aufgewachsen. Meine Eltern führen eine glückliche Ehe, sind gesund und lassen mir viel Freiraum. Auch meine Ausbildung ist wunschgemäß gelaufen. Abitur, Ausbildung und Studium – alles habe ich mit sehr guten Noten abgeschlossen. Danach habe ich sofort eine feste Anstellung mit einem anständigen Gehalt gefunden. In der Praxis fühle ich mich sehr wohl, und inzwischen habe ich viele liebe Freundinnen gefunden. Bis auf die Liebe läuft alles perfekt. Eigentlich jammere ich auf ziemlich hohem Niveau.

»Es ist zu schade, dass Alexander wegen seiner beruflichen Verpflichtungen nicht länger bleiben konnte«, fährt Isabelle fort. »Aber vielleicht gibt es eine zweite Chance. Wenn du magst, kann ich ein zufälliges Wiedersehen in München arrangieren.«

»Wie kommst du auf diese Idee?«

»Du bist ein starker Charakter, der nicht leicht zu handeln ist. Deshalb brauchst du einen Mann, der dir in jeder Beziehung gewachsen ist. Er muss genauso klug, unabhängig und zielstrebig sein wie du. Alexander erfüllt diese Voraussetzungen. In meinen Augen wärt ihr ein schönes Paar.«

»Bestimmt.« Meine Mundwinkel zucken, und ich muss mich abwenden. Wem sagt sie das?

26. Kapitel

*D*ie Rückkehr in den normalen Alltag bringt mich auf andere Gedanken. Mein Hirn ist mit defekten Zähnen, Röntgenaufnahmen und Kostenvoranschlägen beschäftigt, und für meine Herzensangelegenheiten bleibt keine Zeit übrig.

Lieber studiere ich gründlich die Tageszeitung, die mich über die kleinen und großen Katastrophen in der Welt informiert. An einem Morgen im September bleibe ich an einem großen Artikel hängen, der über einen gemeinnützigen Verein in meiner Heimatstadt berichtet. Die ehrenamtlichen Mitarbeiter kümmern sich um die Familien von leukämie- und tumorerkrankten Kindern, die in unserem Krankenhaus behandelt werden. Leider ist das finanzielle Budget begrenzt, und der Verein würde sich über Spenden freuen. Sofort fällt mir Isabelles Spruch ein, den sie mir mit auf den Weg nach Hause gegeben hat: »Wir sollten lieber an andere Menschen denken, die nicht so viel Glück haben.«

Wann habe ich das letzte Mal etwas für meine Mitmenschen getan? Mein schlechtes Gewissen lässt mich nicht mehr in Ruhe. Deshalb überfalle ich meine Chefin in der Praxis mit einer Bitte. »Glauben Sie nicht auch, dass ein Tag ohne Lachen ein verlorener Tag ist?«

»Selbstverständlich. Ich liebe *Charlie Chaplin*.« Frau Dr. Gläser rückt ihre Brille zurecht und wirft mir einen forschenden Blick zu. »Aber Ihre rhetorische Frage hat bestimmt mehr zu bedeuten. Raus mit der Sprache. Was haben Sie ausgeheckt, Lena?«

»Noch nichts«, gebe ich unumwunden zu. »Aber ich würde es sehr gern, wenn Sie es mir erlauben.«

»Okay.« Frau Dr. Gläser lacht. Das ist ein gutes Zeichen. »Dann verraten Sie mir, an was Sie gedacht haben.«

»Kinder sind das Wertvollste, was wir haben. Deshalb fände ich es schön, wenn wir mit einer kleinen Aktion einen gemeinnützigen Verein unterstützen würden, der sich für schwerkranke Kinder einsetzt.«

»Ich verstehe.« Das Gesicht meiner Chefin nimmt einen interessierten Ausdruck an. »Diesen Artikel habe ich heute Morgen auch gelesen.«

»Was halten Sie davon, wenn wir einen Euro für jeden Patienten spenden, der in den nächsten Monaten zur professionellen Zahnreinigung in unserer Praxis erscheint?«

Meine Chefin nickt.

»Ich bin mir ganz sicher, dass unsere Patienten sich gern an einer Aktion für einen guten Zweck beteiligen und unsere Spendenbox füttern werden«, fahre ich ermutigt fort. »Es ist eine ganz unbedeutende Sache, aber sie kann große Kreise ziehen und viel Gutes bewirken.«

»Das ist eine ausgezeichnete Idee, Lena. Sie haben meine volle Unterstützung.« Frau Dr. Gläser drückt meine Hand. »Ich bin sehr stolz auf Sie. In den letzten Monaten haben Sie sich sehr zu Ihrem Vorteil verändert. Damit meine ich nicht nur Ihre äußere Erscheinung. Sie sind ein ganz anderer Mensch geworden.«

»Ach nein«, wehre ich verlegen ab, aber Frau Dr. Gläser lässt mich nicht zu Wort kommen.

»O doch. An Ihren beruflichen Fähigkeiten gibt es nichts auszusetzen. Klug, tüchtig und verantwortungs-bewusst waren Sie immer. Aber die menschlichen Qualitäten meiner Mitarbeiter sind mir noch wichtiger. Ich freue mich, dass Sie einfühlsam, fröhlich und hilfsbereit sind. Sie haben Ihren Weg gefunden. Endlich machen Sie etwas aus sich – und das finde ich großartig. Ich mag Sie sehr gern, Lena. Es ist schön, dass Sie zu unserem Team gehören.«

Ich schwebe wie auf Wolken. Ein Lob meiner strengen Chefin ist fast so gut wie ein Orden von der englischen Königin.

Kurze Zeit später sortiert Aylin die Klatschblätter in unserem Wartezimmer und gibt fachkundige Kommentare zu den verschiedenen Magazinen. »Hui, die *Glamour* fährt schweres Geschütz auf. Heute ist Rebecca Herzog auf der Titelseite. Dieser Retrolook erinnert mich an *Rita Hayworth*.«

»Gib mal her.« Ich kann mich nicht mehr beherrschen und reiße ihr das Magazin aus der Hand. Das Cover ist der berühmten Filmaufnahme nachempfunden und zeigt eine rothaarige Schönheit in einer sehr verführerischen Pose. Die schrägen Katzenaugen in dem ausdrucksstarken Gesicht zeigen einen merkwürdigen Glanz, den ich noch niemals an ihr bemerkt habe. Oder habe ich zu viele Liebesromane gelesen und bilde mir Schwachheiten ein? Hektisch blättere ich die Seiten um, bis ich den Bericht gefunden habe. Die Überschrift gibt mir den Rest: »*Modell im Glück: Traummann und Wunschkind.*«

Also hat Alex um ihre Hand angehalten? Oder wer ist der Glückliche? Mit angehaltenem Atem lese ich weiter. Wie die Agentur erklärt, wird die Hochzeit von Rebecca Herzog mit dem britischen Schauspieler Ethan McLeod in wenigen Wochen in London stattfinden. Das erste gemeinsame Baby soll im Dezember zur Welt kommen.«

Rebecca ist vom Markt. Sie hat ihren Traummann gefunden – sie erwartet ein Baby von ihm – und sie wird in Großbritannien leben. Vor Freude macht mein Herz einen Hüpfer – dann lande ich wieder auf dem Boden der Tatsachen. Diese Meldung ist das Todesurteil für meine Beziehung zu Alex. Er wird mir nie verzeihen, dass ich ihm nicht geglaubt, ihn auf der Party geohrfeigt und mich nicht mehr gemeldet habe. Durch mein kindisches, halsstarriges Verhalten habe ich alles kaputtgemacht, was jemals zwischen uns gewesen ist.

Mechanisch lege ich die Zeitschrift auf den Stapel zurück und lehne mich an den Tresen der Rezeption.

»Geht es dir nicht gut, Lena?« Aylin hat scharfe Augen. »Du bist ganz weiß im Gesicht.«

»Mach dir bitte keine Sorgen.«

Für ein vertrauliches Gespräch unter Frauen bin ich nicht bereit. Ich habe Aylin nichts von Alex erzählt, weil ich nach meinen grenzwertigen Erfahrungen auf der Online-dating-Plattform nicht mehr an mein Glück in der Liebe geglaubt habe. Jetzt will ich nicht mit der Wahrheit heraus-rücken und sie mit meinen Problemen belasten. »Mir war nur etwas flau. Vielleicht habe ich zu wenig gegessen.«

»Übertreib nicht mit der Diät. Du hast dein Ideal-gewicht längst erreicht. Soll ich dir einen schwarzen Tee machen?«

»Mit drei Stück Zucker bitte.«

»Sehr gern. Aber nur in Kombination mit den köstlichen Sesamkringeln, die ich heute Morgen gebacken habe.« Sie verschränkt die Arme vor der Brust und sieht mich streng an. »Hör endlich mit dem Kalorienzählen auf. Wiegst du überhaupt noch fünfzig Kilo? Wie dünn willst du eigentlich noch werden? Bald bist du ein Strich in der Landschaft.«

»Hast du Simit gebacken? Das klingt verführerisch.« Das Wasser läuft mir im Mund zusammen. Ich brauche unbedingt etwas für meine Nerven, sonst drehe ich womöglich durch. Ein Gemetzel in der Praxis möchte ich nicht riskieren. Mir reicht schon das Schlachtfeld in meinem Privatleben. »Wer kann dazu schon Nein sagen? Vielen Dank, Aylin.«

Der heiße Tee tut seine Wirkung. Auch die köstlichen Kringel tragen zu meinem Wohlbefinden bei. Allmählich beruhige ich mich wieder und bin in der Lage, mich auf meine Arbeit zu konzentrieren. Trotzdem kann ich nicht verhindern, dass meine Gedanken in jeder freien Minute wieder zu Alex irren. Loslassen kostet weniger Kraft als festhalten. Und dennoch ist es viel schwerer. In einem gewissen Sinne ist Alex eine verwandte Seele gewesen. Wir haben das gleiche überschäumende Temperament, den gleichen schrägen Humor und die gleiche spitze Zunge. Mit ihm habe ich wie eine Flamme lichterloh brennen können, während die anderen Männer in meinem Leben mich höchstens zum Glimmen gebracht haben. Wahrscheinlich ist es die berühmte Liebe auf den ersten Blick gewesen, als wir uns im Kurpark über den Weg gelaufen sind – aber nun ist es zu spät. Viel zu spät. Eine zweite Chance und eine gemeinsame Zukunft wird es für uns in diesem Leben nicht mehr geben.

Vor dem obligatorischen Besuch bei meinen Eltern am kommenden Sonntagnachmittag möchte ich mich am liebsten drücken. Aber an der Einladung zu Kaffee und Kuchen führt kein Weg vorbei. Sonst macht sich meine Mutter große Sorgen und kommt für ein vertrauliches Gespräch unter Frauen vorbei, um mich wieder aufzurichten, was für mich die schlimmere Alternative wäre.

Deshalb sitze ich mit mürrischem Gesichtsausdruck an der gedeckten Kaffeetafel und starre auf die schneeweiße Pracht, die auf einer Tortenplatte thront. »Was ist das?«

»Eine vegane Spezialität«, verkündet meine Mutter stolz. »Eine Käsesahnetorte mit Mandarinen. Sie sieht nicht nur gut aus, sondern ist auch sehr gesund.«

»Bist du eine vegane Naschkatze geworden?«

»Noch nicht.« Meine Mutter nimmt das Tortenmesser und schneidet ihr Meisterwerk an. »Ich habe mich in der Buchhandlung umgeschaut und ein neues Buch gekauft.«

»Woher hast du die Zutaten?«

»Aus einem Onlineshop. Die Tochter unserer Nachbarn hat alles für mich im Internet bestellt. Du hast ja keine Zeit.«

Ihre Worte bekomme ich gleich in den falschen Hals. Meine Nackenhaare stellen sich auf. Ist eine berufstätige Frau nicht familientauglich? Soll ich mich jetzt schuldig fühlen und Besserung geloben?

»Demnächst werde ich mich zu einem Kurs anmelden. In Frankfurt ist alternatives Backen angesagt«, fährt meine Mutter ungerührt fort, während sie mir das erste Stück aufdrängt. »Diesen Trend möchte ich nicht verpassen. Dann kann ich in meiner Frauengruppe punkten. Veganer Kuchen macht sich gut auf unserem Kirchenbasar. Probier mal. Wie schmeckt es dir?«

Dieses Argument leuchtet mir ein. Seit meiner Kindheit ist meine Mutter in der katholischen Frauengemeinschaft aktiv und ständig auf der Suche nach interessanten Themen, mit denen sie andere Frauen begeistern kann. Vorsichtig koste ich ein kleines Stück. Es ist weich und fluffig. »Lecker. Aber etwas süß, wenn du mich fragst.«

»Ich frag dich aber nicht«, sagt meine Mutter in lockerem Plauderton und gießt sich eine große Tasse Kaffee ein. »Du hast dir einen dummen Beruf ausgesucht. Zahnärztinnen können nichts genießen.«

»Das stimmt nicht«, protestiere ich. »Ich mag bloß keine Süßigkeiten – und keinen Blümchenkaffee, wie du ihn kochst.«

»Magst du lieber eine heiße Milch mit Honig?«

»Nein, aus dem Alter für diesen Seelentröster bin ich längst heraus.«

»Ach was. Für Honigmilch ist man nie zu alt«, wischt meine Mutter meine Einwände beiseite. »Warum hast du deinen Freund nicht mitgebracht? Willst du ihn uns nicht vorstellen?«

»Das geht nicht.« Hastig stopfe ich mir den nächsten Bissen in den Mund, um einer weiteren Diskussion aus dem Weg zu gehen.

»Warum nicht?«, schaltet sich mein Vater ein, der die ganze Zeit schweigend zugehört hat. »Hat er viel zu tun?«

»Weiß ich nicht«, sagte ich störrisch. »Ich habe keine Ahnung, was er treibt. Es geht mich nichts an.«

»Habt ihr Schluss gemacht?« Die Augen meines Vaters leuchten verständnisinnig auf. »Mach dir nichts draus. Dieser Mann wäre sowieso nichts für dich gewesen.«

»Woher willst du das wissen?« Verblüfft starre ich ihn an. »Kennst du ihn persönlich?«

»Natürlich nicht. Aber seine merkwürdige Lebenseinstellung passt nicht zu dir.« Mein Vater redet sich in Rage. »Du hast etwas Besseres verdient als diesen selbstgefälligen Kerl, der Wasser predigt und Wein trinkt. Neulich habe ich mir mal eine Sendung im Fernsehen angeschaut. Stell dir vor, er fährt sogar einen Porsche mit Ledersitzen …«

»Alex war im Fernsehen?« Fast verschlucke ich mich an meinem Kuchen. »Wann denn?«

»Wieso Alex? Wir sprechen von Attila.«

Jetzt muss ich losprusten, während meine Mutter ihre Kuchengabel fallen lässt.

»Bist du sitzen gelassen worden? Deshalb siehst du so aus, als ob man dich durch die Mangel gedreht hätte.«

»Danke.« Diese liebevollen Worte bauen mich richtig auf.

»Ach, mein armes Lenchen«, setzt meine Mutter ihren Monolog fort. »Du bist so dünn geworden. Das ist nicht mehr schön. Wir müssen dich wieder aufpäppeln. Pass mal auf, nächsten Sonntag gibt es Sauerbraten mit Klößen und selbst gemachtem Apfelmus. Als Nachtisch werde ich eine Rotweincreme für dich machen. Das hast du früher so gern gegessen.«

Meine Lieblingsgerichte sollen ein Allheilmittel gegen Liebeskummer sein? Wenn meine Mutter Medizin studiert hätte, wären die Therapiepläne umgestaltet worden.

»Gott sei Dank«, rutscht es meinem Vater heraus. Er kann sein Glück nicht fassen. »Endlich gibt es wieder Fleisch. Eigentlich ist deine Trennung gar kein Weltuntergang, sondern ein Grund zur Freude. Für besondere Anlässe habe ich eine Flasche Champagner besorgt. Soll ich ihn zur Feier des Tages aufmachen?«

27. *Kapitel*

*N*ach diesem Tiefschlag heitert mich nicht einmal der große braune Umschlag auf, den ich wenige Tage später aus meinem Briefkasten fische. Schlecht gelaunt schleppe ich mich in meine Wohnung, schlitze meine Post mit einem Brieföffner auf und ziehe einen dicken Packen Fotos hervor, die wunderbare Erinnerungen an vergangene glückliche Stunden heraufbeschwören. Auf dem ersten Bild lachen Philipp und ich gemeinsam in die Kamera. Wir sehen unbeschwert und glücklich aus. Trotzdem fühle ich mich, als ob es mir die Petersilie verhagelt hat. Meine Stimmung ist im Keller, und aus der untersten Etage retten mich nicht einmal perfekt retuschierte Fotografien.

Unschlüssig lasse ich meinen Blick durch die Wohnung schweifen. Wo kann ich das verlorene heitere Lebensgefühl am besten wiederfinden? Vielleicht ist mein Balkon der richtige Ort. Die Sonne schickt gerade die letzten warmen Sonnenstrahlen vorbei, und vielleicht treibt sie mir die trüben Gedanken aus dem Kopf.

Gesagt, getan. An der frischen Luft ist es angenehm. Zufrieden mache ich es mir auf den weichen Kissen meiner Chaiselongue gemütlich, ziehe mir meine geliebte Kuscheldecke über die Knie und lasse die einzelnen Schnappschüsse durch meine Hände gleiten. Der Fotograf hat gute Arbeit geleistet und die besten Momente für die Ewigkeit festgehalten. An dem edlen Brautstrauß aus pastellfarbenen Rosen und schneeweißen Lilien kann ich mich nicht sattsehen. Natürlich weiß ich nicht, was dieser edle Strauß in der Sprache der Blumen zu bedeuten hat. Beim Blumenorakel wäre ich mit Pauken und Trompeten durchgefallen. Aber bei meinem Glück in der Liebe ist das Risiko gering, dass ich jemals einen Strauß in meinen Händen halten und ihn nach allen Regeln der Kunst deuten muss.

So, und nun ist es passiert. Ich bin wieder glücklich an meinem Ausgangspunkt meiner schlechten Stimmung angelangt und bade in Selbstmitleid. Hastig lege ich die wunderschönen Fotografien zur Seite und greife nach dem handgeschriebenen Brief von Isabelle, die von ihren traumhaften Flitterwochen erzählt und ihr großes Geheimnis lüftet. Einen kleinen Abschnitt lese ich immer wieder: »*Der liebe Gott meint es so gut mit mir. Ich bin der glücklichste Mensch auf der Welt. Du kannst dir nicht vorstellen, wie wunderschön es ist, ein Kind unter seinem Herzen zu tragen.*«

Doch. Meine Mundwinkel zucken. Ich kann es mir vorstellen. Auch wenn Kinder in meiner eigenen Lebensplanung nicht vorgesehen sind. Eine Hochzeit werde ich von meiner Bucket-List ebenfalls kategorisch streichen. Der Himmel verdüstert sich. Die Sonne ist hinter dichten Wolken verschwunden, und mir wird kalt. Fröstelnd schlage ich die Decke zurück, schnappe mir meine Andenken, gehe wieder in die Wohnung zurück und lege meine Postsendung auf dem Schreibtisch ab. Meine Antwort werde ich in den nächsten Tagen verfassen. Momentan wird sie nicht fröhlich ausfallen.

Tief in Gedanken versunken gehe ich ins Schlafzimmer und öffne den Kleiderschrank, wo ich meinen größten Schatz aufbewahre. Liebevoll streiche ich über den feinen Stoff des Brautjungfernkleids, das ich mit einer Schutzhülle vor allen schädlichen Einflüssen geschützt habe. Die Hochzeit ist kaum zwei Monate her und bereits aus meinem Gedächtnis verschwunden. Alles ist vergänglich. Wahrscheinlich wird mein größter Traum niemals in Erfüllung gehen. Aber die Erinnerung an ein wunderbares

Erlebnis in Österreich kann mir niemand nehmen. Und mein Mitbringsel, mehrere kleine Tütchen Blumensamen, werde ich im kommenden Frühjahr in dem Blumenkasten auf meinem Balkon aussäen. Dann wird sich zeigen, ob an dem Spruch »Let love grow« etwas dran ist oder ob es sich um ein leeres Marketingversprechen handelt.

Die Melancholie steckt mir in den Knochen. Dafür kriegt sich Aylin vor lauter Begeisterung nicht mehr ein, als wir am nächsten Tag unsere Mittagspause zusammen verbringen. Mit einem lauten Schrei des Entzückens greift sie nach den Fotografien, unterzieht sie einer kritischen Betrachtung und fegt um ein Haar ihren bunten Salat vom Tisch. »Wow. Das Kleid ist der Hammer. Und wer hat dir diese raffinierte Frisur gezaubert? Das solltest du öfter tragen. Du siehst atemberaubend aus. Aber dein Begleiter ist auch nicht von schlechten Eltern. Wer ist dieser tolle Mann?«

»Das ist Philipp.«

»Hast du ihn auf der Party kennengelernt?«

»Nein. Wir sind schon lange befreundet.«

»Echt? Das hast du nie erzählt. Wo ist er dir über den Weg gelaufen? Rück raus mit der Sprache, und lass dir nicht alles aus der Nase ziehen.«

»Beim Sport.« Damit bin ich fast bei der Wahrheit geblieben. Er ist auf dem Laufband gelaufen, und ich bin direkt neben ihm abgestürzt. Manche Männer stehen auf gefallene Mädchen.

»Sind in deinem Fitnessstudio viele gut aussehende Männer unterwegs?«, will Aylin wissen. »Dann melde ich mich morgen dort an.«

»Weiß ich nicht«, sage ich wahrheitsgemäß. »Ehrlich gestanden habe ich nie auf meine Mitmenschen geachtet. Ich habe mich nur dort angemeldet, um in aller Ruhe zu trainieren. Das regelmäßige Hingehen ist für mich schon schlimm genug, mehr muss ich mir nicht antun.«

»Aber dann hat es einfach Klick gemacht?«

Nee. Bums. Falls ich mich richtig erinnerte.

Aylin hat volle Fahrt aufgenommen und ist nicht mehr zu stoppen. »Irre. Und das hast du mir verschwiegen?«

Ich schäme mich. Ja, das habe ich. Nicht nur Philipp, sondern auch Alex, weil Aylin nicht alles von mir wissen soll. »Bleib auf dem Teppich. Wir sind gute Freunde – sonst nichts.«

»Kannst du ihn mir mal vorstellen?«, bittet Aylin. »Ich möchte unbedingt diesen tollen Mann kennenlernen, der dein Herz erobert hat. Sonst sterbe ich noch vor Neugierde.«

»Dein Ableben möchte ich nicht auf dem Gewissen haben. Dazu habe ich dich viel zu lieb.« Entschlossen nehme ich ihr die Fotografien aus der Hand, stecke sie in meine Tasche zurück und schiebe ihr ihren Teller Salat vor die Nase. »Vergiss nicht, dass wir uns zum Essen verabredet haben. Unser Privatleben regeln wir später. Hast du am nächsten Samstagabend etwas vor?«

»Noch nicht.« Aylin sieht aus wie ein lebendig gewordenes Fragezeichen.

»Perfekt. Dann blockier diesen Termin.«

»Was hast du vor, Lena?«

»Was ich längst hätte tun sollen. Ich möchte dir für deine Unterstützung danken und dich zu einem Konzert einladen.«

»Das kann ich nicht annehmen«, stottert Aylin. »Das ist doch selbstverständlich.«

»Nein. Das ist es leider nicht. Die meisten Menschen hätten sich überhaupt nicht für meine Probleme interessiert.« Ich sehe sie ernst an. »Ich vergesse nichts. Du bist eine wunderbare Freundin. Deshalb gehen wir zwei zum Konzert von *Milow* – und dann darfst du Philipp unter die Lupe nehmen und mir sagen, was du von ihm hältst.«

»Lena, beeil dich, wir kommen zu spät.«

»Quatsch. Reg dich ab. Es ist noch nicht mal halb 8, und das Konzert geht um 8 los.«

Am Samstagabend hibbelt Aylin in meinem Auto nervös vor sich hin, während ich die Ruhe selbst bin und zweimal um den Block fahre, bis ich einen Parkplatz gefunden habe. Vor der Location hatte sich eine lange Schlange gebildet.

Philipp wartet schon auf uns und winkt uns ungeduldig zu. »Hey!«

Er trägt ein schlichtes Jeanshemd zu einer ausgewaschenen Jeans und sieht auf eine lässige Art gut aus. Ich bin sehr stolz auf ihn. Sanft gebe ich ihm ein Küsschen auf die Wange und deute auf meine Begleiterin, die schüchtern näher kommt. »Darf ich dir Aylin vorstellen?«

»Hallo, Philipp. Ich habe die tollen Fotos von dir auf der Hochzeit gesehen und freue mich, dass wir uns kennenlernen.« Aylin riskiert einen scheuen Augenaufschlag, und Philipp wird rot. »Ja, ich freue mich auch.«

Diese Antwort gefällt meiner Kollegin. »Ich bin schon so gespannt auf das Konzert. *Milow* ist mein Lieblingssänger«, zwitschert sie munter weiter.

»Wirklich?«

»Ja. Am liebsten mag ich den Song *You don't know*.« Aylin hat den richtigen Knopf gedrückt, denn Philipp gönnt ihr ein anerkennendes Kopfnicken.

»Das Lied finde ich auch genial. Was gefällt dir denn noch?«

Die Antwort kommt wie aus der Pistole geschossen. »*Out of my hands*.«

»Mit *Marit Larsen*?«

»Ja«, erklärt Aylin mit fester Stimme. »Ihre Stimmen harmonieren so gut miteinander.«

Philipp ist begeistert. »Und optisch sind sie auch ein schönes Paar.«

»Können wir das später klären?«, werfe ich amüsiert ein.

Dieser Abend verspricht, ein voller Erfolg zu werden. Aylin und Philipp verstehen sich gut. Besser geht's nicht. Entschlossen hake ich mich bei Aylin und Philipp ein und ziehe sie hinter mir her. »Los, die Karawane zieht weiter. Schaut, die Türen sind gerade geöffnet worden. Wollt ihr nicht auch das Konzert lieber drinnen erleben?«

Milow ist nicht nur der sympathische Belgier von nebenan, sondern auch ein begabter Entertainer. Seine melancholischen, ruhigen Töne treffen uns mitten ins Herz. Die allgemeine Begeisterung steckt mich an, und ich singe alle Ohrwürmer mit. Nicht schön, aber laut, wie es eben meine persönliche Note ist. Pünktlich zur Pause bin ich heiser. Meine Kehle sehnt sich nach einem kühlen Getränk, und meinen Freunden geht es nicht anders. »Soll ich mich zur Bar durchschlagen?«, stelle ich eine rhetorische Frage mit einem prüfenden Blick in die Runde.

»Super!«, jubelt Aylin. »Dann organisieren wir einen Tisch.«

»Gebongt. Drei Cola – ist das okay?«

»Klar.« Philipp klatscht mich ab. »Dann auf in den Kampf. Falls du uns nicht findest, piepse ich dich mit dem Handy an.«

An der Bar ist es voller, als ich geglaubt habe. Ich brauche meine Ellenbogen, um mich an den vielen Gästen vorbeizudrängeln. Als ich zehn Minuten später mit unseren Getränken zurückkehre, ist es Aylin und Philipp gelungen, einen Stehtisch zu kapern. Sie sind in eine rege Unterhaltung vertieft und achten überhaupt nicht auf mich. Aylin spielt kokett mit einer schwarzen Haarlocke. Ihre samtbraunen Kulleraugen glänzen, und sie ist ganz nahe an Philipp herangerückt. »Lena hat mir erzählt, dass du bei einer Bank arbeitetest. Aber was machst du genau?«

»Ich bin Kundenberater bei der deutschen Ärzte- und Apothekerbank«, erklärt Philipp. »Dieses Aufgabengebiet finde ich sehr interessant. Man lernt immer neue Menschen kennen.«

Ach nee, denke ich und stelle die Flaschen auf den Tisch. Für seine berufliche Laufbahn habe ich mich nie interessiert. Eigentlich weiß ich erschreckend wenig über sein Privatleben. »Dann haben wir womöglich geschäftlich miteinander zu tun.«

»Bis jetzt noch nicht. Aber das kann ja noch kommen.« Seine Augen funkeln verschmitzt. »Vielleicht machst du dich ja mal selbstständig.«

»Abwarten und Tee trinken.«

»Nee, lieber Cola.«

Aylin schnappt sich die erste Flasche. »Auf uns! Prost.« Dann setzt sie ungeniert die Befragung fort. »Du bist ein sehr freundlicher Mensch. Verrätst du mir dein Sternzeichen?«

»Warum willst du das wissen?« Ich kann mein Entsetzen nicht verbergen. »»Glaubst du an Astrologie?«

»Nur, wenn was Positives in meinem Horoskop steht.« Ihr Lächeln ist entwaffnend. »Ich bin übrigens Wassermann. Feinfühlig, gutmütig und tiefgründig.«

»Stimmt. Immer für eine Überraschung gut.

»Also ich bin Schütze.« Philipp schmunzelt. »Ist das gut oder schlecht?«

»Ich hätte es mir denken können. Schütze ist das beste Sternzeichen ever. Du bist fröhlich, optimistisch und weltoffen«, stellt Aylin zufrieden fest. »Wir passen gut zusammen.«

»Soso. Dann geben die Sterne grünes Licht. Wir können unsere Bekanntschaft vertiefen.« Philipp muss lachen. »Was bist du eigentlich, Lena?«

Auf diese Frage habe ich gewartet. »Krebs. Ich kenne meine schlechten Eigenschaften. Empfindlich, nachtragend und reizbar. Sehr schwer zu handeln.«

Philipp schüttelt missbilligend den Kopf, und meine Gedanken irren zu Alex. Dunkel erinnere ich mich daran, dass er im November Geburtstag hat. *Scorpios are pretty cool*. Wir hätten uns in diesem Punkt gut ergänzt.

»Das ist alles nicht wahr", sagt Aylin mit fester Stimme. »Lena ist ein feiner Mensch. Sie ist aufmerksam, freundlich und zuverlässig. Eine bessere Freundin könnte ich mir nicht wünschen. Für sie lege ich meine Hand ins Feuer.«

Verlegen nuckele ich an meiner Cola, um nicht zu einem Statement gezwungen zu werden, und bin heilfroh, dass ein Gong ertönte. »Das Konzert geht weiter. Lasst uns wieder reingehen.«

28. *Kapitel*

*I*n der ganzen folgenden Woche ist *Milow* in unserer Praxis angesagt. Bei allen passenden und unpassenden Gelegenheiten summt Aylin leise vor sich hin.

Als ich ihr eine Anmeldung für einen Kongress in die Hand drücke, kann ich eine flapsige Bemerkung nicht unterdrücken. »Kannst du mir bitte ein Einzelzimmer in einem gemütlichen Hotel in Berlin reservieren? *Milow* wäre gern mitgekommen, aber er muss leider einen anderen Termin wahrnehmen.«

»Wie bitte?« Aylin erwacht aus ihrem süßen Tagtraum. »Hast du dich mit ihm verabredet? Wie hast du das geschafft? Was hast du vor?«

»Ich muss zu einer interessanten Fortbildung«, erkläre ich mit wichtiger Miene. »In Sachen CMD.«

»Craniomandibuläre Dysfunktion?«

»Deine Gehirnzellen funktionieren hervorragend. Sie haben sogar das Konzert von *Milow* überlebt.«

»Buh.«

»Genau. Professor Dr. Ralf Bullerdieck ist eine Koryphäe auf diesem Gebiet. Unsere Chefin möchte mich in einer Fortbildungsreihe schulen lassen.«

»Herzlichen Glückwunsch«, sagt Aylin trocken. »Um den Vortragsmarathon beneide ich dich nicht. Wahrscheinlich wirst du überhaupt nichts von Berlin sehen. Dabei pulsiert dort das Leben.«

»Doch. Mein Bett, wenn ich abends erschöpft reinplumpse. Bitte sei so lieb und sorge dafür, dass es ein hübsches Hotel mit anständigen Zimmern ist«, sage ich.

»Mal schauen, was ich für dich tun kann. Sonst bist du hinterher ganz verspannt und kommst mit schlechter Laune wieder zurück.«

»Wenn du gute Arbeit leistest, singe ich hinterher auch in der Praxis«, frotzele ich und hauche ihr einen Kuss auf die Wange. »Vor mir aus alle Lieder von *Milow*.«

Meinen Feierabend verbringe ich wieder im Fitnessstudio. Nicht nur in der Praxis läuft mit Musik alles besser. In den letzten Tagen habe ich Zumba für mich entdeckt. Die latein-amerikanischen Rhythmen gehen ins Blut, und es macht großen Spaß, mit den anderen Frauen durch die Halle zu wirbeln. Merengue und Salsa steigen mir genauso zu Kopf wie Mojito und Sex on the beach, sind aber unterm Strich deutlich ungefährlicher. In den ersten Stunden bin ich zwar wie ein nervöses Huhn durch die Gegend geflattert, weil ich noch nicht alle Schritte kenne, aber Agata, unsere aus Polen stammende Trainerin, hat mich wieder ein-gefangen und unter ihre Fittiche genommen. Sie ist zwar sehr zierlich, setzt sich aber gut durch. Alles hört auf ihr Kommando. Auch heute hat sie unseren Hühnerhaufen im Griff.

»Heute haben wir genug Speck geschüttelt, Ladys«, erklärt Agata, stoppt die temperamentvolle Shakira und schaltet die Musikanlage aus. »Jetzt habt ihr euch eine Pause verdient. Wer von mir noch nicht genug hat, darf mich in einer halben Stunde zum Step Dance in unserem Studio zwei begleiten. Allen anderen wünsche ich einen schönen Abend.«

Während ich mein verschwitztes Gesicht mit einem Handtuch trockenrubbele, werfe ich ihr einen kurzen Blick zu. »Du siehst aber nicht so glücklich aus.«

»Bin ich auch gerade nicht. Allerdings auch noch nicht *rabiosa* wie *Shakira*«, gibt Agata unumwunden zu und wühlt in ihrer Sporttasche. Ihr dicker blonder Zopf wirbelt wie eine Peitsche durch die Luft. »Mein Job macht riesigen Spaß, aber finanziell komm ich nicht über die Runden. Deshalb muss ich mir ein vernünftiges zweites Standbein suchen.«

»Was schwebt dir denn vor?«, hake ich nach. »Willst du Polnisch an der Volkshochschule unterrichten?«

»Habe ich schon mal probiert, aber meine Muttersprache ist nicht gerade der Renner.« Demonstrativ hält sie mir ihr Handy unter die Nase. »Lieber möchte ich mein Hobby zum Beruf machen. In meiner Freizeit backe ich sehr gern. Kuchen, Torten und Kleingebäck. Ich würde gern anderen Leute die Arbeit abnehmen, die weder Lust noch Zeit haben, in der Küche zu stehen, aber auf individuell angefertigte Spezialitäten stehen. Schau dir mal die Fotos an, Lena. Was hältst du davon? Gefallen dir meine selbst gemachten Leckereien?«

»Auf jeden Fall!« Begeistert betrachte ich die vielen hübschen Aufnahmen, die sehr ungewöhnliche Kreationen zeigen. Agata hat es wirklich drauf. Die liebevoll dekorierten Torten lassen Kinderherzen höherschlagen. Feuerspuckende Drachen und in Vereinsfarben gehaltene Fußbälle richten sich vor allem an die Jungen. Für die Mädchen sind wahrscheinlich rosarote Träume mit Hello Kitty oder Prinzessin Lillifee der absolute Renner. Mein Herz schlägt beim Anblick einer mit vielen Rosen verzierten Kreation höher. Auf einem Blütenblatt sitzt eine winzige Elfe und schenkt mir ein liebliches Lächeln. Vielleicht wäre diese Torte ein passendes Geburtstagsgeschenk für meine Mutter, die eine ausgeprägte Schwäche für die Königin der Blumen besitzt. »Das sieht sehr professionell aus. Hast du diesen Beruf gelernt?«

»Ja. Ich habe eine Ausbildung zur Konditorin gemacht. Als meine Tochter vor drei Jahren geboren wurde, musste ich eine Pause einlegen. Meine Arbeitszeiten waren so ungünstig, ich hätte mich nicht um sie kümmern können.

Aber wenn sie später in der Schule ist, möchte ich ein eigenes Café aufmachen.«

»Das klingt genial. Deine Gäste werden dir garantiert die Bude einrennen.« Meine Stimme ist etwas lauter als gewöhnlich.

Die anderen Frauen werden aufmerksam, lassen ihre Sporttaschen im Stich und drängen sich um unsere Trainerin. »Mensch, Agata. Das wussten wir noch gar nicht. Zeig doch mal.«

Diesen Effekt habe ich erzielen wollen. Jetzt muss ich den ersten Auftrag erteilen, dann werden auch die anderen nachziehen. Dieses einfache Prinzip funktioniert immer.

»Diesen scharfen Kerl würde ich gern im Advent vernaschen.« Interessiert zeige ich auf einen hübsch dekorierten Lebkuchenmann. »Ich könnte ihn mir gut in unserer Praxis vorstellen. Das ist etwas anderes als die üblichen Schokoweihnachtsmänner, die wir am Nikolaustag verteilen. Wie viel kostet der Traumtyp?«

»Ein Euro das Stück.«

»Das ist geschenkt. Du hast den Auftrag.« Ich halte ihr die Hand hin. »Morgen früh spreche ich mit meiner Chefin und gebe dir die genaue Stückzahl durch. Gibst du mir deine Handynummer?«

»Sehr gern.« Agata strahlt über das ganze Gesicht. »Dank dir, Lena, das ist sehr lieb von dir.«

Am nächsten Tag machen Aylin und ich uns mit vereinten Kräften daran, unsere Praxis weihnachtlich zu schmücken. Nach unserem offiziellen Feierabend kramen wir in den Kisten und holen die vertrauten Accessoires aus der Versenkung. Auf unserem Empfangstresen sollen mehrere knallrote Christsterne und ein zierliches Adventsgesteck unsere Patienten willkommen heißen. Die Fenster wollen wir mit Schwibbogen aus dem Erzgebirge verschönern. Unsere Chefin hat sich überreden lassen, das Wartezimmer mit einem kleinen Weihnachtsbaum zu verschönern, und Aylin verteilt die bunten Kugeln, nachdem ich den Kampf mit der widerspenstigen Lichterkette gewonnen habe.

»Das sieht richtig hübsch aus.«

»Finde ich auch«, stimme ich ihr zu. »Jetzt müssen wir nur noch unsere CD mit den beliebtesten Weihnachtsliedern starten. Dann bleiben unsere Patienten bis zur Bescherung.«

»Um Himmels willen! Verbundenheit und Wertschätzung kann man auch übertreiben!« Aylin verdreht die Augen.

»Was sagen wohl unsere Besucher, wenn wir die köstlichen Lebkuchenmänner am Nikolaustag verteilen?«

»Dass wir sehr geschäftüchtig sind«, platzt Aylin heraus. »Sonst hätte unsere Chefin deinen Vorschlag nicht sofort aufgegriffen und dir grünes Licht für die Bestellung bei deiner Bekannten aus dem Fitnessstudio gegeben. Löcher in den Zähnen sind gut für uns.«

»Jedem das Seine«, entscheide ich salomonisch. »Dafür werden wir nach den Feiertagen Kindergärten und Grundschulen besuchen, von Karius und Baktus erzählen und viele Zahnbürsten in knalligen Farben verteilen.«

»Du denkst wirklich praktisch.«

Kichernd lässt Aylin Lametta über den Weihnachtsbaum hinabrieseln. »Die Kleinen sind unsere Kunden von morgen.«

»Man tut, was man kann«, sage ich bescheiden. »Von mir aus kann Weihnachten kommen. Ich freue mich schon auf das Fest.«

»Wirst du mit Philipp feiern?« Aylins Frage klingt ganz harmlos, aber ich stutze trotzdem und werfe ihr einen überraschten Blick zu.

»Das weiß ich noch nicht. Wir haben noch nicht darüber gesprochen.«

»Vielleicht solltest du das tun.« Aylin wendet sich ab und sammelt die Verpackungen ein, um sie in den

Schränken im Abstellraum zu verstauen. »Ich mach jetzt Feierabend. Komm gut nach Hause. Bis morgen, Lena.«

Als ich wieder zum Fitnessstudio fahre, muss ich über ihre Worte nachdenken. Seit dem Konzert ist Philipp wie ausgewechselt. Er ist schweigsam, wirkt regelrecht bedrückt und geht mir aus dem Weg. Unsere Freizeit haben wir getrennt voneinander verbracht. Von einer engen Freundschaft ist gar keine Spur mehr zu entdecken. Vielleicht sollten wir wirklich mal ein klärendes Gespräch über unsere Zukunft führen?

Philipp kommt mir zuvor. Er wartet schon in der Halle auf mich und zieht mich unauffällig beiseite. »Hast du nach dem Training etwas Zeit? Ich muss mit dir sprechen«, raunt er mir ins Ohr.

»Klar.«

Seine Stimme klingt anders als sonst, und meine Alarmglocken schrillen. Hoffentlich ist nichts Schlimmes passiert. »Wollen wir zusammen Abend essen? Der Grieche hier um die Ecke soll köstliche Spezialitäten servieren.«

»Davon habe ich schon gehört. Du hast immer gute Ideen, Lena.« Philipp atmet auf. »Dann werde ich mich mal auf dem Crosstrainer auspowern. Was machst du heute?«

»BOP. Bauch, Oberschenkel und Po. Daran muss ich noch arbeiten. Busen habe ich schon. Wir sehen uns in einer Stunde. Bis später.« Feixend winke ich ihm zu und verschwinde gut gelaunt in einem Trainingsraum, um mich in dem Kurs von Agata gründlich auszupowern und in aller Ruhe meinen Problemzonen zu widmen.

In der Taverne herrscht ein stetes Kommen und Gehen, wie ich zufrieden feststelle. Die Geräuschkulisse ist sehr hoch. Aus der Stereoanlage erklingen landestypische Klänge, die mich nicht vom Hocker reißen, aber für eine dezente

Untermalung sorgen. An den Nebentischen wird munter geplaudert und gelacht. Der Kellner serviert unsere Teller-gerichte Moussaka und Kalamaria tiganita und schenkt uns den gewünschten Rotwein ein. Dann zieht er sich zurück, weil er sich um die anderen Gäste kümmern muss. Die Voraussetzungen für unser vertrauliches Gespräch können nicht besser sein. Niemand wird uns stören.

»Es ist so«, setzt Philipp an, stochert mit der Gabel in seinem Auflauf und verstummt wieder.

»Ja?«, insistiere ich. »Du kannst mir alles sagen. Wir sind Freunde.«

»Hoffentlich sind wir das noch, wenn ich dir gesagt habe, was ich auf dem Herzen habe.«

Jetzt muss ich schlucken. »Ist es so schlimm? Hast du Probleme? Kann ich dir helfen?

»Ja. Nein. Doch.« Philipp setzt sich gerade hin und greift nach meinen Händen. »Hör zu, Lena, ich will nicht lange um den heißen Brei herumreden, sondern dir reinen Wein einschenken. In den vergangenen Tagen hatte ich viel Zeit zum Nachdenken. Ich habe dich sehr gern, und wir verstehen uns ausgezeichnet, aber ich glaube nicht, dass wir eine gemeinsame Zukunft haben. Du lebst zwar allein, aber du bist nicht wirklich frei, weil du noch nicht mit einer alten Geschichte abgeschlossen hast.«

»Hm.«

Offensichtlich hat er die peinliche Szene mit Alex im Gedächtnis behalten und zwei und zwei zusammengezählt. Das spricht für seine Qualitäten als Banker, aber nicht unbe-dingt für den positiven Ausgang dieses Gesprächs.

»Du hast eine Mauer um dich errichtet. Ich habe das Gefühl, du hältst mich immer auf Abstand, weil du zu viel Angst hast, verletzt und verlassen zu werden.«

Mit seinen Worten trifft er den Nagel auf den Kopf. Verlegen zupfe ich an der Serviette in meinem Schoß. Was mag nun kommen?

»Ich wünsche mir aber nicht nur eine platonische Freundschaft, sondern auch eine dauerhafte Beziehung. Am nächsten Samstag bin ich mit einer anderen Frau verabredet, die meine Gefühle erwidert und mit mir etwas aufbauen möchte.«

Diese knallharte Antwort habe ich erwartet, trotzdem trifft sie mich mitten ins Herz. Ich fühle mich in meiner Eitelkeit gekränkt. Alex hat mich aus seinem Leben gekickt – und nun schickt sich Philipp an, einen Schlussstrich unter unsere Beziehung zu ziehen, die streng genommen gar keine ist. Auf unsere Freundschaft scheint er keinen Wert mehr zu legen. Bin ich denn so mies, dass man es mit mir nicht aushalten kann?

»Wer ist sie? Kenne ich sie?« Meine Stimme klingt etwas rau, während meine Gedanken Amok laufen. Wer mag die Unbekannte sein, die sein Herz im Sturm erobert hat? Hat er ein Auge auf eine andere Frau in unserem Fitnessstudio geworfen? Oder ist er in unserer Retrobar fündig geworden?

»Ja. Sogar sehr gut. Es ist Aylin.«

»Aylin.« Ich ziehe hörbar die Luft ein und horche in mich hinein. Nein. Diese Nachricht ist ein Schock. Aber es tut nicht weh, denn ich liebe Philipp nicht und habe ihm keinen festen Platz in meinem Herzen eingeräumt. In den vergangenen Wochen habe ich ihn eher als einen großen Bruder betrachtet. Auch Philipp hat sich rein kameradschaftlich verhalten, von dem einmaligen Ausrutscher in Österreich abgesehen. Die magische Grenze von der Freundschaft zu Liebe haben wir nie überschritten. Aus diesem Grunde wird unser vertrauliches Verhältnis weiterbestehen, auch wenn meine Nachfolgerin schon in den Startlöchern steht.

»Du sagst nichts, Lena. Bist du mir böse?«, fragt Philipp unglücklich. »Ich kann verstehen, wenn du enttäuscht von mir bist und mich nun nie mehr sehen willst …«

»Rede keinen Stuss.« Ich habe mich wieder unter Kontrolle. Mehr noch: Ich kann seine Wahl sogar verstehen. Aylin besitzt viele positive Eigenschaften, die das Herz eines Mannes höherschlagen lassen. Sie ist nicht nur sehr jung und sieht hinreißend aus, sondern sie hat vor allem ein anpassungsfähiges, sanftes und unkompliziertes Wesen. Kurzum, sie ist das genaue Gegenteil von mir. Eigentlich sollte ich mir ein Shirt zulegen, auf dem in Druckbuchstaben steht: Lena Bergmann. Here comes trouble. Dann könnten sich alle Männer, die meinen Lebensweg kreuzen, rechtzeitig in Sicherheit bringen. Meine Mundwinkel zucken vor unterdrücktem Lachen. Wenigstens habe ich meinen Humor nicht verloren. Man muss das Leben immer von der positiven Seite sehen. Ich habe keine Freunde verloren, sondern sie für immer gewonnen. Was die Zukunft auch immer bringt, Aylin und Philipp bleiben mir erhalten. »Ich freu mich für dich. Ehrlich.«

»Ehrlich?«

»Ja. Du bist ein lieber Mensch und hast eine tolle Frau verdient. Aylin ist die Richtige für dich. Sie ist nicht nur bildschön, sondern sie hat ein großes Herz und einen guten Charakter. Das weiß ich genau. Schließlich haben wir zur gleichen Zeit in der Praxis angefangen und sind in den vergangenen Jahren durch dick und dünn gegangen.«

»Lena, du bist mordsanständig. Ich habe noch nie eine Frau wie dich kennengelernt.«

»Ich habe dir doch gesagt, dass ich eine Limited Edition bin.«

Die Anspannung auf seinem Gesicht löst sich. »Darauf müssen wir anstoßen. Was hältst du von einem Ouzo?«

»Nichts. Ich hasse Lakritz.«

»Es ist Anis«, korrigiert mich Philipp.

Ich winke lässig ab. »Mir egal. Ich mag das Zeug nicht. Aber für dich mache ich heute glatt eine Ausnahme. Zwei Ouzo, bitte!«

29. *Kapitel*

*D*er Dezember zeigt sich von seiner grauen und unfreundlichen Seite. Draußen ist es eiskalt, und die ersten Flocken fallen vom Himmel. Unsere lustigen Mädelsabende sind Vergangenheit. Ich stelle mich der harten Realität. Allein mit mir klarkommen, ist nicht so leicht. Tagsüber vergrabe ich mich in meine Arbeit und abends gehe ich pflichtbewusst ins Fitnessstudio. Sport macht süchtig. Das habe ich zwar nicht geglaubt, aber es ist Realität geworden. Mein Selbstwertgefühl ist genauso gestiegen wie meine überflüssigen Pfunde gepurzelt sind. Ich freue mich über meine sportlichen Erfolge, bin stolz auf mich und fühle mich gut in meiner Haut. Auch meinen Freundinnen geht es gut. Aylin und Philipp verbringen jede freie Minute miteinander und schweben im siebten Himmel, und ich will das junge Glück nicht stören. Shirin hat einen Lover gefunden und gönnt sich einen Luxusurlaub auf den Seychellen. Nur Ebru bläst Trübsal und hockt an ihrem Schreibtisch, um ihre Bachelorarbeit in trockene Tücher zu bekommen. Wir halten ständig telefonischen Kontakt, und sie möchte in den nächsten Tagen vorbeikommen, um mir die erste Fassung zur Korrektur zu geben.

Gerade in diesem Moment klingelt wieder das Telefon. Ich erkenne die Rufnummer und nehme sofort ab. »Ja?«

»Ich schaffe es nicht, Lena«, klagt Ebru. Ihre Verzweiflung spüre ich durch den Hörer. »Mein Kopf tut weh, und mein Hirn produziert nur noch Schrott.«

»Natürlich schaffst du das«, rede ich ihr gut zu. »Du bist doch keine Maschine. Es ist ganz normal, dass du mal einen Durchhänger hast.«

»Ehrlich?«

»Na klar. Mach mal eine Pause. Klapp die Bücher zu, zieh dir eine dicke Winterjacke an, dreh eine Runde um den Block und tanke viel frische Luft. Dann sieht die Welt ganz anders aus.«

»Vielleicht gönne ich mir eine Tasse Tee in meinem Lieblingscafé«, schluchzt Ebru ins Telefon. »Meine Nerven liegen blank.«

»Und ein großes Stück Torte. Oder einen Windbeutel mit Kirschen und Sahne.«

Nee, das ist vielleicht nicht so eine gute Idee. Als ich an meiner Dissertation ackern musste, habe ich meinen Kummerspeck nach der Trennung durch zu viele Süßigkeiten fest auf meinen Hüften zementiert.

»Lieber möchte ich ein Käsesandwich.« Ebru ist so vernünftig, wie ich es nie gewesen bin. Wahrscheinlich wird sie nie mit unnötigem Hüftgold herumlaufen.

Erleichtert stimme ich zu. »Das ist eine gute Idee.«

»Ach, du bist so lieb. Ich bin froh, dass ich mit dir reden kann. Meine Eltern verstehen nichts von meinen Sorgen. Sie sind davon überzeugt, dass mein Examen ein Kinderspiel ist.«

»Nichts zu danken, das ist doch selbstverständlich«, sage ich gerührt. »Jetzt ruh dich aus, meine Süße. Du hast gründlich recherchiert. Es kann gar nichts schiefgehen. Vergiss nicht, dass wir dir alle die Daumen drücken. Wenn du die Prüfungen überstanden hast, feiern wir eine große Party.«

Das ist Ehrensache. Shirin hat sich bereit erklärt, den Schampus zu spendieren, Aylin will kleine Appetithäppchen machen und ich werde eine süße Torte stiften. Selbst gemacht. Natürlich nicht von mir, sondern von einem Profi. Agata und ich haben einen guten Draht zueinander entwickelt. Sie hat mir fest versprochen, eine ausgefallene Kreation mit Haarklammern und Lockenwicklern aus

Marzipan zu zaubern. Irgendwie muss ich das Thema von Ebrus Bachelorarbeit auf eine möglichst originelle Weise einfangen.

»Ich wollte, es wäre schon so weit. Kann ich dich morgen wieder anrufen, Lena?«

»Natürlich. Ich muss doch wissen, wie es dir geht. Tschüss, meine Kleine. Halt die Ohren steif.«

»Bis morgen, Lena.«

Wenn Ebru in der kommenden Woche vorbeischaut, muss ich sie unbedingt aufpäppeln. Sie braucht nicht nur seelische Unterstützung, sondern auch eine vernünftige Ernährung. Deshalb muss ich eine Platte mit kleinen Appetithäppchen vorbereiten, die ich ihr während unseres Gesprächs aufdrängen kann. Rasch schnappe ich mir einen Kugelschreiber und kritzele »Käse, Kiwi, Lachs, Vollkornbrot-Taler, Weintrauben« auf meinem Einkaufszettel für die nächste Woche. Dann schalte ich das Radio an, krame mein Strickkörbchen hervor und arbeite fleißig an einem Schmusepüppchen für einen kleinen Prinzen oder eine Prinzessin, die das Familienglück meiner besten Freundin perfekt macht. Dieses Spielzeug ist sehr kompliziert, aber glücklicherweise machen Handarbeiten mir Spaß. Die selbst gestrickten Norwegerfäustlinge im Partnerlook, die ich Aylin und Philipp in diesem Jahr schenken will, liegen schon gut verstaut in einem liebevoll gepackten Weihnachtspäckchen, das noch einen Gutschein für ein romantisches Candle-Light-Dinner in einem feinen Restaurant enthält, mit dem ich meinen besten Freunden für ihre Unterstützung in den vergangenen Monaten danken möchte. Für Ebru und Shirin muss ich mir noch etwas einfallen lassen, aber das werde ich schon schaffen. Vielleicht schenke ich ihnen süße Initial-Armreifen, die ich in einem Store im Internet bewundert habe. Oder ich greife zu meinen Häkelnadeln und überrasche sie mit einem Set aus Beanie und Loop in frischen Farben. Handarbeiten entspannen mich. Vor allem wenn ich muntere Musik aus dem Radio höre. Trotzdem will ich nicht das ganze Wochenende in meinen vier Wänden verbringen. Deshalb werfe ich nach zwei Stunden einen Blick auf die Uhr und lege mein Strickzeug beiseite. Morgen werde ich weiter an meinen Präsenten arbeiten. Jetzt muss ich mal wieder unter Menschen gehen.

Seit meiner Kindheit fühle ich mich von allen Weihnachtsmärkten magisch angezogen. Es macht mir großen Spaß, die vielen hell erleuchteten Stände zu sehen, den köstlichen Duft von kandierten Äpfeln und gebrannten Mandeln zu atmen und mich mit einem Glas Eierlikörpunsch oder Glühwein wieder aufzuwärmen. Auch an diesem Samstagnachmittag schlägt mein Herz einen Tick schneller, als ich über den romantischen Weihnachtsmarkt von Bad Homburg schlendere. Wie jedes Jahr schlängeln sich die stimmungsvoll geschmückten Holzbuden über den Schlossplatz bis in die Schloss-höfe, und die nostalgische kleine Dampfeisenbahn zieht unermüdlich ihre Runden um den Weißen Turm. Ein Kinderchor schmettert die bekannten Lieder, und ich werde ganz sentimental, kaufe mir Glühweinbonbons und bleibe an einem Stand hängen, wo viele kuschelige Teddybären auf ihre neuen Besitzer warten. Ob ich mir einen süßen Plüschmann gönnen soll? Dann wäre ich nicht mehr ganz so allein in meinem Bett.

Viele Besucher nutzen die gute Gelegenheit, ihre Weihnachtseinkäufe zu machen. Aus den Augenwinkeln beobachte ich, wie sich ein hoch gewachsener Mann in einem modischen dunklen Wollmantel seinen Weg durch das Getümmel bahnt. Er macht einen leicht genervten Ein-druck und hält mit der linken Hand ein Handy ans Ohr. Wahrscheinlich macht ihm seine Freundin die Hölle heiß. An seiner rechten Hand baumelt eine Tüte, die den Auf-druck eines bekannten teuren Juweliers trägt. Ziemlich leichtsinnig, denke ich. Warum klebt er sich nicht gleich einen Sticker auf die Stirn: Hier gibt es was zu holen?

Auf einmal geht alles rasend schnell. Ein heranwachsender Junge rempelt ihn an, nutzt das Überraschungsmoment, schnappt sich die Tüte, schlägt einen Haken wie ein Hase und rennt in meine Richtung. Ohne lange zu überlegen, stelle ich dem Flüchtenden ein Bein. Er stolpert und stürzt zu Boden. Mit einem lauten Fluchen rappelt er sich auf, fixiert mich böse und ballt die Fäuste, während die umstehenden Passanten den Atem anhalten und leise tuscheln, aber keine Anstalten machen, in das Geschehen einzugreifen oder die Polizei zu rufen. Mir rutscht das Herz in die Hose. Vielleicht habe ich im Fitnessstudio die falschen Kurse belegt. In dieser Situation wären Selbstverteidigung oder Kickboxen angebracht. Ich beherrsche nur den gezielten Tritt in die Eier. Himmel, muss ich mich auf eine Schlägerei gefasst machen? Aus dem Alter für eine Prügelei bin ich eigentlich raus.

In diesem Augenblick erreicht uns der fremde Mann, springt den Jugendlichen von hinten an und nimmt ihn in den Klammergriff. »Kannst du mir sagen, was das soll?«

Das Blut schießt mir in die Wangen. Diese Stimme hätte ich unter Tausenden erkannt. Es ist Alex. Um ihm nicht in die Augen sehen zu müssen, bücke ich mich und hebe die Tüte auf, die wenige Schritte von mir entfernt auf dem Boden liegt. »Ich glaube, du hast was verloren.«

»Sieht so aus. Danke für deine Hilfe.«

»Nichts zu danken, gern geschehen. Schließlich hast du mir auch mal aus der Klemme geholfen. Soll ich die Polizei rufen?«

Der Junge scheint den Ernst der Lage begriffen zu haben. Tränen schießen ihm in die Augen. »Keine Bullen, bitte! Mein Vater schlägt mich tot!«

Alex sieht mich fragend an, und ich nicke. Er lockert seinen Griff. »Bald ist Heiligabend. Lass dich hier nie mehr blicken«, herrscht er den Jungen an. »Und jetzt hau bloß ab, bevor ich es mir anders überlege.«

Der Junge lässt sich das nicht zweimal sagen, nimmt die Beine in die Hand und verschwindet im Gewühl, während ich Alex die Tüte in die Hand drücke. »Bitte schön.«

»Danke sehr.« Sein Lächeln wirkt angestrengt. »Bist du heute allein unterwegs? Oder kommt dein Freund gleich?«

»Ich bin solo«, stelle ich klar. Nähere Informationen werde ich unter keinen Umständen rausrücken. Schließlich stehe ich nicht vor Gericht.

Alex' Züge entspannen sich. Oder bilde ich mir Schwachheiten ein?

»Wie geht es dir?«

»Interessiert dich das wirklich?« Der Sarkasmus in meiner Stimme kann ihm nicht entgangen sein. Trotzig hebe ich das Kinn und sehe ihm direkt in seine dunklen Augen. Ich habe fast vergessen, wie gut er aussieht, und einen Moment lang spüre ich, wie ein Schauder über meine Haut fährt. Dann zwinge ich mich zur Ruhe. Unsere Affäre ist vorbei. Es ist mehrere Monate her, dass er aus meinem Leben verschwunden ist, und ich bin mir sicher, dass er mich nicht vermisst hat. Wahrscheinlich habe ich niemals eine wichtige Rolle in seinem Leben gespielt, sondern war nur ein Appetithäppchen für zwischendurch. Mea culpa. Mehr hätte ich von einem Mann, der auf Singlebörsen im Netz unterwegs ist, nicht erwarten dürfen. Wahrscheinlich hat er sich längst mit einer Neuen getröstet, mit der er das Weihnachtsfest verbringen will. Sonst hätte er keinen Abstecher zum Juwelier unternommen. »Gut. Hast du etwas anderes erwartet?«

»Nein. Sonst hättest du bestimmt mal zurückgerufen.«

»Wie denn?«, rutscht mir gegen meinen Willen heraus.

»Vor einigen Monaten habe ich mein Handy geschrottet. Es ist mir in die Toilette gefallen.«

»Ach, das wusste ich ja gar nicht.«

»Wie solltest du auch? Ich habe es ja nicht an die große Glocke gehängt und auf allen Social-Media-Kanälen verkündet«, zische ich ihn an. »Sorry, wenn ich dich enttäusche, aber mein Privatleben hat noch nie im Netz stattgefunden. Anrufen konnte ich dich nicht mehr. Den Bierdeckel mit deiner Handynummer hatte ich längst entsorgt.«

»Also war alles ein Missverständnis. Das ist dumm gelaufen.« Er wirkt betroffen und versucht ein schiefes Grinsen. »Darf ich dich auf ein Glas Glühwein einladen? Dann können wir das Kriegsbeil begraben und auf den Weltfrieden anstoßen.«

»Ich wusste überhaupt nicht, dass wir Krieg geführt haben.« Demonstrativ blicke ich auf meine Armbanduhr. »Ich muss los.«

»Sehen wir uns wieder?«

»Das ist ziemlich unwahrscheinlich. Früher haben wir uns niemals gesehen. Warum sollten wir uns noch einmal in diesem Leben begegnen?« Gleichgültig zucke ich die Achseln. »Wahrscheinlich hast du eine gute Zahnarztpraxis in deiner Nähe, die sich um deine Beißerchen kümmert. Frohe Weihnachten. Grüß deine Freundin von mir. Ciao.«

»Ciao.« Auf seinem Gesicht spiegelt sich maßlose Verwirrung, und ich bin stolz auf mich, als ich mich auf den Heimweg mache. Dieser Abgang hat Stil. Schließlich bin ich kein Bumerang, der wieder zurückkommt, wenn man ihn weggeworfen hat.

30. Kapitel

Meine gute Laune hält länger an, als ich geglaubt habe. Es ist bitter nötig, denn die nächsten zwei Wochen sind sehr anstrengend. Ich habe alle Hände voll zu tun. Alle Bürger haben sich entschlossen, ihre Beißerchen vor den Weihnachtsferien in Ordnung zu bringen. Sie geben sich die Klinke in die Hand und zeigen ein Herz für Kinder. Unsere Spendenbox in der Praxis ist prall gefüllt, und wir werden eine stattliche Summe an den gemeinnützigen Verein überweisen können.

Kurz vor 18 Uhr ist unser Wartezimmer leer. Puh! Ich fühle mich ziemlich ausgepowert und freue mich auf meinen wohlverdienten Feierabend. Aber was ist das? An der Tür klingelt es noch einmal Sturm. Mist! Ich habe mich zu früh gefreut. Wahrscheinlich werde ich wieder Überstunden schieben müssen.

»Im Wartezimmer hockt ein schlotterndes Häufchen Elend«, berichtet mir Aylin wenige Minuten später. »Kannst du ihn übernehmen? Unsere Chefin bohrt gerade in der Eins.«

»Kein Thema. In fünf Minuten bin ich drüben.«

Seufzend klappe ich die Patientenakte zu, in der ich gerade gelesen habe. Eine rüstige Rentnerin möchte sich mit einer neuen Brücke verschönern lassen. Nach dem Eingriff will sie dem kalten Hessen den Rücken kehren und einen Langzeit-Urlaub im sonnigen Süden antreten. Diese alte Frau hat wenigstens was von ihrem Leben!

Aber jetzt muss ich mich wieder auf meinen Job konzentrieren. »Mit wem bekomme ich es zu tun?«, erkundige ich mich routiniert.

»Normalerweise ist der Typ eine Sahneschnitte. Braun gebrannt, groß, muskulös, sportlich.« Meine aufmerksame Assistentin schnalzt mit der Zunge. »Aber heute macht er keinen guten Eindruck. Nach eigenen Angaben war er auf einer Dienstreise im Ausland. Seitdem leidet er an furchtbaren Zahnschmerzen.«

»Also handelt es sich um einen feigen Jammerlappen, der wahrscheinlich alle Vorsorgeuntersuchungen geschwänzt hat«, fasse ich ihre geballten Informationen zusammen. »Wahrscheinlich hat er noch nicht mal das Bonusheft ordentlich geführt. Aber heute soll die Zahnfee alle Schmerzen wegzaubern.«

»Bist du schlecht gelaunt?« wundert sich Aylin. »Willst du dem armen Kerl eine Lektion erteilen?«

»Natürlich. Heute bin ich Sankt Nikolaus und Knecht Ruprecht in einer Person. Diese Chance lasse ich mir nicht entgehen.« Ich lächle honigsüß. »Also klemm dir unseren Traumboy unter den Arm, lotse ihn zur Zwei und wuchte ihn in den Behandlungsstuhl. Ich schau mal, was ich für ihn tun kann.«

Meine Assistentin verschwindet kichernd, und ich bereite mich mental auf einen größeren Einsatz vor. Ein letzter prüfender Blick in den Spiegel – ja, ich sehe unbedingt vertrauenerweckend aus. Jede Oma hätte mir ihre Dritten und den Schlüssel zu ihrer Wohnung bedenkenlos anvertraut. Fröhlich summend mache ich mich auf den Weg. Schon von weitem höre ich ein lautes Stöhnen. Irgendwie habe ich es mir schon gedacht, dass diese Lusche hemmungslos rumjammern würde. Wenn das Wetter kühl und regnerisch wird, legen sich die meisten Männer einen tödlichen Männerschnupfen zu, um wie echte Helden im Bett zu sterben. Sie sind einfach das schwächere Geschlecht.

Der wehleidige Kraftprotz ist unter Aylins tröstenden Worten ins Behandlungszimmer gewankt und füllt mit seinem athletischen Körper den ganzen Behandlungsstuhl aus.

»Guten Abend«, sage ich forsch und setze mein professionelles Lächeln auf, während ich mich fürsorglich zu ihm hinunterbeuge. »Das klingt ja gar nicht gut. Kann ich helfen?«

Zwei kugelrunde Augen starren mich an und funken SOS.

»Ach nee«, entfährt es mir überrascht. »Unverhofft kommt oft. Wir kennen uns doch. Was machst du hier? Gibt es keine Zahnärztinnen in Bad Homburg? Oder hast du dort überall Hausverbot?«

»Eh …«

»Heute hältst du mal die Klappe und hörst auf mein Kommando. Mund auf. Los.«

»Ah …« Alex ist zu schwach, um ernsthaften Widerstand zu leisten.

»Das sieht übel aus. Wie hast du das denn geschafft?«

Auf diese rhetorische Frage erwarte ich keine Antwort, aber er gibt sein Bestes. »Oh …«

»Vielleicht hättest du die Klappe nicht so weit aufreißen sollen. Was hast du bloß gefressen? Du hast dir ein tüchtiges Stück vom Zahn ausgebissen.«

Alex wird blass um die Nase. »Uh …«

Aufmunternd tätschele ich ihm die Hand. »Heulen kannst du zu Hause, Junge. Hier musst du mir den starken Hengst geben. Komm schon. Zeig mir, was alles in dir steckt.« Ich gebe meiner Assistentin ein Zeichen. »Wir machen eine hübsche Röntgenaufnahme, die ich mir später in mein Schlafzimmer hängen kann. Danach bekommst du eine Narkose, und dann haben wir jede Menge Spaß …«

Er sieht aus, als ob er in Ohnmacht fallen möchte. »Du gibst mir eine Spritze?«

»Ich kann dich auch bewusstlos küssen, wenn dir das lieber ist.« Ich zucke gleichmütig die Achseln. »Mach dir keine Sorgen. Mit Waffen kann ich umgehen. Du wirst nichts spüren. Vertrau mir. Ich weiß, was ich tue.«

Während der Behandlung wagt er keinen einzigen Muckser. Aber als er vom Behandlungsstuhl klettert, lassen ihn seine Nerven im Stich und er klappt vor meinen Augen zusammen.

»Also, Schätzchen, ein Kniefall ist nicht nötig. Ich weiß, dass ich die Beste bin«, sage ich, grinse und helfe ihm wieder auf die Füße. »Wenn du mit der Behandlung zufrieden warst, darfst du in der nächsten Woche wiederkommen und mir einen Strauß Blumen vorbeibringen. Auf rote Rosen stehe ich besonders.«

Er ist zu geschwächt, um mir Paroli zu bieten, und klammert sich verzweifelt an meinen Arm. Irgendwie tut er mir leid. »Soll ich deine Freundin anrufen, dass sie dich abholt?«

»Haaab keeeine …«

Diese Antwort gefällt mir. Aber natürlich will ich mir nichts anmerken lassen. Schon gar nicht vor Aylin, die mich aus den Augenwinkeln beobachtet. »Nicht möglich. Du bist doch die coolste Socke, die in einen Turnschuh passt. Was mach ich bloß?«

Demonstrativ wende ich mich an Aylin. »Wo wohnt er denn?«

»In Bad Homburg«, wirft meine Assistentin hilfsbereit ein.

»Danke.« Höflich nicke ich ihr zu. Dann schaue ich Alex tief in die Augen. »Dann bringe ich dich lieber nach Hause. Allein möchte ich dich nicht gehen lassen.«

»Geht klar.« Meine Assistentin scheint mehr zu ahnen, als mir lieb ist. Ihre blitzenden Augen verraten sie. »Unsere Chefin hat den Laden im Griff. Sie kümmert sich gerade um den letzten Patienten. Mach ruhig Feierabend. Wir kommen gut ohne dich zurecht.«

Alex' Adresse ist für ewige Zeiten in meinem Hirn abgespeichert. Ich muss nicht einmal das Navi bemühen, sondern finde mühelos den Weg zu seiner gemütlichen Penthousewohnung. Dort lotse ich ihn auf direktem Weg ins Schlafzimmer. Bereitwillig legt er sich in das breite Boxspringbett, und ich stopfe die Paradekissen für ihn zurecht. »Jetzt wird geschlafen, verstanden? Wenn du aufwachst, ist alles gut. Tabletten für den Notfall lasse ich dir hier. Aber du weißt: Indianer kennt keinen Schmerz ...«

Er sieht mich mit einem dankbaren Welpenblick an, nimmt meine Hand und drückt sie liebevoll. »Danke. Du bist klasse.«

Wider Erwarten werde ich verlegen. »Ach was. Das ist selbstverständlich.«

»Bist du nicht mehr wütend auf mich?«

»Nein.«

»Also herrscht Frieden?«

»Klar.«

»Bekomme ich noch einen Kuss zum Abschied?«

»Also gut.« Ich seufze leise und beuge mich bereitwillig über ihn. »Einen einzigen. Dann verläuft der Heilungsprozess besser.«

Seine weichen Lippen pressen sich hungrig auf meine. Unsere Berührung schmeckt nach Abenteuer, Liebe und Romantik. Vielleicht ist er doch der Mann fürs Leben? Auf jeden Fall küsst er so gut, dass meine Knie weich werden. Am liebsten möchte ich mich ganz fallen lassen, aber dafür ist es wohl zu früh. Beinahe widerwillig löse ich mich von ihm und ringe nach Atem. »Du gehst aber ran.«

»Ich habe was nachzuholen, Frau Doktor. Das wollte ich seit unserer letzten Begegnung. Am Weihnachtsmarkt hast du mich aber nicht rangelassen.« In seinen braunen Augen sprühen goldene Fünkchen. »Wollen wir morgen weitermachen, wenn du Feierabend hast?«

»Ja. Dann musst du ran. Strafe muss sein. Ich lasse dich nie mehr gehen«, entscheide ich spontan und wuschele zärtlich durch sein dichtes Haar. Weihnachten ist gerettet.

In diesem Jahr gibt es eine schöne Bescherung unter dem Tannenbaum und ein romantisches Candle Light Dinner for two. Danach machen wir reinen Tisch. Am 1. Feiertag werde ich Alex mit nach Hause nehmen und meinen Eltern vorstellen. Sie sollen meinen festen Freund kennenlernen. *Attila Hildmann* ist ein toller Typ, aber Alexander Pfeiffer passt besser zu mir. Nach den Feiertagen geht es nach München. Isabelle und Werner haben mich zu einer fröhlichen Silvester-Party eingeladen, und ich werde einen Überraschungsgast mitbringen. Isabelle und Werner werden Bauklötze staunen. Aber vorher muss ich mich um wichtigere Angelegenheiten kümmern. Ich mag Alex gar nicht mehr loslassen. Verbrennt man beim Küssen nicht auch Kalorien? So gern habe ich noch nie Sport getrieben – und auf die Fortsetzung unserer körperlichen Aktivitäten freue ich mich schon unbändig. »Jetzt gibt es noch einen Abschiedskuss – und noch einen – und dann nur noch einen …«

Auch Alex will mich nicht mehr loslassen. »Daran könnte ich mich glatt gewöhnen. Hör bloß nicht mehr auf, mich zu küssen. Ich bin froh, dass du mir wieder vertraust.«

»Vertrauen ist gut, küssen ist besser?«

Diese spitze Bemerkung kann ich mir nicht verkneifen, aber Alex bleibt locker. »Hm … stimmt. Du hast immer die besten Argumente.«

»Und das letzte Wort. Schließlich bin ich eine Frau.«

»Was du nicht sagst.«

Er zieht mich enger an sich. »Ich bin zwar ein Mann, aber trotzdem nicht auf den Kopf gefallen. Du bist gut für mich. Lass uns noch mal ganz neu anfangen.«

»Von Anfang an?«

»Nein. Ich will nicht zurück auf Start. Was hältst du davon, wenn wir dort weitermachen, wo wir aufgehört haben?«

Ich habe das Gefühl, seine schmutzigen Gedanken lesen zu können – und verdammt noch mal, diese Vorstellung gefällt mir sehr. »Dann sind wir jetzt bis auf Weiteres verliebt?«

»Immerhin habe ich schon ein Weihnachtsgeschenk für dich gekauft.« Verschmitzt zwinkert er mir zu. »Das Präsent hast du dir redlich verdient. Ohne deinen tatkräftigen Einsatz auf dem Weihnachtsmarkt wäre es in die falschen Hände geraten.«

Verblüfft starre ich ihn an. »Die Tüte war für mich?«

»Ja. Rebecca hat mir tüchtig den Kopf gewaschen, als ich ihr von meinem peinlichen Auftritt auf der Party erzählt habe. Als ich in Bad Homburg unterwegs war, hat sie pausenlos in mein Smartphone gefaucht. Fast hätte ich einen Hörsturz von ihrem Keifen bekommen.«

»Ach nee. Was hat sie denn gesagt?«

»Keine schönen Sachen«, wehrt Alex ab. »Das möchtest du nicht hören.«

Und ob ich das will. Ich stütze die Hände in die Hüften und verlange eine klare Antwort. »Schöne Worte sind nicht wahr, und wahre Worte sind nicht schön. Raus mit der Sprache!«

Für seine Verhältnisse ist Alex sehr zahm. Es muss an der Betäubung liegen. Er gehorcht mir aufs Wort. »Rebecca hält mich für einen eifersüchtigen, widerlichen Macho. Ich soll dich mit einem großzügigen Geschenk gnädig stimmen und auf den Knien um Verzeihung bitten. Sonst will sie kein Wort mehr mit mir reden.«

»Ehrlich?«

»Willst du den O-Ton?«

»Ich bitte darum. Wortwörtlich.«

An Alex ist ein Schauspieler verloren gegangen. Er schraubt seine dunkle Stimme in ungeahnte Höhen. »Seit deiner Rückkehr aus Österreich bist du unausstehlich. Du läufst herum mit einem Gesicht wie sieben Tage

Regenwetter, legst jedes Wort auf die Goldwaage und faltest jeden Menschen zusammen, der dir über den Weg läuft. Soll ich dir verraten, warum? Weil du ganz genau weißt, dass du dich wie der letzte Henker benommen hast. Lena ist eine anständige, intelligente Frau, die einen guten Beruf hat und auf ihren eigenen Füßen steht. Sie hat sich in dich verliebt – und du behandelst sie auf der Party, als ob sie eine billige Schlampe wäre, die es mit jedem beliebigen Kerl treibt. So darf man mit keiner Frau umgehen, Alex. Was glaubst du eigentlich, wer du bist? Ich hätte dir nicht nur eine Ohrfeige verpasst, sondern dich gleich mit einer Champagnerflasche niedergeschlagen, mein Freundchen. Bring diese verdammte Angelegenheit in Ordnung. Sonst wirst du es dein ganzes Leben lang bereuen. Spring über deinen Schatten, kauf ihr teure Klunker und bitte sie um Verzeihung. Wenn du nicht zu Kreuze kriechst, trete ich dir bei der nächsten Gelegenheit kräftig in den Hintern …«

Meine Lieblingsfeindin wird mir sympathisch. Vielleicht ist sie gar nicht so arrogant und selbstgefällig, wie ich geglaubt habe, sondern eine freundliche und liebenswürdige Person. Auch wenn ihre Ausdrucksweise am Smartphone nicht ganz angemessen ist. Aber in einer extremen Situation muss man Klartext reden. Wer könnte das besser verstehen als ich? »Okay. Die Entschuldigung nehme ich an. Auf die Knie fallen musst du aber nicht. Denn du bist ja schon in meinen Behandlungsstuhl geplumpst.« Ich schlucke, dann gebe ich mir einen Ruck. »Ich möchte dich auch um Entschuldigung bitten. Mein Benehmen war unter aller Kanone. Normalerweise schlage ich keine wehrlosen Männer in aller Öffentlichkeit.«

»Aber in deinen vier Wänden?«

»Kein Kommentar. Fragen Sie meinen Anwalt.«

»Gut gekontert.« Anerkennend nickt er mir zu. »Der Fauxpas ist längst vergeben und vergessen. Aber wenn du möchtest, darfst du deine schwere Schuld in den kommenden Jahren abarbeiten. Gehen lasse ich dich nämlich nicht mehr.« Liebevoll nimmt er mich in den Arm und zieht mich ganz eng an sich. »Meine Lieblingswährung sind übrigens Küsse …«

Danksagung

2010 habe ich meine Liebe zu den Motorrädern von Harley Davidson entdeckt. Im Laufe der Zeit habe ich viele Kontakte geknüpft und großartige Menschen kennengelernt, die mein Leben nachhaltig verändert haben. Diesen Roman widme ich meinen besten Freundinnen und meinem Freund, dem sexiest biker alive. Außerdem danke ich dem Team des bookshouse Verlags, das mit mir zusammen an diesem Buch gearbeitet und mich tatkräftig unterstützt hat. Vielen Dank für eure Geduld!

Teresa Nagengast

Elitär

erhältlich als Taschenbuch
und E-Book

Luxus, Party und Intrigen – das ist das Leben der verzoge-
nen, reichen Privatschüler am sonnigen Santa Monica Pier.
Doch der Schein trügt, denn auch bei den Superreichen ist
nicht alles Gold, was glänzt. Das muss Emilia, die Anfüh-
rerin der Schulclique, am eigenen Leib erfahren. Zuerst
betrügt ihr Freund Alexander sie, dann findet sie heraus,
welche dunklen Geheimnisse ihr Vater verbirgt. Und alles
in allem ist da noch Jules, Emilias eigentlich beste Freundin, die ihre Chance schnuppert, selbst auf den Thron der
Schulkönigin zu klettern. Doch Emilia wäre nicht Emilia,
wenn sie sich so einfach besiegen lassen würde. Frecher
Blick hinter die Kulissen der Reichen und Schönen.